Andree Michaelis-König (Hrsg.)

Auf den Ruinen der Imperien
Erzählte Grenzräume in der mittel- und osteuropäischen Literatur nach 1989

Andree Michaelis-König (Hrsg.)

Auf den Ruinen der Imperien

Erzählte Grenzräume in der mittel- und osteuropäischen Literatur nach 1989

Neofelis Verlag

Inhalt

Andree Michaelis-König (Hrsg.)

Auf den Ruinen der Imperien

Erzählte Grenzräume in der mittel- und osteuropäischen Literatur nach 1989

Neofelis Verlag

Inhalt

Andree Michaelis-König (Frankfurt an der Oder / Berlin)

Einleitung

Ruinenlandschaften und Zwischenräume – aus der Gegenwart betrachtet

Seit 1989 mit der Sowjetunion das letzte Imperium zusammenbrach,[1] das den Territorien Mittel- und Osteuropas eine vermeintlich homogenisierende Ordnung zu stiften versprach, traten inmitten einer politischen Neuvermessung Europas einige Räume hervor, die sich einer eindeutigen nationalstaatlichen wie kulturellen Be- und Umgrenzung schon seit Längerem zu widersetzen schienen. Regionen wie Galizien, die Bukowina, die Walachei, das Banat oder die ungarische Provinz waren bereits lange vor 1989 *Ruinenlandschaften*, die nach der Auflösung der Österreichisch-Ungarischen Monarchie und der Besatzung durch das Deutsche Reich mehrfache Erschütterungen erfahren hatten. Sie wurden zu politisch, sozial und kulturell hoch umstrittenen Grenzgebieten, als 1918 wie 1945 wie 1989 die mittel- und osteuropäischen Territorien neu verteilt und zugeordnet wurden. Diese Neuordnung stand zumeist im Zeichen einer nationalistisch gestimmten Politik, die darauf zielte, jene historische, kulturelle

1 Zur Imperiumsforschung vgl. u. a. Jürgen Osterhammel: Europamodelle und imperiale Kontexte. In: *Journal of Modern European History* 2,2 (2004), S. 157–182; Dominic Lieven: *Empire. The Russian Empire and Its Rivals*. New Haven / London: Yale UP 2000; Karen Barkey / Marc von Hagen (Hrsg.): *After Empire. Multiethnic Societies and Nation-Building. The Soviet Union and the Russian, Ottoman, and Habsburg Empires*. Boulder: Westview 1997; Michael Hardt / Antonio Negri: *Empire*. Cambridge, MA: Harvard UP 2000.

und ethnische Vielheit eines Territoriums für ihre nationalstaatlichen geostrategischen Ziele zu bündeln und zu instrumentalisieren.[2] Sie vollzog sich nicht nur entgegen einer ganz anders gelagerten Praxis des gelebten Mit- und Nebeneinanders in diesen Regionen. All dies geschah zudem vor dem Hintergrund einer im NS-Terror ihren Höhepunkt, keineswegs aber ihren Abschluss findenden Gewaltgeschichte,[3] in deren Verlauf Menschen aufgrund ihrer Herkunft, ihrer Religion und ihres Zugehörigkeitsgefühls diskriminiert, segregiert, vertrieben, umgesiedelt, deportiert und ermordet wurden. Vor diesem Horizont ist die 2014 vollzogene Annexion der Krim durch Russland nur das aktuellste Beispiel innerhalb der Geschichte ständiger Neuordnungen europäischer Grenzen in den letzten 100 Jahren mit ihren erschütternden Konsequenzen.[4]

Dieser (gewalt-)politischen Geschichte steht die Perspektive einer ganz anders situierten *Verflechtungsgeschichte* einander berührender bzw. überlagernder ethnischer und kultureller Räume gegenüber, deren Analyse jene politisch-historischen Zusammenhänge nicht außer Acht lassen darf, doch zugleich anderer Wege und Konzepte der Beschreibung bedarf.[5] In diesem Sinne lassen sich die genannten ‚Grenzräume'

2 Aus der Perspektive der Imperiumsforschung ließe sich dieser Zusammenhang mit Jürgen Osterhammel als „großräumiger, hierarchisch geordneter Herrschaftsverband polyethnischen und multireligiösen Charakters" beschreiben, der nach dem Zusammenfall der ordnungsstiftenden Imperien seine ursprünglich ordnende Machtfunktion eingebüßt hat und an Kohärenz zu verlieren droht (Osterhammel: Europamodelle und imperiale Kontexte, S. 172). Vgl. zu diesem Zusammenhang auch Barkey / Hagen: *After Empire*; Kerstin S. Jobst / Julia Obertreis / Ricarda Vulpius: Neue Imperiumsforschung in der Osteuropäischen Geschichte: die Habsburger Monarchie, das Russländische Reich und die Sowjetunion. In: *Comparativ* 18,2 (2008), S. 27–56.

3 Vgl. zum Erinnerungsdiskurs dieser Gewaltgeschichte: Kerstin Schoor / Stefanie Schüler-Springorum (Hrsg.): *Gedächtnis und Gewalt. Nationale und transnationale Erinnerungsräume im östlichen Europa*. Göttingen: Wallstein 2016.

4 Vgl. hierzu Arnauld Lechevalier / Jan Wielgohs (Hrsg.): *Borders and Border Regions in Europe: Changes, Challenges and Chances*. Bielefeld: Transcript 2013; Tassilo Herrschel: *Borders in Post-Socialist Europe: Territory, Scale, Society*. Farnham: Ashgate 2011; Johannes Krause: *Die Grenzen Europas. Von der Geburt des Territorialstaats zum Europäischen Grenzregime*. Frankfurt am Main: Lang 2009.

5 Vgl. Annette Werberger: Überlegungen zu einer Literaturgeschichte als Verflechtungsgeschichte. In: Dorothee Kimmich / Schamma Schahadat (Hrsg.): *Kulturen in Bewegung. Beiträge zur Theorie und Praxis der Transkulturalität*. Bielefeld: Transcript 2012, S. 109–141; Annette Werberger: Transkulturalität in postimperialen Räumen (Einleitung). In: Alexander Kratochvil / Renata Makarska / Katharina Schwitin / Annette Werberger (Hrsg.): *Kulturgrenzen in*

in Mittel- und Osteuropa auch als *Zwischenräume* erfassen, in denen Bevölkerungsgruppen von kulturell, ethnisch und politisch ganz unterschiedlichem Selbstverständnis neben- und miteinander lebten und leben. Die Alltagspraxis, die sich hieraus ergab, mag eine spannungsgeladene und konfliktreiche sein, sie lässt sich bei aller Brisanz aber auch als ein durchaus erprobter (Lebens-)Zusammenhang beschreiben. Karl Schlögel hat von solchen Grenz- und Übergangsräumen als dem „Reichtum Europas“ gesprochen: „Sie sind dort, wo man dazugehören kann, auch wenn man nicht die Sprache des Landes spricht. Sie bringen Kunstwerke zustande, die nur dort möglich sind, wo sich etwas mischt.“[6] Gerade die Kunst und die Literatur erweisen sich als Stätten, an denen sichtbar und erfahrbar wird, was in der politischen Realität unkenntlich gemacht wurde. Und so weitreichend wie das geographische Feld dieser Regionen ist auch der ästhetische wie diskursive Horizont literarischer Auseinandersetzungen, der die deutschsprachige ebenso wie die ukrainische, die polnische ebenso wie die ungarische Literatur umfasst. Die Analyse dieses Horizonts ist nicht nur selbst von Mehrsprachigkeit geprägt, sondern notwendig interdisziplinär.

Dies greift der vorliegende Band auf und verfolgt zugleich eine dezidiert literaturwissenschaftliche Perspektive auf die ‚Grenzräume‘ in Mittel- und Osteuropa und ihre literarische Repräsentation wie Reflexion im Verlauf der vergangenen drei Jahrzehnte. Er reagiert damit auf ein Forschungsdesiderat der kulturwissenschaftlichen Auseinandersetzung mit diesem Phänomen. Denn wurden die europäischen „Übergangslandschaften“ (Karl Schlögel) bislang beschrieben und analysiert, so ist dies vor allem in (imperiums-)geschichtlicher,[7]

postimperialen Räumen. Bosnien und Westukraine als transkulturelle Regionen. Bielefeld: Transcript 2013, S. 7–16; Dan Miron: *Verschränkungen. Über jüdische Literaturen.* Göttingen: Vandenhoeck & Ruprecht 2007, S. 156–171.

6 Karl Schlögel: *Im Raume lesen wir die Zeit. Über Zivilisationsgeschichte und Geopolitik.* München / Wien: Hanser 2003, S. 17.

7 Vgl. etwa Christophe Duhamelle (Hrsg.): *Grenzregionen. Ein europäischer Vergleich vom 18. bis zum 20. Jahrhundert.* Frankfurt am Main: Campus 2007; Hans Lemberg (Hrsg.): *Grenzen in Ostmitteleuropa im 19. und 20. Jahrhundert. Aktuelle Forschungsprobleme.* Marburg: Herder-Institut 2000; Frank-Dieter Grimm (Hrsg.): *Grenzen und Grenzregionen in Südosteuropa. Ergebnisse der Fachtagung der Südosteuropa-Gesellschaft in Zusammenarbeit mit dem Institut für Länderkunde Leipzig vom 26. bis 28. Juni 1997 in Sonneberg, Thüringen und Neustadt bei Coburg, Bayern.* München: Südosteuropa-Gesellschaft 1998.

soziologischer[8] und linguistischer[9] Hinsicht geschehen. Erste Arbeiten mit literaturwissenschaftlichem Fokus liegen zwar vor, haben aber das Phänomen einer Literatur, die Grenzräume in dem besagten Sinn behandelt, bislang kaum gezielt[10] und zumeist nur vereinzelt adressiert.[11] Einen neuen Impuls hat die literaturwissenschaftliche Forschung zur literarischen Auseinandersetzung mit Grenzlagen und Grenzländern bereits vor einigen Jahren durch die Kooperation zwischen dem Zentrum für Germanistik am Schewtschenko-Institut für Literatur der Nationalen Akademie der Wissenschaften der Ukraine in Kiew, dem

8 Vgl. Christian Wille / Rachel Reckinger / Sonja Kmec / Markus Hesse (Hrsg.): *Räume und Identitäten in Grenzregionen: Politiken – Medien – Subjekte*. Bielefeld: Transcript 2014; Christian Banse: *Nationale Grenzerfahrungen und grenzüberschreitende Prozesse: Eine soziologische Untersuchung an ausgewählten Grenzregionen*. Frankfurt am Main: Lang 2013.

9 Vgl. Vesna Deželjin: Reflexes of the Habsburg Empire Multilingualism in Some Triestine Literary Texts. In: *Jezikoslovlje* 13,2 (2012), S. 419–437; Jan Fellerer: Multilingual States and Empires in the History of Europe: The Habsburg Monarchy. In: Bernd Kortmann (Hrsg.): *The Languages and Linguistics of Europe: A Comprehensive Guide*. Berlin: de Gruyter 2011, S. 713–728.

10 Der Band von Ilma Rakusa etwa widmet sich ganz anders gelagerten Grenzphänomenen, nämlich solchen Regionen am Rande der europäischen Union, wie sie heute existiert. Dabei werden weder die historische Dimension noch die Spezifik des behandelten Raums genauer befragt. Vgl. Ilma Rakusa (Hrsg.): *European Borderlands*. Köln: SH 2009. Dafür liegt eine Reihe vorwiegend germanistischer Beiträge vor, die nach der übergreifenden Semantik des Begriffs ‚Grenze' fragen. Ihr Schwerpunkt liegt allerdings eher auf der symbolischen Bedeutung von Grenzen und Grenzauflösungen und nicht auf einer ästhetischen oder erfahrungsbezogenen Gestaltung dieser Räume. Vgl. Eva Geulen (Hrsg.): *Grenzen im Raum – Grenzen in der Literatur*. Berlin: Schmidt 2010; Edgar Platen / Martin Todtenhaupt (Hrsg.): *Grenzen – Grenzüberschreitungen – Grenzauflösungen. Zur Darstellung von Zeitgeschichte in deutscher Gegenwartsliteratur (III)*. München: Iudicium 2004; Dieter Lamping (Hrsg.): *Über Grenzen. Eine literarische Topographie*. Göttingen: Vandenhoeck & Ruprecht 2001.

11 Vgl. dazu etwa Stephan Kraft: Nicht mitten hindurch, sondern darüber hinweg und auf beiden Seiten zugleich. Zur deutsch-deutschen Grenze in Arno Schmidts Roman „Das steinerne Herz". In: Geulen (Hrsg.): *Grenzen im Raum*, S. 127–146; Kate Roy: In der Mitte fließt es immer schneller. Grenzen und ein „politisierter Ortsbegriff" in den Werken Emine Sevgi Özdamars und Leila Sebbars. In: Ebd., S. 147–160; sowie Birgit Lang / Johan Schimanski: Das Subjekt am Grenzübergang. Terézia Moras „STILLE. mich. NACHT" und Yoko Tawadas „Das Leipzig des Lichts und der Gelatine". In: Ebd., S. 161–181. Darüber hinaus haben die Semantik des Grenzortes als Palimpsest sowie die Rolle des Grenzgängers als einer Figur des Dritten eine gewisse Aufmerksamkeit erfahren. Vgl. Aleida Assmann: Geschichte findet Stadt. In: Moritz Csáky / Christoph Leitgeb (Hrsg.): *Kommunikation – Gedächtnis – Raum. Kulturwissenschaften nach dem „Spatial Turn"*. Bielefeld: Transcript, S. 13–27; Claudia Breger / Tobias Döring: *Figuren der/des Dritten: Erkundungen der Zwischenräume*. Amsterdam / Atlanta: Rodopi 1998.

Institut für Deutsche und Niederländische Philologie sowie dem Peter-Szondi-Institut für Allgemeine und Vergleichende Literaturwissenschaft der Freien Universität Berlin erfahren.[12] An diese (überwiegend in ukrainischer Sprache dokumentierten) Vorarbeiten schließen einige der hiermit vorgelegten Beiträge explizit an.
Behandelt werden in den insgesamt elf literatur- und kulturwissenschaftlichen Aufsätzen, die hier versammelt werden konnten, vorwiegend literarische Werke, die nach 1989 entstanden sind. Es geht mithin um einen analytischen Blick, dessen perspektivischer Ankerpunkt gerade nach dieser letzten geostrategischen Zäsur in der Geschichte Mittel- und Osteuropas liegt und der so einen deutlichen Gegenwartsbezug ermöglicht. So informieren viele der Beiträge nicht nur über die unterschiedlichen historischen Zusammenhänge in den ausgewählten Grenzräumen Mittel- und Osteuropas, sie analysieren gerade auch die zumeist hoch kritischen Zugriffsweisen, welche die Autorinnen und Autoren in den vergangenen Jahren auf diese Zusammenhänge entwickelt haben. Sie werden dadurch zugleich zu einem Ausdruck zeitgenössischer Interessen und Perspektiven. Die aber sind wiederum so vielgestaltig wie die sprachlichen und regionalen Kontexte, aus denen auch die Forscherinnen und Forscher stammen, die hier zu Wort kommen. In ihren Einzeluntersuchungen erweist sich Literatur als ein besonderer Reflexionsort von Grenzerfahrungen, die sie darstellt und zugleich interpretiert. Sie fordert dabei ein genaues Geschichtsbewusstsein ebenso heraus wie sie dazu einlädt, eingespielte Rollen, Diskurse und Narrative zu hinterfragen; zeigt die tröstende Kraft mancher verbrauchter Ideologeme mit der gleichen Selbstverständlichkeit, wie sie strengste Ideologiekritik betreibt. Der den nachfolgenden Beiträgen gemeinsame Fokus der Analyse liegt dabei auf dem spezifischen Konnex zwischen den Aspekten Raum, Erfahrung, Macht und Ästhetik, der hier in aller Kürze einführend erläutert werden soll.

12 Vgl. dazu die fünf bis dato vorliegenden Bände der ukrainischen Reihe *Über Grenzen. Studien zur deutschsprachigen Literatur*, darunter vor allem: Hans Richard Brittnacher / Ievgeniia Voloshchuk / Alexander Chertenko (Hrsg.): *Пізнавати кордони – переступати кордони – долати кордони* [*Grenzen erfahren – Grenzen überschreiten – Grenzen überwinden*]. Kiew: Burago 2011; Hans Richard Brittnacher / Inge Stephan / Ievgeniia Voloshchuk / Alexander Chertenko (Hrsg.): *Центральні землі – коронні землі – межові землі* [*Kernländer – Kronländer – Grenzländer*]. Kiew: Burago 2013.

Machträume, Gewalträume, ideologische Räume

Der mittel- und osteuropäische Raum, den die behandelten literarischen Werke umschreiben, durchwandern und analysieren, hat mit seiner Geschichte der *Zerfurchung* und *Ruinierung* eine ganze Reihe hoch brisanter Narrative und eine nicht minder vieldeutige Semantik hervorgebracht. Zugleich muss in den Blick genommen werden, dass sich die in ihnen manifestierenden Machtpolitiken der In- und Exklusion mit der Zeit allmählich erschöpft haben. Schlögel hat das „Ende der UdSSR" als „Kapitulation der Macht vor dem Raum" bezeichnet und folgert: „Auf das Ende des Systems folgt die Wiederkehr des Raums".[13] Was in diesen wieder zugänglichen, wieder neu begeh- und beschreibbaren Räumen als Erfahrung und als Alltag, als Erinnerung und als Diskurs zur Entfaltung kommen konnte und kann, auch darum geht es in den literarischen Texten von Juri Andruchowytsch, Andrzej Stasiuk, Bruno Schulz, Hanna Krall, Jan Faktor, Olga Tokarczuk, Joanna Bator, Żanna Słoniowska, Maria Matios, Márton Kalász, Pál Závada, Artur Klinau und Herta Müller, die in den vorliegenden Aufsätzen analysiert werden. In diesen Texten begegnen die Regionen Mittel- und Osteuropas als vielschichtige – und nicht selten abgründige – Geschichtsräume, in die sich einander widerstreitende Erinnerungsnarrative gleich einem Palimpsest eingeschrieben haben. Was in den hier behandelten Werken an die Oberfläche tritt, wird zum Ausdruck einer Gleichzeitigkeit ungleichzeitiger Strukturen. Freunde und Feinde, Nachbarn und Fremde, Juden, Polen oder Ukrainer – solche Identitätszüge werden erkennbar als Rollen, an deren Performanz machtgesättigte Ausschlussmechanismen ebenso überdeutlich zutage treten wie die praktische Unhaltbarkeit eindeutiger Identitäten in den Territorien der untergegangenen Imperien. Die Erfahrungshorizonte, die in den Texten zur Entfaltung kommen, verweigern zumeist eindeutige Grenzziehungen. Sie erfordern neue, flexible Beschreibungsformen, und dies gerade vor dem Hintergrund einer integrativen Geschichtsschreibung, die Unterschiede keineswegs nivellieren soll, sondern sie im Gegenteil nur umso genauer betrachten muss.[14] Hierbei nehmen sich die Verfasserinnen und Verfasser der vorliegenden Beiträge vor, die tatsächliche machtpolitische und die

13 Schlögel: Im Raume lesen wir die Zeit, S. 394.

14 Vgl. Werberger: Überlegungen zu einer Literaturgeschichte als Verflechtungsgeschichte, S. 123–124.

individuelle imaginäre Geographie ein und derselben Landschaft in ein Verhältnis zueinander zu setzen und zu fragen, was als Erfahrung und Alltagspraxis wirklich der Fall war. Sie leisten im besten Sinne des Wortes Ideologiekritik, gerade auch dann, wenn sie den nur allzu häufig romantisierten Topos der „Vielvölkergegend" etwa Galiziens oder der Bukowina anhand literarischer Repräsentationen genauer in den Blick nehmen und herausarbeiten, inwiefern der Mythos eines harmonischen Miteinanders nur schwerlich mit der historischen Realität in Übereinstimmung zu bringen ist. Dabei erweist sich zugleich, dass die zeitgenössische Literatur mindestens ebenso an einer kritischen Demontage derartiger Verklärungen arbeitet wie sie ganz eigene, neue Mythen etabliert. Gerade Galizien bleibt im Zwischenraum von Polen und Ukraine eine umstrittene Kulturlandschaft, die noch längst nicht die Voraussetzungen einer ausgeglichenen Repräsentation hervorgebracht hat und auch in naher Zukunft umstritten bleiben wird.[15] Dies wird in einer ganzen Reihe der hier vorgestellten literarischen Texte deutlich, die ja bei allem kritischen Potential auch selbst ideologische Rede enthalten können. Die untersuchten literarischen Repräsentationen der mittel- und osteuropäischen Grenzräume werden so zugleich als kulturelle Gradmesser auch unserer gegenwärtigen Epoche lesbar.

Gleichsam in einer strategischen Gegenbewegung tritt in der Literatur vor allem osteuropäischer Autorinnen und Autoren eine Poetik in den Vordergrund, die postkoloniale Theorien aufgreift und mit ihrer Hilfe die Zwischenstellung osteuropäischer Länder hinterfragt und dekonstruiert. Dass dabei im Gefecht der Ideologeme ganze Landstriche gleichsam in Vergessenheit geraten, zeigt schließlich der in den vorliegenden Beiträgen mehrfach begegnende Topos der Nicht-Orte, sei es an den Rändern Europas – wie etwa in Belarus –, aber auch gleichsam in den Grenzspalten zwischen den neu gegründeten Nationalstaaten. Wie sie kulturell und politisch um ihre Anerkennung ringen und welche alten und neuen Abgründe sich dabei auftun, führen die literarischen Texte etwa des weißrussischen Autors Artur Klinau oder des ungarischen Schriftstellers Márton Kalász höchst eindrücklich vor Augen.[16]

15 Vgl. dazu etwa den eröffnenden Beitrag von Ievgeniia Voloshchuk.

16 Vgl. dazu die Beiträge von Alexander Chertenko und Peter Varga.

Ohne Zweifel bleiben in der Auseinandersetzung mit den Zeitschichten Mittel- und Osteuropas Konflikt und Gewalt die prägenden Erfahrungen. Wenngleich, wie Schlögel schreibt, eine zentralisierte Kontrollmacht ihre Wirkungskraft eingebüßt hat, so behaupten sich doch zumeist einzelne Diskurs- und Narrativfragmente in geradezu hartnäckiger Weise. Ideologische Versatzstücke überlagern einander und wirken fort – auch dann, wenn sie in Widerspruch zueinander stehen. Die wechselnden Machthaber – etwa in der Bukowina – hinterlassen ihre Spuren, die nie ganz ausgewischt werden, sondern sich zu neuen, umkämpften Gebilden formieren, die zu dechiffrieren größte Anstrengung und vor allem Geschichtsbewusstsein erfordert. Auch die Spuren von Mord und Totschlag bestehen weiter. Von einer „kontaminierten Landschaft" ist bei Martin Pollack die Rede, der die Vergesslichkeit der Gegenwart mit der vergangenen Gewaltgeschichte konfrontiert und so eine „Topographie der Gewalt" freilegt, wie Anna Pastuszka treffend aufzeigt. Der semantisch nie ganz abzuweisende Konnex von Raum und Gewalt behält auch nach 1989 seine Bedeutung, als sich die Tschechische und die Slowakische Republik oder die Ukraine als unabhängige Staaten konstituierten, als Dazugehörigkeiten wieder einmal neu verhandelt und der Figur des separierten Dritten ihre längst bekannte Außenseiterfunktion von Neuem zugemutet wurde.[17] Und er bleibt noch heute höchst aktuell, wie der tagtäglich verfolgbare Umgang mit den Flüchtlingen aus Nordafrika und Syrien gerade in Mittel- und Osteuropa unmissverständlich unter Beweis stellt.

Jüdische Spuren: Fluchtlinien über die Grenzen hinweg

Historisch kommt in diesem Kontext den mittel- und osteuropäischen Jüdinnen und Juden – auch sie paradigmatische ‚Figuren des Dritten' – ein besonderer Stellenwert zu. Inmitten der Eroberungs- und Zersetzungsmanöver der Imperien wurden sie zu besonders exponierten Repräsentantinnen und Repräsentanten dezidiert moderner Erfahrungen der Ausgrenzung, Vertreibung und Migration, die ihre Aktualität bis heute nicht eingebüßt haben. Wo Nationalzugehörigkeiten gewaltsam verschoben wurden, fielen sie zumeist in das leere

17 Vgl. Breger / Döring: *Figuren der / des Dritten.*

Dazwischen. Die Rekonstruktionsarbeit ihrer Erinnerungsbücher wird dadurch heute zu einem nur umso beschwerlicheren und komplexeren Unterfangen. Zwei Bewegungen erscheinen dabei konstitutiv: die Flucht und die Rückkehr. Beide kommen in der neueren deutschsprachigen jüdischen Literatur ebenso zur Geltung wie in der polnischen oder ungarischen Literatur, mit der sich einige der nachfolgenden Beiträge befassen.[18] Erstere, die Flucht, wird beispielswiese zum narrativen Grundmoment in Jenny Erpenbecks Roman *Aller Tage Abend*, in dem die Autorin, die selbst jüdische Vorfahren aus den Gebieten Osteuropas hat, diese Geschichte aber in ihren Bücher nur andeutungsweise verarbeitet, eine solche Route in Szene setzt.[19] Über mehrere, die Kapitelstruktur des Buchs prägende Zäsuren hinweg, die allesamt Todeserfahrungen evozieren und diese zugleich literarisch transzendieren, erzählt Erpenbeck die beschwerliche Flucht einer Familie aus der durch Verfolgung gezeichneten jüdischen Erfahrung im Galizien des ausgehenden 19. Jahrhunderts in die assimilierte Gegenwartswelt Berlins, in der diese Erfahrung fast verloren gegangen ist. Es ist eine Geschichte der traumatisierenden Gewalterfahrung und Vertreibung, welche die Großmutter aus dem galizischen Ghetto in die Innenstadt von Brody, deren Tochter und ihre Familie von Brody nach Wien, dann nach Moskau und schließlich nach Berlin migrieren lässt. Fast all diese ‚Stationen', deren Verlauf gewisse Parallelen zum Lebenslauf Joseph Roths in Erinnerung ruft, erweisen sich dabei als Sackgassen, insofern es durch Krankheit, Elend und Tod immer wieder zu einem vorläufigen Ende der Familiengeschichte kommt. Der Roman indes überwindet diese Todesmomente vermittels einer Reihe den Erzählgang gleichsam immer wieder neu justierender „Intermezzi" und suggeriert so die Möglichkeit eines Neuanfangs. Dabei gerät die ursprüngliche Verfolgungserfahrung, bei der die Großmutter der antisemitisch motivierten Ermordung ihres Mannes beiwohnen musste,[20] immer weiter in Vergessenheit und bleibt zuletzt nur noch eine schwache, aber existentiell prägende Erinnerung. Als kaum noch verstandene, doch zentrale jüdische Erfahrung steht zuletzt die Flucht da: „Um diese andere Welt mit den Augen seiner Mutter zu sehen", heißt es

18 Vgl. etwa die Beiträge von Anna Pastuszka, Johannes Kleine und Peter Varga.

19 Jenny Erpenbeck: *Aller Tage Abend*. München: Knaus 2012.

20 Vgl. ebd., S. 18–23.

zuletzt über den jüngsten Sohn der Familie, „wird ihm noch eine gute irdische Zeitlang das Wichtigste fehlen: das Fortgehen."[21] Gleichsam aus einer solchen, nur halb verstandenen Ahnung heraus beschreiten viele neuere Autorinnen und Autoren in ihren Texten den umgekehrten Weg – etwa wenn Katja Petrowskaja ihr Erinnerungsbuch *Vielleicht Esther* am Berliner Hauptbahnhof einsetzen, die Route ihrer Protagonistin im letzten Kapitel des Texts über Polen zurück in die Ukraine führen und in Kiew enden lässt.[22] Es ist die Rückkehr zu den Orten der Großeltern, die Spurensuche ‚im Osten', die zu einer charakteristischen jüdischen Erfahrung dieser neueren Literatur geworden ist.

Doch die Spuren, auf welche die jüdischen wie nichtjüdischen Figuren treffen, sind oft nicht das, was sie erwartet hatten. Da sind einerseits die alten, oft unveränderten Häuser, in denen nun Polen, Ukrainer oder Slowaken leben und in denen, wie in den Texten Żanna Słoniowska zu lesen ist,[23] auch noch die alten Möbel, Bücher und Bilder existieren, welche die vertriebenen jüdischen Familien zurücklassen mussten. Da sind aber neben solchen Überresten auch die noch wesentlich unheimlicheren Spuren der Zerstörung und der Gewalt, denen die Suchenden zumeist nur mit größtem Unbehagen begegnen können: Katja Petrowskaja findet „im Straßenpflaster von Kalisz", wo sie die Geschichte ihrer Vorfahren zurückzuverfolgen sucht, „jüdische Buchstaben", die auf den Grabsteinen stehen, mit welchen die Straßen der Stadt „[n]och während des Krieges" gepflastert wurde.[24] Wie um diesen unglaublichen Fund zu beweisen, druckt sie in ihrem Buch ein Foto davon ab: „Ob man davon weiß oder nicht, jeder, der die Straßen von Kalisz entlanggeht, tritt die Grabsteine mit Füßen."[25] Die Reaktion auf solche Funde scheint unberechenbar. Bei Jan Faktor beginnt die Mutter im Wald von Christianstadt auf einmal, Jiddisch zu sprechen. Doch die Worte bleiben für die Zurückgekehrten so unverständlich wie die hebräischen Buchstaben im Pflaster von Kalisz für die

21 Erpenbeck: *Aller Tage Abend*, S. 281.
22 Katja Petrowskaja: *Vielleicht Esther*. Frankfurt am Main: Suhrkamp 2014.
23 Vgl. dazu den Beitrag von Jolanta Pacyniak.
24 Petrowskaja: *Vielleicht Esther*, S. 134–135.
25 Ebd., S. 135.

Bewohner des Ortes,[26] die diesen „unsichtbaren Friedhof der fremden Nachbarn, die nicht mehr da waren",[27] womöglich gar nicht (mehr) wahrnehmen. Tatsächlich erzählen gerade die Spuren der jüdischen Geschichte in den mittelosteuropäischen Landschaften eine meist eindeutige Sprache der Vernichtung: Ganze Landstriche im Osten Polens nehmen die Gestalt gigantischer Friedhöfe auch dann an, wenn keine Grabsteine existieren, wenn die Asche und Knochen der Ermordeten auf den Feldern und in den Wäldern verteilt wurden, wo sie noch heute liegen und für die Zurückgekehrten nur als verstörende Fremdkörper wahrgenommen werden können. Der Umgang mit solchen Geschichten der Vernichtung hat verhaltene, oft verfälschende Narrative hervorgebracht und erfordert Lektürewege, auf denen die Fakten wieder freigelegt werden können. Die zeitgenössische Literatur kämpft somit ebenso gegen die Erfahrung an, dass die Sieger der Geschichte die Geschichtsbücher schreiben und dass, wie es bei Walter Benjamin heißt, „auch die Toten [...] vor dem Feind, wenn er siegt, nicht sicher sein [werden]"[28].

Poetiken, Narrative und Ästhetiken der Grenze

Ein weiterer machtpolitischer Faktor, der in den in diesem Band besprochenen Werken immer wieder hervorsticht, ist die Kategorie Geschlecht. Gerade wo Alltagserfahrungen der Aus- und Abgrenzung zum Thema werden, konturiert die Linie, die das Vertraute und das Fremde, das Innere und das Äußere ebenso wie das Private und das Öffentliche separiert, eine Diskursordnung, die Geschlechterrollen mit der gleichen trügerischen Selbstverständlichkeit etabliert. Zugleich muss daher, wo jene Linie hinterfragt wird, auch die Ordnung jener Rollenmuster in Zweifel gezogen, ihr widersinniger Grund genauestens untersucht werden. Dies vollzieht sich vielleicht am deutlichsten in den Texten Herta Müllers, in denen die Perspektive der

26 Vgl. den Beitrag von Johannes Kleine.

27 Petrowskaja: *Vielleicht Esther*, S. 136.

28 Walter Benjamin: Über den Begriff der Geschichte [Benjamins Handexemplar]. In: Ders.: *Werke und Nachlaß. Kritische Gesamtausgabe*, Bd. 19: Über den Begriff der Geschichte, hrsg. v. Gérard Raulet. Berlin: Suhrkamp 2010, S. 30–43, hier S. 33 (VI. These).

Frauen in den Zwängen totalitärer Systeme und ihrer Symboliken im Zentrum steht. Doch auch eine scheinbar oberflächliche Alltagsbeschreibung wie sie in Maria Matios' *Darina, die Süße* begegnet, wird lesbar als ein gegen die feminisierenden und diskriminierenden Strukturen unhinterfragter Volkswahrheiten protestierendes Narrativ, das diese freilegt und die Notwendigkeit alternativer Beschreibungsformen offenbar werden lässt.

Solche *politischen* Hintergründe finden ihren Ausdruck in ganz spezifischen Schreibweisen, Formen und Sprachen. Naturgemäß kommt dabei die Gattung der Reisebeschreibung zur Geltung, in der die Landschaften der Gegenwart und der Vergangenheit wörtlich durchschritten werden. Doch was sich im 20. Jahrhundert in Mittel- und Osteuropa ereignet hat, spiegelt sich vor allem – etwa bei Olga Tokarczuk oder Joanna Bator, bei Jan Faktor oder Pál Závada – in der Auseinandersetzung mit der eigenen, paradigmatisch werdenden Familiengeschichte. Die räumlichen Dimensionen Ost- und Mitteleuropas führen dabei nicht nur von West nach Ost oder von Nord nach Süd, sondern gerade auch in die Tiefen der Erinnerung und des individuellen Gedächtnisses. Nicht zuletzt eignet sich die literarische Tradition des Pikaro-Romans dazu, die in den Grenzregionen wirksam gewordenen widersprüchlichen, oft zynischen In- und Exklusionsmechanismen dar- und zugleich bloßzustellen. Deutliche Spuren hiervon finden sich etwa in den Werken von Jan Faktor und Maria Matios.[29]

Schon an den hier nur stichworthaft genannten Gattungen zeigt sich, dass die untersuchte Literatur in ihrer Formsprache von volkstümlicher Einfachheit bis avantgardistischer Komplexität das gesamte ästhetische Spektrum literarischen Schreibens umfasst. Das Repertoire ästhetischer und diskursiver Strategien, mit dem die Schriftstellerinnen und Schriftsteller die Alltags- und Erinnerungspraktiken in den Grenzregionen zur Darstellung bringen, ist ebenso mannigfach wie die Bedeutung der Rede von Grenzen und Grenzüberschreitungen, deren Gehalt in den Texten zumeist um metaphorische wie auch symbolische Bedeutungsschichten erweitert wird. Dabei ermöglichen es die durchgehend in deutscher Sprache verfassten Beiträge des Bandes zugleich, Einblicke in die literarische und wissenschaftliche Kultur

29 Vgl. die Beiträge von Johannes Kleine und Maryna Orlova.

einiger Grenzländer zu erhalten, deren Zeugnisse bislang nicht ins Deutsche übersetzt wurden (vor allem der Ukraine und aus Belarus, aber auch aus Ungarn). Die Kontexte der skizzierten Beiträge sind entsprechend unterschiedlich und entsprechen der ganzen Bandbreite der behandelten Länder, Regionen und Landschaften. Indem sie die Mehrdimensionalität des Alltags in mittel- und osteuropäischen Grenzräumen nicht verringert, sondern gerade in ihrer Komplexität zur Entfaltung bringt, ist die Literatur, auf die sich die vorliegenden Beiträge beziehen, zum Ausgangspunkt einer vielschichtigen und notwendig interdisziplinären Auseinandersetzung mit der gleichermaßen abgründigen wie reichen Geschichte und Gegenwart einer dezidiert europäischen Erfahrungswelt des 20. und 21. Jahrhunderts geworden. Dabei offenbaren sich allerdings auch einige Desiderate, denen zukünftige Auseinandersetzungen mit den Grenzräumen Mittelosteuropas weitere Aufmerksamkeit schulden. Allem voran gilt dies für die Regionen der Balkanländer, etwa den konfliktbelasteten Landstrich zwischen Österreich und Slowenien, dem Kevin Vennemann eines seiner bis dato komplexesten Bücher gewidmet hat,[30] um die erbitterte Schwierigkeit eines Umgangs mit den ideologischen Stimmen der Erinnerungskonkurrenz im ausgehenden 20. Jahrhundert vor Augen zu führen. Doch auch die Frage nach der Nachbarschaft jüdischer Lebenswelten, wie sie in dieser Einleitung nur angerissen werden kann, müsste anhand der literarischen Werke auch nicht-deutschsprachiger Autorinnen und Autoren weiter vertieft werden.

Zu den Beiträgen

Ein erster Schwerpunkt der folgenden Beiträge liegt auf der poetologischen Reflexion eines Schreibens im postimperialen Grenzraum. Eine besondere Rolle kommt dabei der Frage zu, wie mit dem Erbe der Imperien gerade im Horizont postmoderner Begrifflichkeiten und Theorien produktiv umgegangen werden kann. Lassen sich die diskriminierenden und hierarchisierenden Strukturen der imperialen Phase überwinden bzw. transformieren oder schreiben zeitgenössische Autorinnen und Autoren, ob sie wollen oder nicht, letztlich dieselben Strukturen immer nur fort?

30 Kevin Vennemann: *Mara Kogoj*. Frankfurt am Main: Suhrkamp 2007.

Ievgeniia Voloshchuk spannt in ihrem, den vorliegenden Band zugleich eröffnenden wie ihm seinen Titel leihenden Aufsatz einen weiten literaturgeschichtlichen Rahmen, mit dem sie die Werke Joseph Roths und Juri Andruchowytschs in ein Verhältnis zueinander setzt. Sie fragt kritisch, welche Implikationen die „erfundene literarische Wahlverwandtschaft" Andruchowytschs mit dem selbstgewählten galizischen Vorbild wirklich besitzt. Beide Autoren verbindet eine Reihe von Werkkorrespondenzen, die auf beider Haltung zu Galizien als einer gemeinsamen, doch im Kern in sehr unterschiedlicher Weise kulturgeschichtlich situierten Heimat zurückgeht. Eben die nuancierten Unterschiede beider Ansätze werden von Voloshchuk verfolgt, etwa in Hinblick auf den Stellenwert des Nationalen, das Roth zugunsten einer transnationalen Identität vehement ablehnte, Andruchowytsch nun aber als zeitgenössischer ukrainischer Autor wieder stark macht. Gerade der die Ukraine seit dem 2014 entfachten Krieg erschütternde Konflikt einer kulturellen Zerrissenheit zwischen einem westlichen Europa und einem östlichen Nationalismus wirft auf diese Beobachtung ihren Schatten, wenn Andruchowytsch Roths These von der europäischen Prägung Galiziens in einen höchst problematischen Diskurs der ideologischen Abwertung des ‚russifizierten' Ostens umschreibt. Indem sie diese Tendenzen ebenso nachzeichnet wie sie die poetologisch-konzeptionellen Potentiale der Galizienbilder heute und damals aufzeigt, leistet die Verfasserin eine notwendige und feinfühlige Arbeit der Ideologiekritik, die auf viele weitere Beiträge dieses Bandes vorausdeutet.

Auch Erik Martin rekonstruiert die Spuren einer unausweichlichen Wiederkehr des Imperialen selbst in der imperiumskritischen polnischen und ukrainischen Gegenwartsliteratur. In Andrzej Stasiuk *Unterwegs nach Babadag* geht, wie Martin nachweist, die zunächst anti-hegemonial erscheinende Poetik des Verfalls, mit der das ehemalige Imperium repräsentiert wird, letztlich doch auf eine erneute Ökonomisierung und Naturalisierung zurück, welche die Logik des Imperialen intakt lässt. Demgegenüber liest Martin Juri Andruchowytsch' 22 Jahre älteren Roman *Moscoviada* gleichsam als Widerspiegelung eines intertextuell reich bestückten Zweikampfs der Literatur mit dem Imperium, welcher letztlich über den Charakter einer destruktiven Farce nicht hinauskommt. Beide Spielarten einer Verarbeitung der Figuren des Imperialen in der Prosa nach 1989 stehen im Zeichen der Postmoderne mit ihrer unhintergehbaren Dialektik, die ihren Ausdruck in einer ungewollten Wiederholung gerade dessen findet, was eigentlich überholt werden sollte.

Dass dagegen eine postmoderne Perspektive auch produktive, wenn nicht gar subversive Strukturen freizulegen vermag, zeigt der Beitrag von Christoph Maisch. Eine Poetik der Entgrenzung erkennt er im Werk des galizischen Autors Bruno Schulz, dessen Werk seine Faszination bis heute bewahrt und zu mehrfachen Verarbeitungen in der Gegenwartskultur geführt hat. Maisch geht in seiner Analyse anhand der Erzählung *Die Krokodilsgasse* jenen Zügen der Schulz'schen Ästhetik nach, die jede eindeutige Begrenzung und Bedeutung des Geschilderten zu transzendieren trachten und so die inspirierende Kraft des Unbestimmten und des Dazwischen freisetzen. Ferner setzt er diese Aspekte im Werk von Bruno Schulz in einen unmittelbaren Zusammenhang mit einer postmodernen Theorie der Simulakren, wie sie Jean Baudrillard formuliert hat und wie sie in der Verfilmung *Street of Crocodiles* von Stephen und Timothy Quay in Szene gesetzt wurde. Er leistet damit eine theoretische Reflexion der Schulz'schen Grenz-Ästhetik, die auch medienvergleichende Aspekte miteinbezieht und zuletzt am Beispiel des Films eine spezifisch postmoderne Perspektive auf die kulturpolitische Landschaft Galiziens erlaubt, die jede Grenzziehung als realitätsfernen Entwurf entlarvt.

Hier setzen die Beiträge des zweiten Schwerpunkts dieses Bandes an, indem sie von der poetologischen Ebene zur Ebene der Handlung in den Texten selbst hinabsteigen. Damit geraten die Aspekte der Landschaft, der Dinge sowie der Spuren in den durch eine Geschichte von Gewalt, Vertreibung und Ermordung gezeichneten Grenzterritorien Mittelosteuropas in den Blick, die in vielen Werken zeitgenössischer Autorinnen und Autoren durch eine spezifische Figuren- und Handlungsgestaltung erfahrbar gemacht werden. Gefragt wird dabei vor allem danach, wie sich die Protagonistinnen und Protagonisten dieser Werke inmitten dieser erinnerungsgesättigten Welten bewegen, wie sie mit den Spuren und Resten der Vertriebenen und Ermordeten umgehen und welche Folgen dies haben kann.

So untersucht zunächst Anna Pastuszka den Umgang mit der durch die Gewaltgeschichte unter Hitler und Stalin „kontaminierten Landschaft" (Martin Pollack) in zwei Beispielen der polnischen Gegenwartsliteratur. Im Werk Hanna Kralls sprechen die Überlebenden und sorgen durch den Detailreichtum ihrer Erinnerungen für eine Vergegenwärtigung der verlorenen Menschen in den Landschaften Mittelosteuropas. Ihnen lässt Kralls zurückgenommene Schreibhaltung betont Raum zur Entfaltung und hält sich dabei als Erzählerin ganz zurück. Andrzej Stasiuk dagegen, Pastuszkas zweites Beispiel, wählt einen wesentlich persönlicheren, subjektiven und symbolisch stark überformten Erzählzugang zu denselben polnischen Landschaften. Um mit einer kaltherzigen Ignoranz angesichts der zerstreuten Reste der Ermordeten umzugehen, begibt er sich auf die Suche nach „organischen Spuren", welche die Landschaften kontaminiert haben und die mangelnde Reaktion der polnischen Nachbarn umso skandalöser erscheinen lassen. Gerade durch den Vergleich beider Poetiken gelingt es Pastuszka, den engen Zusammenhang von allgemeinen Erinnerungsorten und höchst persönlichen Erinnerungswelten nachzuzeichnen.

Eine ganz andere Erfahrung des mittelosteuropäischen Raums untersucht Johannes Kleine in seinem Beitrag zu Jan Faktors Roman *Georgs Sorgen um die Vergangenheit oder Im Reich des heiligen Hodensackbimbams von Prag*, den er als ein Werk mit einer vielschichtigen Entgrenzungs-Poetologie liest. Detailliert arbeitet er die Bewegungen in Raum und Geschichte heraus, die Faktors Protagonist von Görlitz bis ins Tatra-Gebirge durchläuft und die zugleich ihren Orientierungspunkt im böhmischen Prag besitzen. Hier bestimmt eine vielschichtige Topographie der Grenzziehungen den Alltag der Romanfiguren und repräsentiert zugleich die ideologischen Züge eines im Zerfall befindlichen Systems. In sicherer Distanz zu jenem Mythos vom Vielvölkerland, der die eigentliche kulturelle Praxis auf dem Territorium der ehemaligen Österreichisch-Ungarischen Monarchie zu verklären droht, kommt es dabei auch zu einer Verdichtung der europäischen Gewaltgeschichte des 20. Jahrhunderts: Am Schluss des Romans bricht die Verfolgungsvergangenheit der jüdischen Familienmitglieder gleichsam wie ein Störelement hervor, das jegliche Grenzen der Gegenwart transzendiert und doch für Faktors Figuren vollkommen inkommensurabel bleibt.

Den Umgang mit ganz ähnlichen Störmomenten nimmt sich Jolanta Pacyniak zum Gegenstand. Sie schaut in ihrem Beitrag gezielt auf die Materialitäten der Räume in den polnisch-ukrainischen und deutsch-polnischen Grenzgebieten, wie sie in den Werken von

Olga Tokarczuk, Joanna Bator und Żanna Słoniowska porträtiert werden. Zusammen mit diesen Autorinnen legt sie den Fokus der Aufmerksamkeit auf das Phänomen einer Grenze als „Ort des Übergangs, der Annäherung und der Mischung", wie es bei Dieter Lamping einmal heißt.[31] Dabei rückt, etwa wenn bei Słoniowska jüdische Aufschriften unter dem Putz Lemberger Häuser hervortreten, das Verhalten der neu Hinzugezogenen, der Aus- und Umgesiedelten angesichts der nicht selten unheimlichen Anwesenheit der längst vertriebenen und verstorbenen früheren Bewohnerinnen und Bewohner und ihrer Kulturen in den Blick. Die Gegenstände, die ihre Besitzer gewechselt haben, werden angenommen oder ignoriert, umgewandelt – wie die deutsche Gardine in ein Brautkleid bei Bator – oder zerstört, sie werden gleichsam zu Vermittlern der Kultur, die sie bewahren. Doch die Dinge sind Geschenk und Gift zugleich: Für Tokarczuk und Bator bringen sie auch das Schlechteste der Menschen hervor, die gierig oder verrückt werden, während sie sich der ‚Schatzsuche' nach dem Hinterlassenen hingeben, bei Słoniowska führen sie mitunter ins Groteske und Surreale. Literarisch analysiert wird so der Umgang mit den Spuren und Schichten des Fremden, auch und nicht zuletzt der Toten und ihrer Gräber, deren Knochen bei Bator gleich Devotionalien verkauft werden. Dabei zeichnen sich zahlreiche Konflikte ab, zuletzt aber auch der Horizont eines Lebens im Bewusstsein einer unhintergehbaren Existenz des Fremden im Eigenen.

Eine traumatische Fremdheitserfahrung steht ebenfalls im Mittelpunkt von Maria Matios' Roman *Darina, die Süße*, dessen Handlung in den ukrainischen Grenzterritorien der Bukowina spielt und dem Maryna Orlova ihren Beitrag widmet. Ihre Annäherung an das Werk steht dabei explizit im Horizont der Teilungsgeschichte der Bukowina im 20. Jahrhundert, die hierdurch als traumabelasteter transnationaler Ort der Erinnerung an Krieg und Gewalt schlechthin erscheint. Sie liest Matios' Text als Auseinandersetzung mit einer längst nicht abgeschlossenen Erinnerungsarbeit in einem durch seine politische Spaltungsgeschichte gezeichneten ukrainischen Dorf. Dabei rekurriert sie auf Pierre Noras Konzept der *lieux de mémoire* und verfolgt das verschlüsselte Verhalten der schweigsamen Heldin Darina, deren

31 Dieter Lamping: Einleitung. In: Ders. (Hrsg.): *Über Grenzen. Eine literarische Topographie*. Göttingen: Vandenhoeck & Ruprecht 2001, S. 7–18, hier S. 13.

traumatisches Schuldgefühl zum Inbegriff einer Trennungsgeschichte als Gewaltgeschichte wird. Orlova zeichnet so anhand von Matios' Text nach, wie die menschlichen wie auch die politischen Grenzverletzungen im Konflikt der ukrainischen, polnischen und sowjetischen Machtsphären Galiziens individuelle ebenso wie kollektive Gemeinplätze besetzt halten und ihre verschlüsselte Wirksamkeit bis in die Gegenwart hinein entfalten.

Inwiefern schließlich aus diesen kaum aufgearbeiteten traumatischen Strukturen neue Konflikte entstanden sind, konstituiert den Schwerpunkt des dritten Teils des Bandes, in dem sich die Verfasserinnen und Verfasser der Beiträge den osteuropäischen Grenzräumen in Belarus, Rumänien und Ungarn als Konflikträumen zuwenden. Dabei spielen Versuche einer ästhetischen und diskursiven Gegendarstellung zutiefst ideologisierter Geschichten eine ebenso große Rolle wie der kritische Blick auf Geschlechterrollen sowie die Bilder des Fremden, Anderen und Ausgegrenzten.

Peter Varga untersucht hierzu die neuere ungarische Literatur und wie diese das problematische Erbe einer tabubelasteten Erinnerungskultur an die ungarische Teilungs- und Gewaltgeschichte gerade in spezifischen Grenzregionen des Landes verarbeitet hat. Der als Familienroman gestaltete Text *Winterlamm* von Márton Kalász aus dem Jahr 1986 führt anhand zweier Familien aus dem multiethnischen Karpatenbecken und der Entwicklungen in ihrem Selbstverständnis die nationalistischen Tendenzen im Spannungsverhältnis zwischen Deutschtum und ‚Magyarisierung' im Zweiten Weltkrieg vor. Varga leistet eine detaillierte Kontextualisierung der Ereignisse, auf die sich der Roman bezieht, und führt das Verhalten der Figuren auf Formen einer durch Krieg und Gewalt erlittenen Traumatisierung zurück, die Kalász relativ traditionell darstellt, während sein zweites Beispiel, der wesentlich neuere Roman *Természetes fény* (2014, *Natürliches Licht*) von Pál Závada, ganz andere Erzählformen erprobt. In diesem Buch, das sich vor allem der slowakischen Minderheit zuwendet, wird durch Multiperspektivität und Einbindung von Bildmaterial ein breites Tableau geschaffen, dessen multiple Erzähler die oft grausamen Ereignisse und Erfahrungen im und nach dem Krieg nicht nur referieren, sondern gerade auch durch die Gegensätzlichkeit ihrer verschiedenen Einzelnarrative entmystifizieren. Beide Werke versteht

Varga als repräsentativ für eine Erinnerungsliteratur in Ungarn seit 1989, die auch ein Gegengewicht zur offiziellen Verblendungspolitik verspricht.
In einer nicht minder ideologiekritischen Perspektive geht Alexander Chertenko den Topoi einer literarischen Verortung von Belarus nach, das im allgemeinen Diskurs wie ein unbeschriebenes, von der Weltkarte gefallenes Blatt figuriert. Er wirft einen diskurskritischen Blick auf das postsowjetische Territorium in Osteuropa, in dessen Bannkreis Belarus nach wie vor als ‚Grenzland' verstanden werden muss. Anhand von Artur Klinaus Roman *Der Helm* leistet er eine Analyse des für die entsemantisierten Nicht-Orte auf der Karte Osteuropas durchaus repräsentativen postkolonialen Schreibens, das im Zwischenraum von Ost und West mit seinem Protagonisten eine „Niederlage des postmodernen Subjekts" vorführt. Denn steht Belarus bedrängt zwischen einer östlichen und westlichen Kulturhegemonie, die das Land beide nur vereinnahmen und nicht als eigenständig anerkennen, so ist doch nach Chertenko keineswegs ein wie auch immer gestaltetes positives Eigenständiges auszumachen. Das postmoderne Spiel verliert sich in Nostalgie und Negation, und Belarus verbleibt – zunächst – eine „namenlose Schanze" „vor dem Zaun Europas".
Ähnlich ungelöst ist auch das Bild, das Ana-Maria Schlupp von der Vielvölkerregion Banat zeichnet, während sie eine kritische Hinterfragung der allzu romantisierenden Darstellung eines vermeintlich intakten Zusammenlebens der dortigen Bevölkerungsgruppen und Nationalitäten leistet. Vor allem wird dabei die Vorstellung eines homogenen Banats erschüttert. Schlupp erreicht dies, indem sie den kritischen Blick, den Herta Müller in ihrem Werk auf das Selbstbild der Rumäniendeutschen, der sogenannten Donauschwaben, wirft, auf den vielverzweigten Wegen ihres Werks nachzeichnet. Dabei zeigt sie, wie Müller in ihren Texten die Stigmatisierung der Rumänen als Walachen bloßlegt und so die Simulation kultureller Fremdheit dekonstruiert, während sie letztlich für eine rigorose Ablehnung jedes „Inseldenkens" einsteht.
Auch in Tamila Kyrylovas den Band abschließendem Beitrag steht die Repräsentation des Banats im Werk Herta Müllers im Fokus. Kyrylova widmet sich dabei gezielt den Raumkonstruktionen in Müllers *Heute wär ich mir lieber nicht begegnet* in Hinblick auf die Bloßlegung von

Geschlechterkonstruktionen. Weiblichkeit erweist sich in Müllers Bild eines Rumäniens unter Ceauşescu als spezifisch semantisierte Ordnung, deren Konstruktion und ideologische Indienstnahme im Text sichtbar gemacht werden. Durch das, was Kyrylova Herta Müllers „Poetik der systematischen Grenzverletzung" nennt, führt dies zu einer eindrücklichen Offenlegung zentraler Züge der Diktatur, während allein im liminalen Zwischenraum der Hauch einer Chance weiblicher Selbsterfindung noch möglich scheint.

Die Beiträge des vorliegenden Bandes dokumentieren die internationale Tagung *Erzählte Grenzräume in der mittel- und osteuropäischen Literatur nach 1989*, die am 29. und 30. Oktober 2015 an der Europa-Universität Viadrina in Frankfurt (Oder) stattfand. Für die Unterstützung bei der Organisation dieser Veranstaltung durch das Viadrina Center for Graduate Studies der Europa-Universität Viadrina sowie das Auswärtige Amt sei an dieser Stelle gedankt. Ein ebenso großer Dank gilt der Sanddorf-Stiftung Regensburg, welche die Drucklegung des vorliegenden Bandes in großzügiger Weise unterstützt hat.

Poetiken auf den Ruinen der Imperien

Ievgeniia Voloshchuk (Frankfurt an der Oder)

Was bleibt auf den Ruinen der Imperien?

(Re-)Visionen des Grenztopos Galizien in den Werken von Joseph Roth und Juri Andruchowytsch[1]

Halluzination Galizien oder Kleine Grenzländer in einer großen Geschichte

Kurz vor dem Ausbruch des Zweiten Weltkriegs schreibt der geborene Galizier Joseph Roth (1894–1939) einen Artikel mit dem harmlosen Titel „Unterricht in Geographie", in dem er seine Leser*innen an ein politisches Kuriosum aus der jüngsten Vergangenheit erinnert: Während des Friedenskongresses, der nach dem Ende des Ersten Weltkriegs stattgefunden und eine neue Weltordnung bestimmt hatte, verwechselte der damalige US-Präsident Wilson in seiner offiziellen Rede zwei europäische Gebiete – die vom Krieg nicht betroffene spanische Region Galicien und das ehemalige östliche habsburgische Grenzland Galizien, das sich im Laufe des Krieges zuerst in ein Schlachtfeld zwischen den Imperien und dann in ein Kampffeld zwischen Polen und Ukrainern verwandelt hatte. Diese Episode diente Roth dazu, Unkenntnis und Hochmut des ‚westlichen' politischen Establishments zu entlarven, das die Schicksale der Länder im Nachkriegseuropa zwar lenkte, aber nicht einmal über eine elementare Kompetenz in deren Geografie und Geschichte verfügte. Dabei dekonstruiert der Schriftsteller die überlieferte mentale Karte Osteuropas, indem er die

1 Dieser Beitrag wurde im Rahmen des durch die Fritz Thyssen Stiftung geförderten Projekts „Die Ukraine als Palimpsest: Deutschsprachige Literatur und ukrainische Welt von der zweiten Hälfte des 19. Jahrhunderts bis in die Gegenwart" zur Veröffentlichung vorbereitet.

darauf ausgeblendeten osteuropäischen Grenzländer, etwa seine Heimat Galizien, in den Vordergrund der politischen Geschichte rückt. Auf die neuesten historischen Entwicklungen rekurrierend, stellt Roth die These auf, dass solche quasi unsichtbaren Gebiete einige nur allzu sichtbare Veränderungen auf politischen Karten hervorrufen können, und rundet sie mit einer ironischen Prognose ab: „Vielleicht ist es bei den kommenden Friedensschlüssen nach den kommenden Weltkriegen gleichgültig, ob ein kommender Wilson die Hauptstadt Karpatho-Rußlands mit Moskau verwechselt."[2]

Nun scheinen diese Überlegungen eine Botschaft von gestern zu sein. Und in der Tat: Heute, da die wissenschaftliche Erschließung der Grenzen als Markenzeichen der Geisteswissenschaften gilt und die einst innovative Vorstellung von Kultur als einem mit Grenzen versehenen und mit Grenzen durchdrungenen Phänomen (so Michail Bachtin in den 1970er Jahren)[3] immer deutlicher zu einer Floskel wird, stehen die Grenzländer im Fokus mannigfaltiger Diskussionen. Ihre Anziehungskraft prägt die Konjunkturen des ganzen Kulturbetriebs, unter anderem auch des Buchmarkts, so dass ein aus dem Grenzgebiet stammender Gegenwartsautor sich häufig – um es mit der russischen Philosophin Madina Tlostanova zu sagen – „als eine neue Variante des intellektuellen Renners aus einem Kolonialladen erweist".[4] Mehr noch: Die für die modernen Geisteswissenschaften charakteristischen *cultural turns* mit ihrer Konzentration auf Grenzüberschreitungen, „dezentrierte Geschichte"[5] im Sinne von Natalie Zemon Davis oder die Kulturen der (post-)kolonialen, subalternen „Menschen ohne

2 Joseph Roth: Unterricht in Geographie. In: Ders.: *Werke*, Bd. 3: Das journalistische Werk 1929–1939, hrsg. v. Klaus Westermann. Köln: Kiepenheuer & Witsch 1991, S. 870.

3 Vgl. hierzu neben vielen anderen Beiträgen Michail Bachtin: *Zur Ästhetik des Wortes*. Frankfurt am Main: Suhrkamp 1979.

4 Madina Tlostanova: Kak byt' s granizej? Pogranitschnaja ekzistencija, (so) znanije i estesis [Wie soll man mit der Grenze umgehen? Grenzexistenz, Bewusstsein und Aisthesis]. In: Juri Girin (Hrsg.): *Problemy kulturnogo pogranitschja. Pamjati Walerija Borisowitscha Semskowa* [*Probleme der kulturellen Grenzräume. Zum Andenken an Walerij Semskow*]. Moskau: IMLI RAN 2014, S. 90–106, hier S. 94 (Übers. I. V.).

5 Natali Zemon Devis: Decentering History: Local Stories and Cultural Crossings in a Global World. In: *History and Theory* 50,2 (2011), S. 188–202.

Geschichte"[6] im Sinne von Eric R. Wolf bedingten die gesteigerte kulturhistorische Relevanz der Grenzländer. Immer öfter werden Versuche unternommen, aus konkreten Grenzländern Vorbilder für die neuesten Kulturphänomene, z. B. der Transkulturalität bzw. Transmodernität,[7] zu schaffen oder das Konzept des Grenzlandes durch generalisierende Formulierungen vom Typ „Globalisierung des Grenzlandes"[8] bzw. „weltweites Grenzland"[9] radikal zu erweitern.
Umso erstaunlicher ist es, dass im ausgehenden 20. Jahrhundert, also 60 Jahre nach dem Erscheinen des oben erwähnten Artikels Roths, der Diskurs über das ‚illusorische' Galizien von einem anderen Galizier, dem ukrainischen Schriftsteller Juri Andruchowytsch (geb. 1960), wiederaufgenommen wurde. In seinem programmatischen Essay „Zeit und Ort oder Mein letztes Territorium" setzt Andruchowytsch das heutige ironische Galizien-Bild aus den Bruchstücken der perpetuierten negativen Stereotype („Plagiat", „geografischer Überschuss", „Raum ohne Wurzeln", „eine polnische Halluzination" usw.) zusammen und verleiht diesem die Umrisse eines „kaum existenten" Phantoms.[10] Somit apostrophiert der ukrainische Autor nicht nur die geografisch-historische Fragilität Galiziens, dessen Verortung auf den Karten nach wie vor unsicher bleibt, sondern auch die problematisierende Wirkung dieses kleinen Grenzlandes auf die ‚große' Geschichte. In einem anderen Essay, betitelt „Das Stadt-Schiff", schildert

6 Eric R. Wolf: *Europe and the People without History*. Berkeley: University of California Press 2010.

7 Vgl. Tlostanova: Kak byt' s granizej?

8 Jakow Schemjakin: Soziokul'turnaja „pogranitschnost'" w kontexte wsemirnoj istoriji [Soziokulturelle Grenzräume im Kontext der Weltgeschichte]. In: Girin (Hrsg.): *Problemy kulturnogo pogranitschja*, S. 37–68, hier S. 61.

9 Igor Sledsewski: "Pogranitschje bez graniz" — Global'naja neopredeljonnost' mira i jejo otrazhenije w znaniji i kul'ture [„Grenzräume ohne Grenzen" — Globale Undefinierbarkeit der Welt und ihre Widerspiegelung im Wissen und Kultur]. In: Ders. (Hrsg.): *Soziokul'turnoje pogranitschje kak phenomen global'nych i rossijskich transformacij* [*Soziokulturelle Grenzräume als Phänomen der globalen und russischen Transformationen*]. Moskau: Knizhnyj dom „LIBROKOM" 2008, S. 11–99.

10 Juri Andruchowytsch: Zeit und Ort oder Mein letztes Territorium. In: Ders.: *Das letzte Territorium: Essays*, aus d. Ukrain. v. Alois Woldan. Frankfurt am Main: Suhrkamp 2003, S. 60–72, hier S. 65–67. Vgl. dazu auch die ironische Charakterisierung Galiziens als eines geografischen Produkts der politischen Imagination in demselben Essay: „Galizien ist durch und durch künstlich, mit den Fäden pseudohistorischer Intrigen zusammengesponnen" (ebd., S. 63).

Andruchowytsch Galizien – genau wie Roth in „Unterricht in Geographie" – zugleich als einen sichtbaren Rand der Imperien und einen unsichtbaren, wenn auch bedeutsamen Akteur der Weltgeschichte,[11] der einen „Schnittpunkt der Zivilisationen" und „eine wahre geografische Mitte Europas" auf der europäischen Karte bilde.[12]
Die auffallenden Ähnlichkeiten in der Darstellung Galiziens bei beiden Autoren verdienen etwas mehr Aufmerksamkeit, als ihnen üblicherweise gewidmet wird. Freilich könnte man diese Ähnlichkeiten mit einem kurzen Hinweis auf Andruchowytschs literarische Selbststilisierung zum Nachfolger Roths abtun, die sich durch zahlreiche Motivzitate aus Roths Œuvre manifestiert und zu den Merkmalen des für Andruchowytsch charakteristischen postmodernen Spiels mit fremden Texten gehört. Doch kann man durch diese auf der Hand liegende Tatsache nicht erklären, warum und wozu Roths Figur zum programmatischen Orientierungspunkt von Andruchowytsch erhoben wurde. Etwas mehr lernt man aus dem Vergleich des biografischen Backgrounds beider Literaten. Dieser erlaubt es, einen ganzen Komplex von Faktoren herauszuarbeiten, der der Weltsicht von Roth und von Andruchowytsch gleichermaßen zugrunde liegt. Erwähnt seien hier das Erwachsenwerden in einer Provinzstadt (in Brody resp. Iwano-Frankiwsk) am Rande der Imperien (des Habsburgischen und des Sowjetischen); das Studium im regionalen kulturellen Zentrum (Lemberg, heute Lwiw); die Übersiedlung in jeweilige imperiale Zentren (Wien und Moskau) und der anschließende Bruch mit ihnen, ferner die Rückkehr in die ‚kleine Heimat' und die Wanderwege, deren Stationen als existenzielle Zustände aufgefasst werden können.[13] Dennoch können diese Anknüpfungspunkte die gravierenden kulturellen

11 Juri Andruchowytsch: Das Stadt-Schiff. Desinformationsversuch. In: Ders.: *Das letzte Territorium*, S. 28–37.

12 Ebd., S. 37.

13 Vgl. dazu u. a.: Juri Andruchowytsch: Avtobiografija? [Autobiografie?]. In: Ders.: *Rekreaziji. Romany* [*Rekreaziji. Romane*], Kiew: Tschas, S. 27–33; Juri Scherech-Scheweljow: Ho-Haj-Ho [Ho-Haj-Ho]. In: Ebd., S. 257–269; Jaroslav Holoborod'ko: Schou demifologem Jurija Andruchowytscha [Schau der Demythologeme von Juri Andruchowytsch]. In: Ders.: *Artegraund. Ukrajinski literaturnyj establischment* [*Arteground. Das ukrainische literarische Establishment*]. Kiew: Fakt 2006, S. 7–31; Per-Arne Bodin: Kinec' imperiji: roman Jurija Andruchowytscha *Moskowiada* [Das Ende des Imperiums: Der Roman

Unterschiede zwischen beiden Autoren als Akteuren der Literaturgeschichte nicht in den Schatten stellen. Der eine ist der Begründer der neusten ukrainischen Literatur, der ihren subversiven Geist auf der ukrainischen Kulturbühne der 1990er Jahre selbst verkörperte. Der andere zählte zu den prominentesten Autoren der deutsch-jüdischen Literatur der Weimarer Republik und war Vertreter einer anderen Epoche, Sprach- und Kulturtradition, ästhetischen Denkweise und politischen Realität. Was konnte also Andruchowytsch dazu anregen, in Roth seinen Vorgänger zu erkennen? Die Paradoxie dieser Wahl besteht auch darin, dass der ukrainische Schriftsteller, der über den Zerfall des sowjetischen Imperiums triumphierte, die geistigen Untertanen eines anderen Imperiums, nämlich des österreichisch-ungarischen, ausgerechnet nach dem Muster seines Vorgängers zur Aufrüstung aufgerufen hatte. Dies implizierte nicht nur eine Übernahme von Roths Nostalgie nach dem verschwundenen Habsburgerreich, sondern auch der von dieser Nostalgie zehrenden Roth'schen Mythen von Galizien und der Donaumonarchie.

Einen entscheidenden Anstoß zu dieser im Nachhinein erfundenen literarischen Wahlverwandtschaft hat, aller Wahrscheinlichkeit nach, eine ähnliche kulturelle Situation gegeben, wobei zwei Faktoren von besonderer Bedeutung waren. Erstens war es der durch den Epochenumbruch veranlasste Untergang des Imperiums. Zweitens war es der Faktor Galiziens als eines Grenzgebiets schlechthin und zugleich als eines konkreten Ortes, der von beiden Autoren als literarische Heimat wahrgenommen wurde. Diese Faktoren haben die für beide Schriftsteller kennzeichnende Position des Künstlers vorbestimmt, der den Untergang des Imperiums aus der Perspektive des Grenzlands reflektiert und deswegen einen spezifischen Blick auf den Hergang der Geschichte hat. Diese Position, die man als Schreiben auf den Ruinen der Imperien bezeichnen kann,[14] verlieh ihren Denkweisen eine

Moskowiada von Juri Andruchowytsch]. In: *Slovo i tschas* [*Das Wort und die Zeit*] 5 (2007), S. 62–66; Tatjana Hofmann: *Literarische Ethnografien der Ukraine. Prosa nach 1991*. Basel: Schwabe 2014, S. 201–218.

14 Zum postimperialen Aspekt des Werks von Joseph Roth vgl. Ievgeniia Voloshchuk: Galizijskoje pogranitschje w twortschestwe Jozefa Rota [Grenzland Galizien in Joseph Roths Œuvre]. In: Girin (Hrsg.): *Problemy kulturnogo pogranitschja*, S. 419–441. Der Umgang mit dem habsburgischen imperialen Erbe in der ukrainischen Gegenwartsliteratur wird thematisiert in Alois Woldan: Galizische

besondere Sensibilität gegenüber den (post-)imperialen Auswirkungen.[15] Überdies lag sie ihren Erfahrungen der Deplatzierung und ihrer Suche nach dem eigenen Platz im Raum zwischen unterschiedlichen Kulturwelten zugrunde, was im Endeffekt in das von beiden Schriftstellern ausgearbeitete Modell des galizischen Topos als einer Heterotopie mündete.[16] Dieses Modell erwies sich als ein äußerst fruchtbares Feld nicht nur für die Präsentierung einer „Vergegenkunft"[17] Galiziens, sondern auch für die Erschließung der versunkenen Imperien und die Visionen Europas bei beiden Autoren.[18]

Topoi als Argumente in der ukrainischen Identitätsdebatte (zwischen Vereinnahmung und Aneignung). In: Ders.: *Beträge zu einer Galizienliteratur.* Frankfurt am Main: Lang 2015, S. 41–59.

15 Vgl. Wolfgang Müller-Funk: Besichtigung eines neuen Imperiums. Joseph Roths Reisebericht über Russland anno 1926. In: Thomas Grob / Boris Previšić / Andrea Zink (Hrsg.): *Erzählte Mobilität im östlichen Europa: (Post-)Imperiale Räume zwischen Erfahrung und Imagination.* Tübingen: Francke 2014, S. 43–59; Vitaly Chernetsky: *Mapping Postcommunist Cultures. Russia and Ukraine in the Context of Globalization.* Montreal / London / Ithaca: McGill-Queen's UP 2007; Myroslav Shkandrij: *Russia and Ukraine: Literature and the Discourse of Empire from Napoleonic to Postcolonial Times.* Montreal / London / Ithaka: McGill-Queen's UP 2001.

16 Vgl. Larissa Cybenko: Rückkehr Galiziens: Zum Modell eines realen und imaginierten Raumes. In: Małgorzata Dubrowska / Anna Ruthka (Hrsg.): *Reise in die Tiefe der Zeit und des Traums. (Re-)Lektüren des ostmitteleuropäischen Raumes aus österreichischer, deutscher, polnischer und ukrainischer Sicht.* Lublin: Wydawnictwo KUL 2015, S. 67–87.

17 Unter „Vergegenkunft" versteht Günter Grass (in „Kopfgeburten" etwa) „eine vierte Zeit", die die Einteilung der Zeit in Vergangenheit, Gegenwart und Zukunft aufhebt und, wie er in einem Interview formulierte (ohne allerdings das Wort zu benutzen), „die Gleichzeitigkeit von Geschehnissen, das Vergangene, das in die Gegenwart hineinreicht, die Vorwegnahme von Zukunft" (Günter Grass: Die Ambivalenz der Wahrheit zeigen. Interview mit Ekkehart Rudolph. In: Ders.: *Werkausgabe in 10 Bänden*, Bd. 10, hrsg. v. Klaus Stallbaum. Darmstadt / Neuwied: Luchterhand 1987, S. 180–189, hier S. 185) umfasst. Vgl. Günter Grass: Kopfgeburten oder Die Deutschen sterben aus. In: Ders.: *Werkausgabe*, Bd. 6, hrsg. v. Christoph Sieger, S. 139–270, hier S. 233.

18 Zu Joseph Roths Europa-Vision vgl. Telse Hartmann: *Kultur und Identität. Szenarien der Deplatzierung im Werk Joseph Roths.* Tübingen: Francke 2006; Hans-Joachim Hahn: Galizien diskursiv. „Europa" als Tertium comparationis oder „Figur des Dritten"? In: Paula Giersch / Florian Krobb / Franziska Schößler (Hrsg.): *Galizien im Diskurs: Inklusion, Exklusion, Repräsentation.* Frankfurt am Main: Lang 2012, S. 347–365.

Geschmähtes Galizien oder Die Poetik des Variablen

Indem Andruchowytsch sein Narrativ über Galizien schafft, begibt er sich offensichtlich auf Roths Spuren. Die markantesten Beispiele dafür liefert seine Essayistik. So beginnt sein bereits erwähnter Essay „Zeit und Ort oder Mein letztes Territorium" mit einer ausschlaggebenden Charakteristik Galiziens: „Ich lebe in einer ewig beargwöhnten und benachteiligten Weltgegend. Sie heißt Galizien".[19] Diese Zeilen rekurrieren offenbar auf den oft zitierten Auftakt zu Roths Reportage „Leute und Gegend" aus dem Zyklus „Reise durch Galizien": „Das Land hat in Westeuropa einen üblen Ruf. Der wohlfeile und faule Witz des zivilisierten Hochmuts bringt es in eine abgeschmackte Verbindung mit Ungeziefer, Unrat, Unredlichkeit."[20]

In beiden Texten fügen sich die danach folgenden Beobachtungen zu einem Plädoyer zur Rettung der Ehre des geschändeten Galizien zusammen, das dem Prokrustesbett der abwertenden Stereotype entkommen soll. In den Vordergrund tritt in beiden Texten die tragische Geschichte Galiziens, das als Grenzland im 20. Jahrhundert von einer Großmacht zur anderen überging und somit der ‚großen Geschichte' zum Opfer fiel. In den Fokus ihrer Narrative stellen beide Autoren die sich im schablonenhaften Bild Galiziens niederschlagenden Kontraste zwischen seiner berüchtigten Rückständigkeit und seiner europäischen kulturellen Prägung, zwischen seiner Marginalität und seiner Verletzlichkeit gegenüber den geschichtlichen Exzessen sowie schließlich zwischen seiner „weltverlorenen Einsamkeit"[21] (so Roth) und seiner seltsamen Zugehörigkeit zu „Jewropa, Juropa, Europa"[22] (so Andruchowytsch). Beide Schriftsteller enden dann mit einer Apotheose, die Galizien als „ein außergewöhnlich heikles und brüchiges Land"[23] (so Andruchowytsch) „mit dem traurigen Glanz der Geschmähten"[24] (so Roth) versieht. Diese Korrespondenzen

19 Andruchowytsch: Zeit und Ort oder Mein letztes Territorium, S. 63.

20 Joseph Roth: Reise durch Galizien. In: Ders.: *Werke*, Bd. 2: Das journalistische Werk 1924–1928, hrsg. v. Klaus Westermann. Köln: Kiepenheuer & Witsch 1990, S. 281–293, hier S. 281.

21 Ebd., S. 285.

22 Andruchowytsch: Zeit und Ort oder Mein letztes Territorium, S. 66.

23 Ebd., S. 71.

24 Roth: Reise durch Galizien, S. 285.

zeigen, dass Andruchowytschs Narrativ über Galizien auf Roths Tradition aufbaut. Davon zeugen viele weitere einschlägige Beispiele, an denen auch andere Werke von Andruchowytsch, seien es Essays oder Romane, reich sind.

Sicherlich kommen in solchen Parallelen neben den Anknüpfungspunkten auch mehrere Unterschiede zwischen den Galizien-Darstellungen beider Autoren zum Vorschein. So konzentriert sich Roth in „Reise durch Galizien“ auf den Übergang der Region von der imperialen Vergangenheit zum neuen Leben im nationalen Staat. Deshalb ist er immer wieder auf der Suche nach jenen Details, die durch den Epochenumbruch hervorgerufene Mutationen der alltäglichen Realität bezeugen. Charakteristisch sind in diesem Sinne vor allem seine Beobachtungen über die Umbenennung der Hauptstraße in Lemberg, die unter Österreich-Ungarn „Karl-Ludwig-Straße“ hieß und unter Polen zur „Straße der Legionen“ wurde, oder über die Veränderungen in der Sprachsituation von „Deutsch-Polnisch-Ruthenisch“ in Richtung „Polnisch-Deutsch-Ruthenisch“.[25] Kurz gesagt, stellt Roth den Ort als Palimpsest (im Sinne Aleida Assmanns)[26] dar, in dessen Rahmen die Vergangenheit noch nicht erloschen ist und auch in der Gegenwart erkennbar bleibt. Hingegen sieht der essayistische Erzähler von Andruchowytsch um sich nur die postmoderne Leere und vereinzelte Fragmente vergangener Zeiten – leblose Stücke und Bruchstücke, Reste und Überreste, zusammenhanglose Zitate und verrostete Zeichen, die er selber nicht zusammenwürfeln kann. Während Roth in etlichen Artikeln das ideale Bild des habsburgischen multinationalen Galizien der realen Politik der Polonisierung (lies: der nationalen Homogenisierung) in Galizien nach dem Habsburger Reich entgegenstellt,[27] beschäftigt sich der Schriftsteller Andruchowytsch nur mit den destruktiven Nachwirkungen der gegen die multinationale Vielfältigkeit Galiziens gerichteten Politik der herrschenden Mächte.[28] In mehreren Essays macht er die Leserinnen

25 Roth: Reise durch Galizien, S. 284.

26 Aleida Assmann: Geschichte findet Stadt. In: Moritz Csáky / Christoph Leitgeb (Hrsg.): *Kommunikation – Gedächtnis – Raum. Kulturwissenschaften nach dem „Spatial Turn“*. Bielefeld: Transcript 2009, S. 13–27.

27 Vgl. Joseph Roth: Der ukrainische Nationalismus – ein deutsches Patent. Briefe aus Polen. In: Ders.: *Werke*, Bd. 3, S. 874–876, 939–961.

28 Juri Andruchowytsch: Erz-Herz-Perz. In: Ders.: *Das letzte Territorium*, S. 38–50, hier S. 44–47.

und Leser auf die Folgen dieser Politik aufmerksam, etwa auf „Blut, Schmutz [...] ethnische Säuberungen, Menschenvernichtung, Deportationen“[29], die Ausartung der postsowjetischen Ukrainer*innen zum herkunftslosen Volksstamm „Schoschoni“ (vom gemischten russisch-ukrainischen Wort „scho-scho?“ – „was, was?“)[30] oder die zynisch-pragmatische Instrumentalisierung Galiziens als einer „Pufferzone“[31] zwischen auseinanderlaufenden politischen Interessen. Letzteres belegt der Schriftsteller unter anderem durch einen Rekurs auf den politischen Galizien-Diskurs, in dem dieses Gebiet angeblich aus der „konspirativen“ Absicht einiger österreichischer Minister, „Europa nach Osten [zu] verlängern“, entstanden sei.[32] Im Rahmen dieses Diskurses ist aus Galizien kein „Europa“ geworden, „sondern ein Puffer, eine Art ‚cordon sanitaire'“.[33] Das Konzept des umstrittenen Grenzlandes, das im Laufe seiner Geschichte den einander ablösenden Eroberern mehrmals anheimfiel und deswegen fortwährend umkartiert wurde, wird im Essay „Carpathologia Cosmophilica“ zum Kern des Galizien-Bildes gemacht, das durch den mythologisierten historischen Kontext deutlich essentialisiert wird:

> Wir sehen also, daß nicht erst die Monarchien an der Donau und an der Newa die Teilung mitvollzogen haben, die von dieser universal wirkenden Struktur vorgegeben war – de facto ist diese Teilung nie außer Kraft gesetzt worden. Auch wenn die erwähnten Patronenhülsen in den Schützengräben, heute von der vielfältigen Pflanzenwelt des Gebirges überwachsen, eine nur zu genaue Vorstellung vom Aufeinanderprallen der geopolitischen Interessensphären gerade dieser beiden Staatsgebilde geben. Schließlich blieb auch nach ihrem Untergang der Bogen, dieses umgekehrte „C“, das schon an sich die Idee der „Umgegend“, der Peripherie, versinnbildlicht, ein Ort der Überschneidung von kulturellen, politischen, geopolitischen Tendenzen, Richtungen und Einflüssen – Einflüsse, die dann bereits wieder von anderen, den jungen postimperialen Staaten und Möchtegernstaaten der Zwischenkriegszeit (Polen, Ungarn, Rumänien, die Tschechoslowakei)

29 Andruchowytsch: Das Stadt-Schiff, S. 35.

30 Juri Andruchowytsch: Drei Sujets ohne Auflösung. In: Ders.: *Das letzte Territorium*, S. 88–97, hier S. 91.

31 Andruchowytsch: Erz-Herz-Perz, S. 50.

32 Andruchowytsch: Zeit und Ort oder Mein letztes Territorium, S. 63.

33 Juri Andruchowytsch: Carpathologia Cosmophilica. In: Ders.: *Das letzte Territorium*, S. 14–28, hier S. 18.

> ausgingen. Bis schließlich die Riesen in Zelttuchjacken kamen und die hiesigen Brunnen mit den Leichen von hinten Erschossener vollstopften und damit die Sprengsätze an die Fundamente ihrer Herrschaft legten, die genau ein halbes Jahrhundert später, im milden Herbst des Jahres 89, explodieren sollten, als es mit den Exhumierungen, Umbestattungen und Massendemonstrationen losging.[34]

Derartige Abweichungen stehen jedoch mit Roths „Prätext" in keiner Konfrontation. Sie entwickeln vielmehr die potenziellen bzw. marginalen Elemente der Roth'schen Vision von Galizien weiter oder lassen neue Bedeutungsnuancen des Prätextes aufkommen. Letzteres kann man wohl am besten mit der auf Galizien bezogenen Metapher des „letzten Territoriums" illustrieren, die Andruchowytsch als Titel seines essayistischen Bandes verwendet hat. Darin lässt sich die Tradition der Darstellung Galiziens als eines letzten Zipfels des Habsburgerreiches erkennen, den Roth nicht nur als einen konkreten geografisch-historischen Ort, sondern auch als metaphorisches Bollwerk des Geistes der Donaumonarchie erfasste und implizit ins Zentrum seiner dichterischen Welt stellte.[35] Andruchowytschs Metapher aktiviert das ganze semantische Feld dieses Topos, gewinnt dabei aber neue Bedeutungsnuancen — vor allem dadurch, dass Roths Konzept aus der subjektiven Perspektive des Erzählers („*mein* letztes Territorium") gesehen und auf das postsowjetische Galizien projiziert wird. Darüber hinaus transformiert sich Roths Konstrukt bei Andruchowytsch in eine Hochburg der individuellen Existenz des Erzählers, die weder in der sowjetischen Vergangenheit noch in der ukrainischen Gegenwart, sondern in Roths Mythos des habsburgischen Galizien verankert ist. Angesichts dieser Überlegungen liegt der Schluss nahe, Andruchowytsch inszeniere seine Vision des postsowjetischen Galizien als eine transparente Re-Vision bzw. literarische Variation des Roth'schen Galizien-Topos. In diesem Fall sollte diese Variation als eine altbackene Botschaft gelesen werden, dass es nichts Neues unter der Sonne gibt, wenigstens unter der Sonne der galizischen Gegenwart.

34 Andruchowytsch: Carpathologia Cosmophilica, S. 18–19.

35 Vgl. Maria Kłańska: Die galizische Heimat im Werk Joseph Roths. In: Michael Kessler (Hrsg.): *Joseph Roth. Interpretation – Kritik – Rezeption. Akten der internationalen, interdisziplinären Symposions* 1989. Tübingen: Stauffenburg 1990, S. 143–157.

Dennoch spornt gerade diese Gedankenkonstellation dazu an, jene Interpretationsmöglichkeiten auszuprobieren, auf die Boris Groys in seinem jüngsten Gespräch über die modernen Geisteswissenschaften hingewiesen hat: „[E]s gibt sicherlich nichts Neues unter dem Himmel, aber sehr vieles erweist sich als Neues im elektrischen Licht. Alles entscheidet der Kontext."[36] Und in der Tat: Eben durch die Kontextualisierung treten jene grundsätzlichen Unterschiede hervor, die die Korrelationen zwischen den Galizien-Visionen von Roth und Andruchowytsch in einem anderen Licht erscheinen lassen.

Phönix Austria oder Leutnant Carl Joseph von Trotta versus Literat Otto von F.

Interessanterweise wird der Galizien-Topos bei beiden Autoren durch den österreichischen imperialen Diskurs kontextualisiert, zunächst einmal durch das ihm zugrunde liegende Ideologem des liberalen Vielvölkerstaates, der eine besondere Toleranz gegenüber allen seinen Ethnien vermeintlich gewährleistete. Inwieweit die dadurch kultivierten Vorstellungen über die multinationale Idylle unter Habsburgs Krone von der Wirklichkeit abwichen, kann man den literarischen Memoiren anderer Galizier entnehmen. Denn während in Roths Roman *Radetzkymarsch* der österreichische Leutnant, der Slowene Carl Joseph von Trotta, sein Leben für die ukrainischen Soldaten an der galizischen Front opfert, tobte in der realen österreichischen Armee, glaubt man den Kriegserinnerungen des Galiziers Alexander Granach, ein echter xenophober Hass:

> Die Tschechen hassten die Österreicher, die Österreicher hassten die Tschechen, die Ukrainer, die Kroaten, die Slowaken, die Polen, die Juden! Die Ungarn wieder hassten alle zusammen. Es gab keine Freundschaft unter diesen Völkern [...]. Keine gemeinsame Sache, kein gemeinsames Ideal[.][37]

36 Boris Groys: Rynok wmesto archiva. Interwju [Markt statt Archiv. Interview]. In: *Iskusstwo kino* 2 (2002). http://kinoart.ru/archive/2002/02/n2-article16 (Zugriff am 16.12.2016).

37 Alexander Granach: *Da geht ein Mensch. Roman eines Lebens.* München / Zürich: Piper 1990, S. 293.

Ganz weit von Roths Darstellung der habsburgischen Idylle entfernt bewegt sich auch Granachs Erzählung über die Verachtung der österreichischen Kernländer für die galizische Provinz. So erinnert er sich daran, wie die Bewohner einer steirischen Ortschaft das einmarschierende galizische Infanterieregiment begrüßt haben: „Schaut euch doch diese verlumpte Bande an, die sind schon lange bei uns und immer noch nicht ihre Läuse losgeworden. Die brauchen wir wirklich nicht!“[38] Solche Tatsachen fanden im Werk von Joseph Roth keinerlei Niederschlag, obwohl er als Soldat im Ersten Weltkrieg und als Mitarbeiter des militärischen Pressedienstes im Galizien der Kriegszeit etwas davon hätte mitbekommen können. Stattdessen glorifizierte er die Donaumonarchie als Inbegriff des europäischen humanistischen Staates und Muster der wahren Multinationalität und Plurikulturalität. Ende des 20. Jahrhunderts lebte dieser Roth'sche Mythos in der Publizistik von Andruchowytsch wieder auf, um eine andere kulturelle und politische Dimension zu erhalten: „Die Apologie des seligen Österreich (‚Großmama Österreich', wie die Bewohner Galiziens zu scherzen pflegten) beginnt für mich“, so Andruchowytsch im Essay „Erz-Herz-Perz“,

> mit der Feststellung, dass gerade dank Österreich in der unendlichen sprachlichen und ethnischen Vielfalt dieser Welt das ukrainische Element überdauern konnte [...], ohne das alte Österreich gäbe es uns heute nicht. Die Menschheit wäre um eine Kultur, eine Mentalität, eine Sprache ärmer.[39]

Von all dem, was in dieser Präsentation des Habsburgerreichs als eines einzigen Hüters der ukrainischen Kultur nicht stimmt, einmal abgesehen, ist hier besonders die erzählerische Perspektive von Interesse, die Roths Ideal des multinationalen Staates zu einem generierenden Faktor der ukrainischen nationalen Idee umkodiert und damit implizit in den ukrainischen nationalistischen Diskurs inkorporiert. An diesem Punkt wird einer der wichtigsten Unterschiede zwischen beiden Autoren sichtbar, der ihre politischen Ansichten als zwei Gegensätze erscheinen lässt. Denn da, wo Andruchowytsch eine wohltuende Wirkung des Habsburgerreichs auf das ukrainische nationale Bewusstsein

38 Granach: *Da geht ein Mensch*, S. 293.
39 Andruchowytsch: Erz-Herz-Perz, S. 41.

in Galizien verherrlicht und dadurch das europäische Kulturerbe mit der ukrainischen nationalen Idee verknüpft, wendet er sich gegen seinen Vorgänger, der in den galizischen Reportagen eine seiner wichtigsten Ideen, die der Überlegenheit des Übernationalen über das Nationale,[40] verteidigt und im Allgemeinen gegen jederlei Nationalismen konsequent gekämpft hat. Dazu gehörten auch die Nationalstaatsprojekte, welche die in Galizien angesiedelten ethnischen Gruppen zu entwickeln suchten. Roth glaubte, darin eine Zerstörung der Multinationalität und der kulturellen Vielfalt Galiziens vorauszuahnen.[41] Unter anderem war der ukrainische Nationalismus, in dem der Schriftsteller in den 1930er Jahren einen aggressiven Antipoden der kulturellen Diversität Galiziens sah und den er mit dem Homunkulus des deutschen Nationalsozialismus verglich, Gegenstand seiner heftigen Kritik.[42]

Um zusammenzufassen, muss unterschieden werden: Während Roth das von der österreichischen imperialen Vergangenheit herkommende europäische Erbe Galiziens dem ukrainischen Nationalismus entgegenstellte, führt Andruchowytsch diese als kulturelles Substrat Galiziens zusammen und betrachtet sie somit als das Fundament des galizischen Bewusstseins. Letzteres veranschaulicht wohl am besten der Protagonist aus dem *Moscoviada*-Roman, dessen galizische Identität durch den eindeutig „habsburgischen" Namen „Otto von F." einerseits und durch ikonische Bilder der Führer der Westukrainischen Volksrepublik (1918–1919) an den Wänden seines Zimmers im Moskauer Studentenwohnheim andererseits gekennzeichnet wird.[43] Beide Marker spitzen seine Fremdheit gegenüber der Moskauer Wirklichkeit und seine Opposition zum sowjetischen Imperium zu. Bezeichnenderweise sucht aber Otto von V. in der Entropie des Zerfalls der Sowjetunion nach einer symbolischen Vaterfigur – dem fiktiven

40 Hier muss Roths weitbekannte Formel aus den Galizien-Reportagen zitiert werden: „Nationale und sprachliche Einheitlichkeit kann eine Stärke sein, nationale und sprachliche Vielfältigkeit ist es immer" (Roth: Reise durch Galizien, S. 287).

41 Vgl. Joseph Roth: Munkacs, die brave Stadt. In: Ders.: *Werke*, Bd. 3, S. 869–870.

42 Vgl. Roth: Der ukrainische Nationalismus – ein deutsches Patent.

43 Vgl. Juri Andruchowytsch: *Moscoviada*, aus d. Ukrain. v. Sabine Stöhr. Frankfurt am Main: Suhrkamp 2006, S. 8. Vgl. hierzu auch den Beitrag von Erik Martin in diesem Band.

ukrainischen Kaiser Olelko dem Zweiten – und ist in dieser Hinsicht dem Roth'schen Leutnant von Trotta nicht unähnlich, dessen Lebensweg vom Kult des alten österreichischen Kaisers erleuchtet wurde. Hier treten die paternalistischen Archetypen zutage, die sowohl dem übernational (Trotta) als auch dem national (Otto) orientierten Bewusstsein eines Zeitgenossen des imperialen Untergangs innewohnen.
In diesem Kontext können Roth und Andruchowytsch als typische Repräsentanten einer kosmopolitischen resp. nationalen Tendenz betrachtet werden, die der ibero-amerikanische Kulturwissenschaftler Fernando Ainsa nicht ohne Grund zu den Merkmalen der Grenzliteratur rechnet.[44] Dennoch soll dabei eine bedeutsame Nuance nicht übersehen werden: Durch die Übernahme der Rolle von Roths Nachfolger instrumentalisiert Andruchowytsch die von seinem Vorgänger geerbten Vorstellungen von Galizien und dem Habsburgerreich für die Begründung und Etablierung des ukrainischen nationalen Projekts. Dies zieht nicht nur eine Neuinterpretation der Kernkomponenten von Roths Galizien-Topos, sondern auch eine kardinale Veränderung der politischen Aufgaben und Verwendungsstrategien im Zuge seiner Reaktualisierung nach sich.

Ein anderes Galizien oder Das Perspektivenspiel

Beide Autoren treten als evidente Fürsprecher Galiziens auf, die sich mit den von außen aufoktroyierten negativen Stereotypen über dieses Land konfrontiert sehen. Beide greifen in ihren Plädoyers auf gleiche kolonisierende Diskurspraktiken zurück, die, laut Anna Veronika Wendland, das imperiale Österreich-Ungarn in Galizien ausübte, um die eigene ideologische Macht zu festigen.[45] Wichtig ist dabei jedoch, worauf diese Plädoyers hinauslaufen und welche politischen Konstellationen dadurch entstehen.

44 Fernando Ainsa: Graniza kak predel, inakowost' i topos wstretschi i transgressiji [Die Grenze als Schranke, Andersheit und Topos der Begegnung und der Transgression]. In: Girin (Hrsg.): *Problemy kulturnogo pogranitschja*, S. 21–37.

45 Anna Veronika Wendland: Galizien postcolonial? Imperiales Differenzmanagement, mikrokoloniale Beziehungen und Strategien kultureller Essentialisierung. In: Alexander Kratochvil / Renata Makarska / Katharina Schwitin / Annette Werberger (Hrsg.): *Kulturgrenzen in postimperialen Räumen. Bosnien und Westukraine als transkulturelle Regionen*. Bielefeld: Transcript 2013, S. 19–33.

So richtet sich der Hauptkritikpunkt in Roths galizischen Reportagen gegen den westlichen Diskurs der Zivilisierung Galiziens. In diesem Diskursrahmen wurde es traditionell als „Halb-Asien“ bzw. als ein immer noch unzulänglich europäisierter östlicher Rand der europäischen Welt ausgelegt. Geschmückt mit den großtönenden Namen eines Karl Emil Franzos oder Hugo von Hofmannsthal, wird dieser Diskurs in Roths journalistischen Texten auf vielerlei Weise dekonstruiert. Dabei postuliert der Schriftsteller ein alternatives Bild Galiziens, das den westlichen Kriterien des zivilisatorischen Fortschritts entkommt. Dieses Bild steht im Zeichen der Andersheit, die zwar auf Schritt und Tritt kuriose oder gar groteske Formen annimmt, für den Autor aber nicht als Synonym der Rückständigkeit fungiert, sondern den besonderen Charme dieses Grenzlandes ausmacht. Überdies trägt Roths „anderes“ Galizien eine klare europäische kulturelle Prägung, in der der Autor einen der besten Beweise zugunsten der Zugehörigkeit dieses Gebiets zum westeuropäischen Kulturraum findet. Die Begründung dieser Zugehörigkeit ist das höchste Ziel von Roths Narrativ, das in jeder Hinsicht der westlichen Welt zugewandt ist.
Im Gegensatz dazu richtet Andruchowytsch sein Galizien-Bild gegen den Osten. Er greift die Merkmale der Andersheit und Kuriosität Galiziens auf, integriert diese aber in eine Reihe von feindlichen Galizien-Stereotypen, die in der Zentral- und Ostukraine traditionell vorherrschen. So wird in seinem Essay „Zeit und Ort oder Mein letztes Territorium“ Galizien als Bewahrer des europäischen Erbes dem eintönigen, archaischen Polesien (der Zentralukraine) entgegengesetzt, welches mit einer höhnischen Charakteristik versehen wird:

> Polesien ist ja die Wiege des heidnischen Kosmos […] mit seinen arisch reinen Wurzeln und der Ungetrübtheit seiner drewljanischen Quellen, mit seinem hervorragenden genetisch-kulturellen Code, seiner archaischen Folklore, seinem Epos, seinen Dialekten, Seen, Torfablagerungen, arischen Fichten, mit seinen Fallen für Tiere und Menschen, seinen verwundeten Wölfen; Polesien ist ein nationales Substrat, die Tschernobyl-Wahl der Ukraine […], Polesien – das bedeutet Langsamkeit und Langeweile, fast völlig zum Stillstand gekommene Zeit, kommunistische Ewigkeit im Schneckentempo, die das verhasste, hundertmal geschändete Kiew eingeschlossen hat, das ist der schwärzeste Abgrund des Ukrainischen.[46]

46 Andruchowytsch: Zeit und Ort oder Mein letztes Territorium, S. 64.

In einem anderen Essay, „Desinformationsversuch“, der im Jahre 1999 erschien, soll Galizien als ein nationalbewusstes und somit ‚echtes‘ ukrainisches Gebiet den Gegenpol zum proletarisierten, russifizierten und bis in die Knochen sowjetisierten Donbass bilden. Dabei skizziert Andruchowytsch ein Szenarium der imaginären Abspaltung des ‚roten‘ Donbass von der restlichen Ukraine und begleitet es mit folgendem halbironischen Kommentar:

> So viele Probleme wären mit einem Mal gelöst! Das kommunistische Wählerpotential würde sich um Million verringern, der extrem defizitäre Kohlenabbau würde die ohnehin schwache Wirtschaft nicht noch weiter belasten, es gäbe weniger Arbeitslose, weniger Kriminelle, weniger Unfälle in den Schächten, weniger Russisch und weniger Menschen. Aber wie soll man nur dort alle überreden, sich abzuspalten?[47]

Diese bittere Prognose erwies sich als ein allzu optimistisches Bild im Vergleich zu der tragischen Realität des unerklärten Kriegs, der 15 Jahre später in der Ostukraine ausgebrochen ist. Hingegen passt sie ganz gut in die Logik der Konzeptualisierung Galiziens als eines Ausnahmegebiets auf der Karte der heutigen Ukraine. Folgt man dieser Logik, so soll Galizien als eine zu europäische (also ‚zu westliche‘) und zugleich als zu nationale (also ‚zu ukrainische‘) Region für die übliche Ukraine gelten. Dadurch kommen aber nicht nur die neuen politischen Bedeutungen und Funktionen der Ausnahmestellung Galiziens zum Vorschein, sondern auch der latente Antagonismus zwischen den europäischen und den nationalen Dominanten seiner literarischen Präsentation bei Andruchowytsch. In diesem Antagonismus spiegelt sich ein für das heutige ukrainische kulturelle Bewusstsein fundamentaler Widerspruch zwischen den respektiven Kulturorientierungen oder, anders gesagt, eine bislang noch kaum reflektierte Frontlinie zwischen den oft miteinander gleichgesetzten, doch in der Tat auseinanderlaufenden Projekten der ‚europäischen‘ und der ‚nationalen‘ Ukraine.

47 Juri Andruchowytsch: Desinformationsversuch. In: Ders.: *Das letzte Territorium*, S. 72–87, hier S. 86.

Postskriptum. Europa als Horizont

Zu den Roth'schen Zitaten, die in der Essayistik von Andruchowytsch eine zentrale Rolle spielen, gehört die Bezeichnung der galizischen Hauptstadt Lemberg als einer „Stadt der verwischten Grenzen".[48] Dieses Konzept wurde bei Roth mit der Metapher des „bunten Flecks"[49] zusätzlich illustriert. Sie veranschaulicht die der oben zitierten Bezeichnung innewohnende Idee eines Schnittpunkts der Nationen, Sprachen und Kulturen und entwickelt sich als solche zum zentralen Element in Roths Kartografie des Zwischenkriegseuropas. In der Publizistik Joseph Roths, so Sybille Schönborn, verbindet sich Lemberg mit einigen weit entfernten und ihm doch im Wesentlichen verwandten multikulturellen Städten wie Düsseldorf, Marseille oder Prag und integriert sich dadurch in den gemeinsamen europäischen Raum.[50] Dabei fungieren derartige „bunte Flecken" zum einen als Gegengewicht zu den monochromen nationalen Zonen auf der europäischen Karte der Zwischenkriegszeit und zum anderen als Ansätze des künftigen neuen Europa.

Auf diesem Konzept basierend, hat Andruchowytsch seinerseits für Lwiw die Metapher des Stadt-Schiffs erfunden, die durch explizite literarische Verweise eine paradoxe Vieldeutigkeit erreicht. Im gleichnamigen Essay erscheint das Stadt-Schiff bald als düsteres Geisterschiff (mit Andeutung auf den Diskurs des „versunkenen Galizien"), bald (auf den sonderbaren Eklektizismus von Lemberg rekurrierend) als rettende Arche, bald als exaltiertes „trunkenes Schiff" (mit Anspielung auf das berühmte Gedicht von Arthur Rimbaud), bald als groteskes Narrenschiff (mit Verweis auf die mittelalterliche Tradition) oder sogar als brutales Totenschiff.[51] Aus diesen mosaikartigen Assoziationen entsteht eine ambivalente Gestalt des

48 Andruchowytsch: Das Stadt-Schiff, S. 28–29.

49 Roth: Reise durch Galizien, S. 287.

50 Vgl. Sibylle Schönborn: Mizh Lwowom i Marselem. Kul'turna topografija Jewropy Jozefa Rota [Zwischen Lwiw und Marseille. Die kulturelle Topografie von Joseph Roths Europa]. In: Timofej Havryliv (Hrsg.): *Fakt jak experiment. Mechanismy fikzionalisaciji dijsnosti u tworach Josefa Rota* [*Faktum als Experiment. Die Mechanismen der Fiktionalisierung von Wirklichkeit in Joseph Roths Werk*]. Lwiw: VNTL-Klassyka 2007, S. 9–23.

51 Andruchowytsch: Das Stadt-Schiff, S. 36–37.

Stadt-Mythos bzw. Stadt-Phantoms, die aus der realen Geschichte und Geografie herausfällt.

Eine solche Darstellung präsentiert Lemberg/Lwiw nicht als Teil des europäischen Raums, sondern als einen aus bunten literarischen Fäden gewobenen Teppich des kollektiven Imaginären. Ebenso ephemer wirkte das frühe Projekt Ostmitteleuropas, das Andruchowytsch in seiner Essayistik der 1990er Jahre entworfen hat.[52] Letzteres wurde als ein halbzerstörter, halbfiktiver Raum der konsolidierten transkulturellen Erfahrungen aller Länder am Rand der mitteleuropäischen Welt konzipiert – ein Raum also, der zum neuen Kastalien[53] für Künstler und Intellektuelle werden sollte. Wie man sehen kann, fand Roths Vision von Europa am Ende des 20. Jahrhunderts ihre realen Konturen. Ob die Europa-Vision von Andruchowytsch auch eine Wirklichkeit wird, bleibt einstweilen eine offene Frage.

52 Vgl. Magdalena Marszałek: Anderes Europa. Zur (ost)mitteleuropäischen Geopoetik. In: Dies. / Sylvia Sasse (Hrsg.): *Geopoetiken. Geografische Entwürfe in den mittel- und osteuropäischen Literaturen*. Berlin: Kadmos 2010, S. 43–69.

53 „Kastalien" heißt in Hermann Hesses Roman *Glasperlenspiel* ein fiktive Gegend, die als eine geistige, von der Welt abgeschottete Utopie für die intellektuelle Elite gilt, als ein Ort, an dem sich die Intellektuellen ungestört der Suche nach Harmonie und nach Formeln der universalen Existenz, der Selbstverbesserung und der Perfektionierung von Wissenschaft und Kunst widmen können.

Erik Martin (Frankfurt an der Oder)

Zwischen permanentem Untergang und ewiger Wiederkehr

Das Imperium bei Andrzej Stasiuk und Juri Andruchowytsch

Das Imperium im Zeitalter seiner Überwindung

Wenn die Vorsilbe ‚post' nach dem inflationären Gebrauch in den 1990er Jahren noch irgendeinen Rest an kritischem Potential aufzuweisen vermag, dann wahrscheinlich am ehesten dort, wo sie in Erinnerung ruft, dass eine Situation des reinen ‚danach' nie eingetreten sein wird. Diese oftmals ausgeblendete Konsequenz des postmodernen Denkens, in der die Idee des Neuen aufgegeben ist,[1] betont Homi Bhabha eindringlich gleich zu Beginn seiner *Location of Culture*:

> The 'beyond' [of postmodernism, postcolonialism, postfeminism etc., E. M.] is neither a new horizon, nor a leaving behind of the past. [...] Beginnings and endings may be the sustaining myths of the middle years; but in the *fin de siècle*, we find ourselves in the moment of transit where space and time cross to produce complex figures of difference and identity, past and present, inside and outside, inclusion and exclusion. For there is a sense of disorientation, a disturbance of direction, in the 'beyond': an

1 Vgl. etwa die Überlegungen von Boris Groys: „Kein Thema scheint in unserer postmodern genannten Zeit so unzeitgemäß wie das Neue: Das Streben nach dem Neuen wird gewöhnlich assoziiert mit Utopie, mit der Hoffnung auf einen neuen Anfang und auf radikale Veränderung der menschlichen Existenzbedingungen der Zukunft. Doch genau diese Hoffnung scheint heute fast vollständig verlorengegangen zu sein." (Boris Groys: *Über das Neue. Versuch einer Kulturökonomie.* München / Wien: Hanser 1992, S. 9.)

exploratory, restless movement caught so well in the French rendition of the words *au-delà* – here and there, on all sides, *fort/da*, hither and thither, back and forth.[2]

Die Provokation des postmodernen Fort-Da-Spiels besteht gerade in der prekären Situation, in der die Überwindungslogik einer am Fortschritt orientierten Moderne die Möglichkeit einer Wiederkehr des Vergangenen einräumen muss. In diesem Sinne kann postimperiales und – da Imperium und Imperialismus oftmals nicht hinreichend klar unterschieden werden können – postkoloniales Schreiben nicht nur daraufhin untersucht werden, wie hegemoniale Machtverhältnisse in performativen „Orten der Äußerung"[3] überwunden werden, sondern wie hegemoniale Muster an ebendiesen Orten wiederkehren können. Diese Ambivalenz der postmodernen Kondition hat auch Juri Andruchowytsch im Sinn, wenn er in seinem Essay „Čas i misce, abo moja ostatnnja terytorija" (1999, „Zeit und Ort oder Mein letztes Territorium", 2003) – vor allem im Hinblick auf Ostmitteleuropa – feststellt:

> Mir geht es darum, dass ich hier auf dem Territorium bestimmte Anzeichen dessen erkenne, was ich unter ‚Post-Moderne' verstehe, nämlich eine ‚Nach-Moderne', das, was nach der Moderne mit ihrem Wunsch nach Modernisierung und Innovation kam; dieses Verlangen wurde übrigens brutal von außen, mit Blut, Asche und Weltkriegen, aber auch Diktaturen, Konzentrationslagern und riesigen ethnischen Säuberungen abgewürgt – so wurde die Moderne in diesem Teil der Welt zum Stillstand gebracht, ausgemerzt […], an ihre Stelle trat eine nachmoderne Leere, eine große Ausgelaugtheit mit unendlichen Möglichkeiten, eine große, vielversprechende Leere. Ich verstehe diese ‚Post-Moderne' auch als einen noch nicht ausgeformten, aber schon zu spürenden Post-Totalitarismus. Ich verstehe sie

2 Homi Bhabha: *The Location of Culture*. London / New York: Routledge 1994, S. 1–2.

3 Zum Begriff des „enunciatory site" vgl. ebd., S. 255: „My shift from the cultural as an epistemological object to culture as an enactive, enunciatory site opens up possibilities for other 'times' of cultural meaning (retroactive, prefigurative) and other narrative spaces (fantasmic, metaphorical). My purpose in specifying the enunciative present in the articulation of culture is to provide a process by which objectified others may be turned into subjects of their history and experience."

auch als ständige neototalitäre Bedrohung, eine Amöbe, die sich im Raum ausbreiten und jeden Befallen kann.[4]

Die hegemoniale, ja totalitäre Gefahr der Moderne ist also nie gebannt, weil jede Situation des ‚Nachher' in eine Situation des ‚Wieder' umschlagen kann. Ausgehend von dieser Bestandsaufnahme sollen im Folgenden Figuren des Imperialen in der Prosa von Andrzej Stasiuk und Juri Andruchowytsch ausgemacht werden. Besonders die Romane *Jadąc do Babadag* (2004; dt. *Unterwegs nach Babadag*) sowie *Moskoviada* (1993; dt. *Moscoviada*) stehen dabei im Blickfeld. In beiden Fällen entwerfen die Erzählinstanzen eine literarische Kartographierung des post-sowjetischen Raums, in deren dezidiert postimperialem Gepräge eine Re-Imagination des Imperiums klar wiederkehrt. Durch eine Analyse dieser Motive sollen die Voraussetzungen des Imperialen für das postimperiale Schreiben aufgezeigt werden.

Unterwegs nach Babadag – Das Imperium als ‚gesunkene Fiktion'

Mitteleuropa kommt als Raum(konzept) in vielen Texten von Stasiuk an exponierter Stelle zum Vorschein. Mit diesem Konzept wird sowohl die Geschichte der (ost-)mitteleuropäischen Geopoetik

4 Juri Andruchowytsch: Zeit und Ort oder Mein letztes Territorium. In: Ders.: *Das letzte Territorium*. Essays, aus d. Ukrain. v. Alois Woldan. Frankfurt am Main: Suhrkamp 2003, S. 60–72, hier S. 67–68. „Я про те, що саме тут, на цій території, добачаю певні ознаки того, що я сам розумію як „пост-модерне", тобто перш усього „після-модерне" — таке, що прийшло після модернізму з його сутнісним прагненням модерності, новизни як відповідності часові, прагненням, зрештою, перерваним брутально, ззовні, з кров'ю, попелом і світовими війнами, а також диктатурами, концентраками й велетенськими етнічними чистками – так у цій частині світу було зупинено, вибито, вирізано до ноги модернізм [...]. Натомість прийшла післямодерністична пустка, велика вичерпаність з безконечно відкритою потенційністю, велика багатообіцяюча пустка. Я розумію це „пост-модерне" і як недосформовану, але вже відчуту після-тоталітарність. Я розумію це також як постійну неототалітарну загрозу, амебу, що здатна заповнити собою кожного в просторі і увесь цей простір разом." (Jurij Andruchovyč: Čas i misce, abo moja ostatnnja terytorija. In: Ders.: *Dezorijentacija na miscevosti*. Ivano-Frankivsk: Lileja 1999, S. 118–126, hier S. 124.)

und Geopolitik evoziert[5] als auch eine Alternative zum hegemonial resp. imperial diskreditierten Begriff ‚Zentraleuropa' angedacht. Wie Magdalena Marszałek betont, handelt es sich für Stasiuk bei dieser Mitte um eine „geographisch instabile" und „historisch ephemere" Konstellation.[6] Anders als das (imperiale) Zentrum scheint diese Mitte selbst an der Peripherie zu liegen, ja ein Nicht-Ort zu sein:

> Mitteleuropäer zu sein bedeutet: Zwischen dem Osten, der nie existierte, und dem Westen, der allzusehr existierte, zu leben. Das bedeutet, „in der Mitte" zu leben, wenn diese Mitte eigentlich das einzig reale Land ist. Nur das dieses Land nicht fest ist. Es gleicht einer Insel, vielleicht sogar einer schwimmenden.[7]

Dennoch wäre es verfehlt, Stasiuk einen „aggressiven Lokalismus" zu unterstellen, der „nicht nur die ‚eigene' Region [d. h. Mitteleuropa, E. M.] und deren abgelegene Seiten, sondern [...] zugleich ‚ihre' Städte konsequent ruraler, paganer, eben ‚lokaler'" erscheinen lässt.[8] Zwar stellt das berüchtigte Lokalkolorit einen Aspekt von Stasiuks Texten dar (und trägt sicherlich zu seiner internationale Popularität bei), doch seine Poetik bietet auch eine Dialektik von Peripherie und Zentrum, die sich nicht in einer Gleichsetzung beider Pole erschöpft.[9] Stasiuks

5 Vgl. etwa Magdalena Marszałek: Anderes Europa. Zur (ost)mitteleuropäischen Geopoetik. In: Dies. / Sylvia Sasse (Hrsg.): *Geopoetiken. Geographische Entwürfe in den mittel- und osteuropäischen Literaturen*. Berlin: Kadmos 2010, S. 43–69, insb. S. 52–56.

6 Ebd., S. 56.

7 Andrzej Stasiuk: *Logbuch*, aus d. Poln. v. Martin Pollack. In: Juri Andruchowytsch / Andrzej Stasiuk: *Mein Europa*. Frankfurt am Main: Suhrkamp 2004, S. 79–145, hier S. 141. „Oto, co znaczy być środkowym Europejczykiem: Żyć między Wschodem, który nigdy nie istniał, a Zachodem, który istniał zanadto. Oto, co znaczy żyć 'w środku', gdy ten środek jest tak naprawdę jedynym realnym lądem. Tyle tylko że ten ląd nie jest stały. Przypomina raczej wyspę, może nawet wyspę pływającą." (Andrzej Stasiuk: Dzennik okrętowy. In: Ders. / Jurij Andruchowycz: *Moja Europa*. Wołowiec: Czarne 2001, S. 77–140, hier S. 136.)

8 Alfrun Kliems: Aggressiver Lokalismus. Undergroundästhetik, Antiurbanismus und Regionsbehauptung bei Andrzej Stasiuk und Juri Andruchowytsch. In: *Zeitschrift für Slawistik* 56,2 (2011), S. 197–213, hier S. 198. Laut Kliems ist Stasiuks und Andruchowytsch' Lokalismus „aggressiv", weil er die ästhetischen Verfahren – nicht aber das subversive Potential – des anti-sozialistischen Undergrounds übernimmt.

9 Dies steht im Gegensatz zu Kliems' Befund, dass bei Stasiuk (und Andruchowytsch) die dargestellten Räume (mithin urbane Zentren) „zu Mittelpunkten oder

Lokalismus bleibt ein Peripherismus,[10] welcher den Bezug auf eine Mitte einfordert. Wie kann aber eine Mitte nicht-hegemonial, d.h. nicht als Zentrum gedacht werden?
Eine Strategie einer solchen Darstellung in *Unterwegs nach Babadag* besteht im obsessiven Beschreiben des Schwundes und des Niedergangs, was in Anlehnung an Emil Cioran als eine *Lehre vom Zerfall*[11] bezeichnet werden kann:

> Ja, es lässt sich nicht leugnen, dass mich der Schwund, der Zerfall interessiert, alles, was nicht so ist, wie es sein könnte oder sein soll. Alles, was auf halbem Weg stehengeblieben ist und keine Kraft, keine Lust oder keine Idee mehr hat, alles was man eingestellt, aufgegeben und sich abgeschminkt hat, alles was nicht überlebt, keine Spuren hinterlässt, was nur um seiner selbst willen besteht und keine Wehmut, Trauer oder Erinnerung weckt.[12]

Dieser Verfall wird einerseits mit der Peripherie in Verbindung gebracht. Stasiuk projiziert dabei gewissermaßen die Zeitachse auf den Raum, indem er kurzerhand die Peripherie mit dem Zerfall gleichsetzt: Die kleinen polnischen, slowakischen, ungarischen und rumänischen Ortschaften werden im unaufhaltsamen Prozess des

Zentren eines Peripheren [werden], das immer wieder in sie drängt, um sie am Ende einzunehmen“ (ebd., S. 198).

10 Die Konzentration auf die Peripherie ist keine Überwindung des Imperiumgedankens, sondern in gewisser Weise ihre Vollendung. Herfried Münkler fasst das folgendermaßen: „*Imperiale* Politik, so könnte man dies pointieren, unterscheidet sich von *imperialistischer* Politik dadurch, dass sie sich vorwiegend für das Zentrum interessiert und den Gebieten außerhalb des Imperiums nur soviel Aufmerksamkeit schenkt, wie unbedingt erforderlich. Imperialistische Politik dagegen ist regelrecht peripheriebesessen.“ (Herfried Münkler: *Imperien. Die Logik der Weltherrschaft – vom alten Rom bis zu den Vereinigten Staaten*. Reinbek: Rowohlt 2007, S. 232 (Herv. i. Orig.).

11 Der rumänisch-französische Philosoph Emil Cioran wird vor allem im Kapitel „Răşinari“ explizit zitiert (allerdings nicht mit *Précis de décomposition*).

12 Andrzej Stasiuk: *Unterwegs nach Babadag*, aus d. Poln. v. Renate Schmidgall. Frankfurt am Main: Suhrkamp 2005, S. 233. „No tak, nie da się ukryć, że interesuje mnie zanik, rozpad i wszystko, co nie jest takie, jakie być mogło albo być powinno. Wszystko, co zatrzymało się w pół kroku i nie ma siły, ochoty ani pomysłu, wszystko, co się zaniechało, spuściło z tonu i dało za wszystko, co nie przetrwa, nie pozostawi po sobie śladów, wszystko, co się spełniło samo dla siebie i nie wzbudzi żadnego żalu, żałoby ani wspomnień.“ (Andrzej Stasiuk: *Jadąc do Babadag*. Wołowiec: Czarne 2004, S. 247.)

Niedergangs beschrieben. Der mitteleuropäische, post-sowjetische und post-habsburgische Raum, den der Erzähler bereist, befriedigt somit seine „Vorliebe für Peripherie, [die] Neigung zur Provinz, [die] perverse Liebe zu allem, was verschwindet, zerfällt und zugrunde geht".[13]

Andererseits wird gerade das Zentrum mit dem Zerfall in Beziehung gesetzt. Ein eindrucksvolles Beispiel ist etwa ein Sonnenuntergang, den der Erzähler auf seiner Reise bestaunt:

> Natürlich waren das die Gedanken eines Schöngeistes und trotzdem gab ich mich ihnen mit großem Vergnügen hin, irgendwo zwischen Nagykálló und Mátészalka, unter dem purpurnen Himmel des Sonnenunterganges. Ich stellte mir vor, dieser Purpur sei der Schein des brennenden Wien, das am Ende seinen Peripherien und Provinzen ein letztes Schauspiel darbietet und in einem gigantischen Autodafé seine auf Hochglanz polierten Läden und Schaufenster am Graben opfert.[14]

An dieser Stelle überschneiden sich gleich mehrere Imperiumstexte. Zunächst ist da der imaginierte Untergang der k.u.k.-Monarchie, der metonymisch mit ihrem Zentrum Wien verbunden und aus der ungarischen Peripherie wahrgenommen wird. Ferner verweist „Autodafé" gleichsam auf das erweiterte Habsburgerimperium, das unter Karl V. den Anspruch einer Universalmonarchie mit der Gegenreformation (also auch durch die Inquisition, aus deren Praxis das Wort stammt) durchzusetzen suchte. Zuletzt ist das Schauspiel der brennenden Hauptstadt als ästhetisches Ereignis ein Verweis auf das brennende Rom – das imperiale Zentrum schlechthin – resp. die angebliche Tat Neros. Diese drei überlagerten Bilder von imperialen Zentren werden also mit dem Untergang in Verbindung gebracht, ja als paradigmatische Beispiele für einen Untergang angeführt. Durch diesen Zerfall

13 Stasiuk: *Unterwegs nach Babadag*, S. 192; „skłonność do peryferii, pociąg do prowincji, perwersyjna miłość do wszystkiego, co zanika, przepada i niszczeje" (Stasiuk: *Jadąc do Babadag*, S. 203).

14 Stasiuk: *Unterwegs nach Babadag*, S. 75. „Oczywiście, były to myśli pięknoducha, niemniej jednak oddawałem się im z wielką przyjemnością gdzieś między Nagykálló i Mátészalka pod purpurowym niebem zachodu. Wyobrażałem sobie, że ta purpura to łuna płonącego Wiednia, który na koniec funduje swoim peryferiom i prowincjom ostatnie widowisko, i w gigantycznym auto da fé poświęca swoje wypicowane sklepy, witryny przy Graben" (Stasiuk: *Jadąc do Babadag*, S. 78–79).

werden Zentrum (und Peripherie) – mit Gianni Vattimo – im Lichte einer „schwachen Ontologie“[15] dargestellt. Gleichzeitig wird der Untergang naturalisiert, indem er mit einem täglich wiederkehrenden Ereignis – dem Sonnenuntergang – assoziiert wird.
Die Annahme, dass nur ein totes Imperium ein – im ästhetischen Sinne – gutes Imperium sei, kehrt im Text leitmotivisch wieder und scheint sogar in seiner Umkehrung zu gelten: Wenn etwas ästhetisch anspruchsvoll ist, muss es ein totes Imperium sein. Stasiuk polemisiert entsprechend einerseits gegen die Demokratie, die weder „ästhetische noch mythologische Wünsche erfülle“[16], und andererseits gegen den – funktionierenden – Nationalstaat, etwa gegen das saubere und bürokratische Slowenien, den „Verräter am slavischen Saustall“[17].
Gegen die – positiv bewertete – Ästhetik des Ver- und Abfalls kontrastiert Stasiuk das Saubere, das Funktionierende und das Glatte. Mit dem Glatten ist auch ein Raummodell von Gilles Deleuze und Félix Guattari angesprochen,[18] das Stasiuk mit dem Gegensatzpaar glatt/rissig paraphrasiert, was wiederum auf den geographischen Raum als West/Ost-Opposition projiziert wird. Über den Westen heißt es etwa: „Blicke glätten die Dinge und Landschaften“[19], so dass sie letztlich so aussehen wie auf Postkarten. Diese Glätte lässt den Erzähler auf seinen Reisen durch Westeuropa „keinerlei Risse feststellen, in die meine Phantasie hätte schlüpfen können“.[20] Osteuropa ist allerdings voller solcher Risse, wie das folgende Beispiel zeigt:

15 Vgl. Gianni Vattimo: *Glauben – Philosophieren*, aus d. Ital. v. Christiane Schultz. Stuttgart: Reclam 1997, S. 38–40.

16 Stasiuk: *Unterwegs nach Babadag*, S. 67; „ponieważ demokracja nie zaspokaja pragnień estetycznych ani mitologicznych“ (Stasiuk: *Jadąc do Babadag*, S. 70).

17 Stasiuk: *Unterwegs nach Babadag*, S. 202; „zdrajców słowiańskiej rozpierduchy“ (Stasiuk: *Jadąc do Babadag*, S. 215).

18 Vgl. Gilles Deleuze / Félix Guattari: 1440 – Das Glatte und das Gekerbte. In: Jörg Dünne / Stephan Günzel / Hermann Doetsch / Roger Lüdeke (Hrsg.): *Raumtheorie: Grundlagentexte aus Philosophie und Kulturwissenschaften*. Frankfurt am Main: Suhrkamp 2006, S. 434–449.

19 Stasiuk: *Unterwegs nach Babadag*, S. 18. „Spojrzenia wygładzają rzeczy i krajobrazy“ (Stasiuk: *Jadąc do Babadag*, S. 19).

20 Stasiuk: *Unterwegs nach Babadag*, S. 102. „Nie mogłem znaleźć w krajobrazie żadnych pęknięć, w których mogłaby się wślizgnąć wyobraźnia“ (Stasiuk: *Jadąc do Babadag*, S. 106).

> [I]ch ging barfuß Richtung Karwia und sah auf dem Hintergrund des roten Himmels die schwarzen Megalithen von Stonehenge. Ich hatte keinen Platz zum Schlafen, und diese Ruinen waren wie vom Himmel geschickt. Sie waren aus Brettern, Sperrholz und grobem Leinen gefertigt. In jenen Zeiten kam so etwas vor. Jemand hatte sie aufgebaut und dann stehengelassen, wahrscheinlich das Fernsehen. Ich robbte durch ein Loch in einen der senkrechten Steine und schlief ein.[21]

Wie im Beispiel des brennenden Wien funktioniert hier die Beschreibung der diegetischen Welt nach dem Muster einer naturalisierten Kultur; das Reale wird gleichermaßen als ‚gesunkene Fiktion' dargestellt. Die Filmkulissen werden als Objekte in ihrer Materialität zu einem ‚natürlichen' Zufluchtsort, der besser als die Natur selbst zu funktionieren scheint.[22] In der Peripherie Mitteleuropas ist gerade das Zweckentbundene, das zukunftslos ausschließlich im Präsens existiert, der eigentliche Grund für eine Verschmelzung von Kultur und Natur:

> Ja, die Landschaft verschluckt all das, der Raum wird wieder zusammengeheftet, denn die Existenz dieser Orte, dieser Nester, durch die ich fahre und für die ich eine hoffnungslose Liebe empfinde, erschöpft sich im Akt des Existierens selbst, weil ihr Sinn sich im Versuch zu überleben erschöpft. Dadurch erinnern sie so sehr an die Natur, dass sie an nebligen Vorfrühlingstagen kaum von der Umgebung zu unterscheiden sind.[23]

21 Stasiuk: *Unterwegs nach Babadag*, S. 12–13. „[S]zedłem boso w stronę Karwi i na tle czerwonego nieba widziałem czarne megality Stonehenge. Nie miałem gdzie spać i te ruiny spadły jak z nieba. Zrobione były z desek, dykty i grubego płótna. W tamtych czasach zdarzały się takie rzeczy. Ktoś je wybudował i zostawił, pewnie telewizja. Wczołgałem się przez dziurę do jednego z pionowych głazów i zasnąłem." (Stasiuk: *Jadąc do Babadag*, S. 13).

22 Paradoxerweise gerade weil die Filmkulissen eben in keiner Weise mehr funktionieren.

23 Stasiuk: *Unterwegs nach Babadag*, S.235–236. „Tak, pejzaż to połknie, przestrzeń się sfastryguje, ponieważ istnienie tych miejsc, tych zadu pi, przez które jadę i które kocham beznadziejną miłością, wyczerpuje się w akcie samego istnienia, ponieważ ich sens wyczerpuje się w próbie przetrwania. Pod tym względem tak bardzo przypominają naturę, że w mgliste dni przedwiośnia stają się prawie nie do odróżnienia od reszty." (Stasiuk: *Jadąc do Babadag*, S. 249).

Ebenfalls interessant ist in diesem Zusammenhang Stasiuks Zoo- oder Biopoetik. Im Text kommen Tiere in allen möglichen und unmöglichen Kontexten vor, etwa albanische Ziegen, die in Bunker gesperrt und Artilleriebeschuss ausgesetzt waren.[24] Auch zahlreiche Verschmelzungen von Tier und Mensch liegen vor. Und gerade in der Grenzregion von tierischem und menschlichem Bereich können sich ebenfalls Risse in der Wirklichkeitsstruktur ereignen:

> Ich erinnere mich an diese Tiere und sehe sie so deutlich, als wären es Menschen. Die frei umherlaufenden Pferde im Čornohora-Gebirge, das großgehörnte Vieh der Pußta, die bis zum Bauch in der schlammigen Strömung des Deltas stehenden Kühe, die Bukarester Hunde, alles in freier Bewegung und auf Nahrungssuche durch die Welt streifend, ohne deutliche Grenze zwischen Mensch und Tier. In Sfîntu Gheorghe ging ich im Morgengrauen auf ein kleines Holzscheißhaus im Hof. Das Häuschen war so niedrig, dass man die Hose draußen runterließ. Um alles wieder in Ordnung zu bringen, musste man rausgehen. Genau in diesem Moment griff mich ein roter Hahn an und zielte mit dem Schnabel auf das, was ich gerade verstecken wollte […]. [I]ch lief über den Hof auf die rettende Haustür zu. Er verfolgte mich nicht, aber ich hatte immer noch Angst, denn für einen Augenblick war die Hülle der Welt gerissen, die wir sonst als eine für allemal geformte Wirklichkeit ansehen.[25]

24 Vgl. Stasiuk: *Jadąc do Babadag*, S. 122.

25 Stasiuk: *Unterwegs nach Babadag*, S. 231. „Przypominam sobie te wszystkie zwierzęta i widzę je tak wyraźnie jak ludzi. Puszczone samopas konie w Czarnohorze, wielkorogie pusztańskie bydło, krowy zanurzone po brzuchy w mulistym nurcie Delty, bukaresztеńskie psy, wszystko luzem, w swobodnym ruchu i w poszukiwaniu pożywienia przemierzające świat bez wyraźnych granic człowieczego i bydlęcego. W Sfintu Gheorghe wyszedłem o świcie do drewnianego sraczyka na podwórku. Budka była tak niska, że spodnie trzeba było opuścić na zewnątrz, bo środku człowiek musiał zgiąć się wpół. Żeby po wszystkim doprowadzić się do porządku, trzeba było wyjść. Właśnie wtedy zaatakował mnie czerwony kogut, celując dziobem w to, co akurat chowałem […] a ja biegłem przez opłotki w stronę zbawiennych drzwi domu. Już mnie nie gonił, a jednak wciąż czułem strach, ponieważ na chwilę pękła powłoka świata, którą bierzemy na co dzień za raz na zawsze ukształtowaną rzeczywistość.“ (Stasiuk: *Jadąc do Babadag*, S. 244–245.) Ein weiteres Beispiel ist etwa diese Passage: „Ich versuche mir vorzustellen, wie die Mönche – gleich Tieren – in den Höhlen gelebt hatten, wie sie im Dunkeln herumgekrochen waren, auf allen vieren, und auf uns unvorstellbare Weise ihre Körperlichkeit, ihr Menschsein hinter sich gelassen haben.“ (Stasiuk: *Unterwegs nach Babadag*, S. 146.) „Próbowałem sobie wyobrazić, jak pełzają w

Das Periphere schafft also einen ontologischen Verfall und produziert Risse in der Hülle des Seins. Einerseits wird damit natürlich ein exotisierendes Versprechen eingelöst, Mitteleuropa als das Andere des Westens zu situieren. Ferner scheinen hier ‚Sein' und ‚Natur' gleichgesetzt zu werden, wobei diese Gleichung mit einer karnevalesk-sexualisierten Episode garniert wird, um sie so für den ironieverwöhnten Geschmack des (westlichen) Publikums verdaulicher werden zu lassen. Das mag oberflächlich so scheinen, aber es lohnt sich, einen Blick auf die Ökonomie zwischen Zentrum und Peripherie zu werfen, um einzusehen, dass die ‚Natürlichkeit' und ‚Exotik' weder naiv noch ursprünglich sind, denn jede Lehre vom Zerfall ist letztlich parasitär; die Peripherie braucht die Ware des Neuen, um darin ihre ‚Risse' entstehen lassen zu können. Die Produktion dieser Waren scheint bei Stasiuk im Zentrum zu geschehen, was im Text nicht explizit dargestellt wird. Was beschrieben wird, ist aber gerade die Produktion des Zerfalls:

> Das ist eine Spezialität meines Teils der Welt, dieses unablässige Verschwinden, halb und halb mit Wachstum vermischt, dieses schlaue Stadium der Unterentwicklung, das bewirkt, daß man immer nur abwartet und Tee trinkt, dieser Unwille zu Experimenten am eigenen Organismus, dieser ewige Interruptus, der es erlaubt, aus dem Strom der Zeit heraus ans Ufer zu springen und die Aktion durch Kontemplation zu ersetzen. Alles, was neu ist, ist hier nachgemacht, und erst wenn es älter wird und verbraucht ist, wenn es zerfällt und zerbröckelt, bekommt es eine Art Bedeutung.[26]

In dieser Ökonomie ist zwar die Wertschöpfung eines klassischen Imperiums umgedreht, nicht aber die imperiale Ökonomie als solche aufgehoben. Bei Stasiuk verleiht die Peripherie den Waren des

mroku, żyją niczym zwie. rzęta w jaskiniach, na czworakach i w niewyobrażalny dla nas sposób wychodzą ze swojej cielesności, ze swo jego człowieczeństwa." (Stasiuk: *Jadąc do Babadag*, S. 154.) Auch hier wird die Verschmelzung von Tier und Mensch in den Dunstkreis des Sakralen gerückt.

26 Stasiuk: *Unterwegs nach Babadag*, S. 213. „To jest specjalność mojej części świata, ten nieustanny zanik pomieszany pół na pół ze wzrostem, ten cwany niedorozwój, który każe wszystko brać na przeczekanie, ta niechęć do eksperymentów na własnym organizmie, to wieczne pół gwizdka, które pozwala wyskoczyć na brzeg strumienia czasu i akcję zastąpić kontemplacją. Wszystko, co nowe, jest tu podrabiane i dopiero gdy się zestarzeje, zniszczeje, zetleje i rozkruszy, nabiera jakiegoś znaczenia." (Stasiuk: *Jadąc do Babadag*, S. 226.)

Zentrums einen (sogar ontischen) Mehrwert – nicht umgekehrt, wie es bei realen Imperien und Kolonialstaaten der Fall ist. Nichtsdestotrotz braucht auch die Ökonomie des Zerfalls einen Nachschub, einen externen Produktionsort. Die Mitte in ‚Mitteleuropa' ist ‚post' in dem Sinne, dass es sich ‚nach' und ‚hinter' einem Zentrum befindet, sein Vorhandensein aber zwingend braucht.

Stasiuk behält aber nicht nur die Ökonomie von Imperien, sondern auch ihre Legitimationsstrategie bei, nämlich den Mythos. Schon der Titel – *Unterwegs nach Babadag* – ist mytho-imperial. Babadag ist zwar eine, ehemals zum osmanischen Reich gehörende, reale Stadt in Rumänien, doch in einem Reisebericht evoziert dieser Name natürlich eher ein Märchen (als Anagramm zu ‚Bagdad'). Der Name enthält weiterhin eine produktive Homophonie: *baba* bedeutet in vielen slawischen Sprachen ‚Großmutter' oder ‚Weib', im Türkischen jedoch ‚Vater'; beide Bedeutungen zusammen verweisen mythologisierend sowohl auf ‚Vaterland' als auch auf ‚Mutter Erde'. Ferner ist das Türkische *dag* (‚Berg') in der polnischen Kultur seit Adam Mickiewiczs orientalisierenden *Sonety Krymskie* (1826, *Krimsonette*) bekannt, etwa durch das dem Berg Chatyr-Dag gewidmete Sonett *Mirza*.[27] Diese mytho-poetischen Überlagerungen setzen auch den Ton des Textes; kein Paratext markiert, ob es sich bei *Unterwegs nach Babadag* um einen faktualen oder fiktionalen Reisetext handelt. Die Vermischung beider Textsorten ist jedoch allem Anschein nach durch den exotisierenden Titel intendiert.

Der Mythos, den Stasiuk aber vor allem entfaltet, ist, wie oben angedeutet, kein ‚aggressiver Lokalismus' sondern eine ‚gesunkene Fiktion', eine sekundäre Naturalisierung des Imperiums resp. des Zentrums im Moment seines Untergangs. Die politische Leistung einer imperialen Kultur wird somit zu einem Naturereignis. Diese sekundäre Naturalisierung ist schon an sich eine ‚post'-Erscheinung. Ferner ist die Darstellung der Peripherie als naturalisierte Verfallsgeschichte des imperialen Zentrums eine Art imperiale Fiktion *a tergo*. Während imperiale Mythen den Anfang des Imperiums ins Zentrum ihrer

27 Zu imperialen Motiven der *Krimsonette* siehe Heinrich Kirschbaum: Im Harem des Imperiums. Bachčisarajskij fontan, Sonety Krymskie und der russisch-polnische Orientalismus. In: *Zeitschrift für slavische Philologie* 66,2 (2009), S. 287–316.

Narrative rücken, beschreibt Stasiuk den Verfall des Imperiums – des Habsburgischen wie des Sowjetischen – als quasi-natürlichen Verfallsprozess. Doch auch dieses Verfahren folgt der imperialen Logik, nämlich politische Willensbildung zu mythologisieren resp. zu naturalisieren. Das Post-Imperiale bei Stasiuk ist damit tatsächlich ein Fort-Da-Spiel. Die Mitte ist eine Art schwaches Zentrum, doch man braucht letztlich die imperialen Oppositionen von Peripherie und Zentrum, welche in veränderten Konstellationen wiederkehren.

Moscoviada – Die ironische Wiederkehr des Imperialen

Anders als *Unterwegs nach Babadag* ist *Moscoviada* unter dem unmittelbaren Eindruck des kollabierten Sowjetsystems geschrieben worden. Die Auseinandersetzung mit dem Imperium findet somit direkter statt: Ja, die imperialen Motive sind so zahlreich, dass man behaupten könnte, *Moscoviada* sei ein Metaroman über das Imperium.[28] Im Gegensatz zu Stasiuk, der die Fiktionalisierungsleistung des Textes eher zugunsten der Faktualität nivelliert, forciert Andruchowytsch die irrealen Momente seines Romans. Doch gerade die ostentative Fiktionalität des Textes verweist, so die These, auf eine Art Konkurrenz der Literatur mit der imperialen Macht.

Einen ersten Hinweis auf diese imperiale Aneignungslogik der Literatur liefert der Titel selbst: Die Endung *-iada* verweist nämlich auf das antike Epos. Von hier entfaltet sich ein reiches intertextuelles Geflecht, von dem hier nur einige Fäden angedeutet werden sollen. Zunächst ist der Titel ein Verweis auf Vergils *Aeneis* (ukr. *Енеïда*). Zum einen gibt es einige Parallelen zwischen der Reise des Protagonisten Otto von F. durch Moskau und den Reisen des Aeneas, etwa die Passage mit dem Hinabstieg in die Unterwelt resp. die Moskauer Metro. Ferner handelt es sich um einen indirekten Verweis auf eine Travestie der *Aeneis* von Ivan Kotljarewskyj aus dem Jahre 1798, die als einer der Gründungstexte der modernen ukrainischen Literatur gilt. Da auch Otto von F. von der Revitalisierung der ukrainischen Literatur träumt, kommt hier das Motiv der *translatio imperii* zum Vorschein.[29] Zuletzt

28 Auch der Protagonist des Romans, Otto von F., ist immerhin ein westukrainischer Schriftsteller.

29 Das heißt die ukrainische Literatur ‚adelt' sich *post festum* durch eine Übertragung des antiken Epos, und analog dazu träumt Otto von F., einen ukrainischen Roman in Moskau zu verfassen. Beide Male ist die Konstituierung einer

ist Moskau Ort der Handlung, und das Motiv der *translatio imperii* wird vielfach explizit angesprochen.[30] Dieses Motiv wird vor allem ironisch in Szene gesetzt. So gelangt Otto etwa in die geheime Welt der Moskauer Metro durch das Kaufhaus *Detskij mir – Kinderwelt*. Das Anagramm mir (Welt) – rim (Rom) wird in vielfachen Varianten spielerisch angesprochen: „[D]u stehst vor dem Haupteingang der ‚Kinderwelt', taumelst, um ein Dichterwort zu gebrauchen, wie ein *agrammatisches* Fragezeichen vor den Toren dieses tumben im *goldenen Zeitalter des Imperiums* geborenen Riesen".[31] Die Ironie nimmt karnevaleske Züge an, wenn sich die Rom-Moskau-Analogie vom Goldschein zum Unten des Körpers wendet, als der Protagonist die Toilette aufsucht und dort „uralt[e], vielleicht sogar *antik[e]* Kacheln an der Wand" wahrnimmt.[32] Und eben hier begegnet der Protagonist dem post-kolonialen Kaninchen, dem er dann in die Unterwelt/Wunderwelt folgt: „Hagerer südländischer Typ [...], irgendein Aseri, Armenier oder Zigeuner".[33]

In der Moskauer Metro, einer bizarr-apokalyptischen Schattenwelt, kommt es zum Showdown zwischen dem Literaten und dem Imperium.[34] Dieses Finale wird von zahlreichen intertextuellen Verweisen auf die Konkurrenz beider imaginärer Mächte begleitet. So begegnet Otto von F. etwa einem Mitarbeiter des KGB, der den jungen Dichter einst angeworben hatte. Auch der Agent dichtet in seiner Freizeit.

Nationalliteratur durch die Anknüpfung an eine imperiale Tradition gewährleistet. Das Motiv der *translatio imperii* ist freilich in der Person des Aeneas angelegt, der aus Troja nach Latium kommt, sowie in der Metapoetik der Vergil'schen *Aeneis*, die eine Aneignung des griechischen Epos ist.

30 Der russische Mönch Filofej von Pskov brachte im 16. Jahrhundert Moskau als das dritte Rom ins Spiel.

31 Juri Andruchowytsch: *Moscoviada*, aus d. Ukrain. v. Sabine Stöhr. Frankfurt am Main: Suhrkamp 2006, S. 118 (Herv. E. M.); „і стоїш ти, хитаєшся *аграматичним* питальником, як сказав поет, перед головним входом до «Дитячого світу», перед брамою цього дурнуватого велетня, народженого в *найзолотіші часи імперії*" (Jurij Andruchovyč: *Moskoviada*. Ivano-Frankivsk: Lileja 2000, S. 77).

32 Andruchowytsch: *Moscoviada*, S. 123 (Herv. E. M.). „Проходиш у пісуар, обкладений старовинними, можливо, навіть *античними*, кахлями" (Andruchovyč: *Moskoviada*, S. 77).

33 Andruchowytsch: *Moscoviada*, S. 123; „Худорлявий південний тип років на шістдесят [...] якийсь азер або ара, або й циган" (Andruchovyč: *Moskoviada*, S. 78).

34 In der Metro strebt eine Geheimorganisation mittels biologischer Kampfstoffe und mutierter Ratten an, das sowjetische Imperium zu restituieren.

Jetzt aber droht er Otto an, ausgehungerte Ratten auf ihn zu hetzten. Otto sagt pathetisch:

> Doch völlig töten können Sie mich nicht. – Ich hinterlasse Worte, Worte, Worte … Und Worte, Worte, Worte … Machtlos sind die Ratten, Worte nagen sie nicht an – der Wind verweht sie wie vergilbte Blätter – fliegt los! Vielleicht wird jemand hören. Sie werden es nicht schaffen, mich zu töten – ich trag im Herzen, was unsterblich ist! …[35]

Es scheint sich hier um zwei überlagerte Zitate zu handeln: „Всього мене не знищить вам цілком" („Sie werden es nicht schaffen, mich zu töten") korrespondiert mit der Zeile „non omnis moriar" aus den *Carmina* des Horaz – aber Otto von F. bezieht sich nicht auf das Original, sondern auf eine Umdichtung Alexander Puschkins, worauf auch das Versmaß (sechshebiger Jambus) hindeutet. In Puschkins Gedicht wiederum wird der Kampf zwischen Literatur und Imperium explizit thematisiert, bevor der Unsterblichkeitsmythos des Dichters aufgegriffen wird:

> Ein Denkmal schuf ich mir, von keiner Hand erhoben,
> Das Volk tritt seinen Pfad zu ihm aus eigner Kraft,
> Unbändigen Hauptes hebt es höher sich nach oben
> Alexanders Säulenschaft
>
> O nein, ganz sterb ich nicht – im heiligen Leierklange
> Lebt meine Seele fort, die aus dem Staube strebt[36]

35 Andruchowytsch: *Moscoviada*, S. 158. „Однак не вб'єте ви мене цілком – я залишив слова, слова, слова … Слова, слова, слова … Щури безсилі – прогризти діри у моїх словах, – вони летять за вітром, як листки, – нехай летять же – хтось колись почує. Всього мене не знищить вам цілком – я в серці маюче, що не вмирає! …" (Andruchovyč: *Moskoviada*, S. 100).

36 Alexander Puschkin: Ein Denkmal schuf ich mir, von keiner Hand erhoben. In: Ders.: *Die Gedichte*, aus d. Russ. v. Michail Engelgard, hrsg. v. Rolf-Dietrich Kluge. Frankfurt am Main: Insel 1999, S. 951. „Я памятник себе воздвиг нерукотворный, / К нему не зарастет народная тропа, / Вознесся выше он главою непокорной / Александрийского столпа // Нет, весь я не умру — душа в заветной лире / Мой прах переживет и тленья убежит" (Aleksandr Puškin: Ja pamjatnik sebe vozdvig nekukotvornyj. In: Ders.: *Polnoe sobranie sočinenij v desjati tomach*. Leningrad: Nauka 1977, Bd. 3, S. 340).

Eine weitere, wenn auch weitaus ironischere Verbindung zwischen Literatur und Imperium wird auf dem unterirdischen Kongress „aller patriotischen Kräfte“[37] hergestellt. An ihm nehmen zahlreiche Dichter teil, die der Protagonist teilweise aus seinem Studentenwohnheim kennt, sowie einige odiose Personen aus der russischen und sowjetischen Imperialgeschichte wie Ivan IV., Katharina II. und Lenin. Wofür und wogegen sich dieser Kongress positioniert, geht etwa aus dem folgenden Zitat hervor:

> „Geistigkeit, Geistigkeit, Geistigkeit!“, antwortest du. „Orthodoxie, Monarchie, Geistigkeit, Volksweisheit, Parteilichkeit … Allzeitbereit, Brüderlichkeit“ […]. „Klare Sache, die Kirche muß wiederaufgebaut werden“, stimmt Jeschewikin gedankenverloren zu. „So viele Juden und Wunderheiler überall und dazu noch Junkies, Homos, Lesben … Nekrophile, Sodomisten …“ „Graphomanen“, wirfst du ein.[38]

Der Name des Dichters Jeschewikin, welcher im Kongress eine wichtige Rolle zu spielen scheint, ist dabei ein Verweis auf den berüchtigten NKWD-Chef Nikolai Jeschow. Damit ist der Kongress nicht nur ein (Zerr-)Bild des wiedererstarkten Nationalismus nach und während der Perestroika, sondern auch eine Parodie auf den *Ersten Allunionskongress der Sowjetschriftsteller* von 1934, auf dem der sogenannte Sozialistische Realismus als ästhetische Leitlinie aller künstlerischen Produktion festgesetzt wurde. Analog zur Proklamation des Sozrealismus wird vor dem erstaunten Otto von F. die Rückkehr der großen russischen Kunst verkündet:

37 Andruchowytsch: *Moscoviade*, S. 176; „великий з'їзд усіх патріотичних сил“ (Andruchovyč: *Moskoviada*, S. 112).

38 Andruchowytsch: *Moscoviada*, S. 177. „– Духовність! – відповів ти. – Православіє, монархія, духовність, народність, партійність … Самодержавіє, братолюбіє, чаєпітіє […] – Діло ясне, храм нада відбудувати, – глибокодумно погодився Єжевікін. – Стільки повсємєсно цих жидів, екстрасенсів розвелося, а ще наркоманів, гоміків, лесбіянок … Некрофілів, скотоложців … – Графоманів, – докинув ти.“ (Andruchovyč: *Moskoviada*, S. 113).

„Freunde!", fährt er in einer etwas gemäßigteren Tonlage fort. „Groß und herrlich ist unsere Kunst. Wahrlich sie ist rein, heilig. Die ganze Welt erbebt vor unserem Lied! Erbebt und weint, fürchtet sich und hasst, leidet und liebt. Aber sie hofft vergebens. Wahrlich – Russland wird sein Lied nicht vergessen! Sein heiliges Lied!"[39]

Aus diesen Zitaten folgt recht eindeutig, dass der Erzähler für diese neuerliche Allianz von Literatur und (imperialer) Macht ebenso wie für den Schriftstellerkongress unter Stalin nur eindeutigen Sarkasmus übrig hat. Doch mehr als das: In einem regelrechten Amoklauf gelingt es Otto von F. sogar, alle Mitglieder des unterirdischen Präsidiums mit einer Pistole zu erschießen:

> Dafür klingen die Schüsse aus deiner Pistole gleichmäßig und zuverlässig. Du hast beschlossen, sie alle umzubringen – methodisch und konsequent, Kugel für Kugel, Schuß für Schuß, Körper für Körper –, und weißt, daß du nicht allzuviel Zeit hast und dir keinen Fehlschuß erlauben kannst. Du schießt erstaunlich treffsicher, das entsetzliche Fluchen und Geschrei auf den Rängen reißt nicht ab. Du schießt wie ein soldatischer Meisterschütze, wunderschön in deiner Gnadenlosigkeit; da springen von den Rängen und Logen und einfach nur von den Wänden, wo der große imperiale Schattenzug zu Ende geht, kräftige strategische Ratten auf die erschrockenen Köpfe und Hälse im Parterre, ekelhaft und gierig, freigelassen auf deinen Befehl. Du streckst das ganze Präsidium nieder, obwohl kein Tropfen Blut fließt – nur fauliges Sägemehl rieselt aus ihren durchschossenen Holzbrüsten und -schädeln, und die mechanischen Augen klimpern lautlos. Sie fallen einer nach dem anderen, in der Reihenfolge deiner Schüsse – Popanze also, und erst da verstehst du, was dich an ihnen so erschreckt hat, als du näher herankamst.[40]

39 Andruchowytsch: *Moscoviada*, S. 182–183. „– Друзі! – продовжив він, дещо опустивши тональність. – Велике й величне наше мистецтво. Воістину чисте, воістину святе. Світ увесь тремтить перед нашою піснею! Тремтить і плаче, боїться й ненавидить, страждає і любить. Але даремно сподівається. Воістину – не забуде Росія свою пісню! Святу пісню свою." (Andruchovyč: *Moskoviada*, S. 116).

40 Andruchowytsch: *Moscoviada*, S. 211. „Але постріли з твого пістолета залунали рівно і впевнено. Ти постановив прикінчити їх усіх – методично і послідовно, куля за кулею, постріл за пострілом, тіло за тілом, – пам'ятаючи, що надто багато часу в тебе немає і права на промах немає теж. Ти стріляв

Diese Situation ist nicht ganz so eindeutig. Obwohl einige Lieblingstopoi postmoderner Literatur wie Avatare und Simulacra aktiviert werden, ist der Ton der Erzählung gewissermaßen post-ironisch, denn Otto von F. gelingt das, was der Text eigentlich ironisiert: Der Dichter bleibt Sieger im Kampf mit dem Imperium. Und das umso mehr, als sich der Protagonist am Ende des Amoklaufs selbst erschießt, nur um an der Oberfläche Moskaus wieder aufzutauchen. Damit bewahrheitet sich auch Horaz' Ausspruch über die Unsterblichkeit des Dichters. Und wenn es zum Schluss des Romans heißt: „Was uns bleibt, ist die überzeugendste aller Hoffnungen, das Vermächtnis unserer ruhmreichen Vorfahren: irgendwie wird's schon weitergehen"[41], erübrigt sich im Grunde die Diskussion, ob dies ironisch oder erst gemeint ist: Beide Varianten lassen sich in eine kohärente Interpretation des Romans einschreiben. Wie dem auch sei, die (vielleicht paradoxe) Folgerung wäre zu ziehen, dass, wenn die Literatur eine (ironische, polyphone usw.) Alternative zum imperialen Hegemon wäre, sie als eine adäquate Gegenmacht fungieren müsste. Andruchowytsch scheint sie mit dieser Macht tatsächlich auszustatten, doch diese Macht ist – wie das Imperium selbst – sinnentleert und destruktiv.

In beiden Fällen, bei Stasiuk und bei Andruchowytsch, kehrt das Imperium also wieder: Einmal als post-tragischer Verfall und einmal als post-ironische Farce.

напрочуд влучно, а з балконів усе летіли жахні прокляття і зойки. Ти стріляв, як відмінник бойової підготовки, прекрасний у своїй нещадності, а з балконів і лоджій, та й просто зі стін, де спинився великий імперський похід тіней, стрибали на перелякані голови її шиї партеру здоровенні стратегічні щури, огидні й захланні, випущені за твоїм же наказом. Ти поклав усю президію, хоча крові не було ані краплі – тільки випріла тирса сипалася з їхніх прострелених дерев'яних грудей і черепів і безгучно кліпали механічні очі. І вони падали один по одному, згідно з послідовністю твоїх пострілів. манекени, як виявилося, й тоді лишень ти зрозумів, ідо гак нажахало тебе в них, коли ти підійшов ближче." (Andruchovyč: *Moskoviada*, S. 134).

41 Andruchowytsch: *Moscoviada*, S. 215. „І залишається нам найпереконливіша з надій, заповідана славними предками: якось то воно буде" (Andruchovyč: *Moskoviada*, S. 138).

Christoph Maisch (Frankfurt an der Oder)

Die Wirklichkeit ist Schatten der Medien

Bruno Schulz als entorteter Grenzgänger

> In unserer Sprache existieren keine Bezeichnungen, die den Grad dieser Realität einigermaßen dosieren oder deren Dichte definieren könnten. Sagen wir es unumwunden: Dieses Viertel ist deshalb so fatal, weil hier nichts zustande kommt und nichts sein Definitivum erreicht, jede angefangene Bewegung bleibt in der Luft hängen, alle Gesten erschöpfen sich vorzeitig und können den toten Punkt nicht überwinden.[1]

Der vorliegende Artikel stellt eine Analyse der theoretischen Ansätze des galizischen Schriftstellers Bruno Schulz dar, die dieser in seiner Erzählung *Ulica Krokodyli* (1964, *Die Krokodilgasse*, 1966) entfaltet. Diese Ansätze werden durch einen postmodernen filmischen Filter hindurch, nämlich den Animationsfilm *Street of Crocodiles* der Quay Brothers aus dem Jahr 1986,[2] interpretiert. Dabei werden intermedial die Verknüpfungen zwischen Schulz' Theorie der ‚Mythologisierung der Wirklichkeit' und Jean Baudrillards medientheoretischem

1 Bruno Schulz: *Die Zimtläden*, aus d. Poln. v. Doreen Daume. München: Hanser 2008, S. 145–146. „Język nasz nie posiada określeń, które by dozowały niejako stopień realności, definiowały jej gęstość. Powiedzmy bez ogródek: fatalnością tej dzielnicy jest, że nic w niej nie dochodzi do skutku, nic nie dobiega do swego definitivum, wszystkie ruchy rozpoczęte zawisają w powietrzu, wszystkie gesty wyczerpują się przedwcześnie i nie mogą przekroczyć pewnego martwego punktu." (Bruno Schulz: Sklepy Cynamonowe. In: Jerzy Jarzębski (Hrsg.): *Bruno Schulz. Opowiadania Wybór esejów i listów.* Wróclaw: Zakład Narodowy Imienia Ossolińskich Wydawnictwo 1989, S. 3–104, hier S. 79.)

2 *Street of Crocodiles* (GB 1986, R: Stephen Quay / Timothy Quay.

Simulacrum-Ansatz untersucht. Schulz wird auf diese Weise als ein Vorreiter des postmodernen Denkens gelesen. Der Schriftsteller als Grenzgänger zwischen den temporalen und räumlichen Wirklichkeiten, der diverse Realitäts- und Erinnerungskonzepte aufgreift, um die verlorene Welt eines imaginierten Zwischenkriegs-Europa zwischen Habsburg, Polen und Galizien zu verarbeiten, spielt in diesem Zusammenhang eine zentrale Rolle. Dabei steht die postmoderne Idee einer Formsuche des Undarstellbaren – sei es in der Auflösung von Differenzen ohne Ersatzpostulate oder der Relativierung temporaler und räumlicher Kohärenz – im Vordergrund. Was die Erzählungen von Schulz und seine Interpretation im Film allerdings so interessant macht, zeigt sich bereits an dem vergeblichen Versuch, ihn zu kategorisieren und zu verorten.

In der Peripherie der neu gegründeten Zweiten Polnischen Republik war Schulz trotz seiner Verwurzelung im galizischen Drohobycz, in dem er 1892 noch zu Zeiten der Habsburger Monarchie geboren wurde und das ihn in seinen Werken vielfach beschäftigen sollte, über seine Korrespondenz mit der Außenwelt und den literarischen Kreisen Polens verbunden. Obwohl er sich also in der geographischen Peripherie befand, war er keineswegs von den literarischen Avantgarden seiner Zeit isoliert und rückte somit zeitweise in das intellektuelle literarische Zentrum der Zweiten Polnischen Republik vor. Schulz' literarisches Debüt erfolgte verhältnismäßig spät im Dezember 1933, in der Zeitschrift *Rój* (Der Schwarm) und kurze Zeit später in *Wiadomości Literackie* (Literarische Nachrichten).[3] Weiter ist bekannt, dass er vor allem bestärkt und protegiert durch Zofia Nałkowska seinen Weg in die polnische Literatur fand.[4]

Man kann Schulz somit zwar in einem geographischen Raum verorten, aber die Vielschichtigkeit sowohl seiner Person als auch der Region, die zwischen dem 19. und 20. Jahrhundert mehrfach die nationalstaatliche Zugehörigkeit, das politische sowie das Bildungssystem wechselte, erzeugen eine Desorientierung, ein Fragezeichen, das sich auch in Schulz' Werk wiederfindet.[5] In einer Region, in der

3 Vgl. Włodzimierz Bolecki / Jerzy Jąrzębski / Stanisław Rosiek: *Słownik Schulzowski* [Schulz-Wörterbuch]. Gdansk: Słowo / Obraz Terytoria 2003, S. 80.

4 Vgl. ebd., S. 214, 235.

5 Vgl. Hans-Christian Maner: *Galizien. Eine Grenzregion im Kalkül der Donaumonarchie im 18. und 19. Jahrhundert.* München: IKGS 2007, S. 9–25.

Veränderung bei vermeintlich gleichzeitiger Kohärenz vorherrscht, verschwimmen Klarheiten und Realitäten, und es entsteht ein unklarer Zwischenraum. Eindeutige Verortungen und sichere Zuschreibungen werden zu nichts anderem als Erzählungen aus einer bereits halbvergessenen Epoche, die sich aber genau über diese Erzählungen stabilisiert – ohne ihnen Glauben zu schenken oder ihnen zu vertrauen. Es entsteht eine Art postmoderner Vorrausch.[6]

Genau dies ist Schulz' Art, eine Erzählung zu weben; er erzählt von Nichtorten und (ent-)führt die Lesenden in Straßen, die es nur in Erinnerungen gegeben haben kann, die zwischen Realität und Traum angesiedelt sind. Aber wer wäre besser geeignet, die Lesenden durch diese Welten und Realitäten zu (ent-)führen, als jemand, der sich selbst in einem ewigen ‚Dazwischen' befand?

Aufgrund seiner Bildung war Schulz des Deutschen und des Polnischen als Ausdrucksform seiner Kreativität mächtig und bewegte sich im Grenzraum dieser Sprachen. Er hatte auf dem Kaiser Franz Josef-Gymnasium als Schüler und später am selben Ort als Lehrer zwei Staaten und ihre Bildungssysteme durchlaufen. Erst relativ spät entfaltete er sein literarisches Talent, indem er die ‚Ideale' einer Kindheit heraufbeschwor, die es nie gegeben hatte. Nach Erlangung seines Abiturs im Jahr 1910 begann er noch im Habsburgerreich, in Lwów, Architektur zu studieren, um nach nur einem Jahr aufgrund gesundheitlicher Probleme nach Drohobycz zurückzukehren und sein Studium nach einer zweijährigen Pause erneut aufzunehmen. Nach dem Tod seines Vaters im Jahr 1915 brach für Schulz eine Welt zusammen, so dass er sich eine neue konstruieren musste, die sich in vielen seiner Erzählungen wiederfindet. Den geographischen Ort seines Schaffens hat er dabei – abgesehen von einem kurzen Studienaufenthalt in Wien zwischen 1917 und 1918 – physisch kaum mehr verlassen. In Gedanken jedoch betrat er die Orte, die sonst niemanden zugänglich waren.[7]

6 Vgl. Moritz Csaky: Einführende Überlegungen: Moderne – Peripherie – Mehrdeutigkeiten. In: Elisabeth Haid / Burkhard Wöller (Hrsg.): *Galizien. Peripherie der Moderne – Moderne der Peripherie.* Marburg: Herder Institut 2013, S. 11–28.

7 Vgl. Jerzy Ficowski: *Regions of the Great Heresy. Translation of Regiony wielkiej.* New York: Norton 2003, S. 33–45.

Dieser geographisch eingeschränkte Aktionsradius steht im Gegensatz zu der Entgrenzungspraxis seiner Erzählungen, die auf kleinem Raum, z. B. einer Straße, einen Mikrokosmos entfalten, der trotz seines selbsterschaffenen Mythos die Idee eines Zeitgeistes in sich trägt. Es ist eine Liebeserklärung an einen Ort, den es nie gegeben hat, der aber in der Literatur bis heute existiert – so auch in der Erzählung *Ulica Krokodyli*. In dieser Erzählung durchstreift eine von Schulz erschaffene Figur die Straßen einer zwielichtigen, nicht greifbaren Gegend in seiner Heimatstadt. Die Erzählung beginnt mit der Beschreibung einer Karte dieses Gebiets:

> Auf diesem Plan, der im Stil barocker Prospekte gehalten war, leuchtete die Gegend um die Krokodilstraße in dem leeren Weiß, mit dem man auf geographischen Karten üblicherweise die Umgebung der Pole kennzeichnet, der Länder, die noch unerforscht sind oder deren Existenz nicht gesichert ist.[8]

Die Gebäude des Viertels, in der die *Ulica Krokodyli* liegt, sind nur Abbilder wirklicher Konstruktionen, sie gleichen an mehreren Stellen nur schlechten Fotografien; die Menschen, die in dieser Straße und in diesem Viertel leben, werden als ebenso moralisch verdorben wie faszinierend beschrieben. Die in dieser Straße gelegenen Geschäfte, wie z. B. die Konfektionsläden, verbergen hinter ihren offenkundigen Fassaden meist etwas Unbekanntes, sei es ein Hinterzimmer, in dem sich ein Antiquariat mit Büchern zweifelhaften Inhalts versteckt, oder eine unvorhersehbare Wendung der Ereignisse.

In dieser Straße trifft man überall auf Schmutz und eine nicht identifizierbare Patina, die Schulz als „Tandeta" bezeichnet. Es gibt keinen Winkel, der nicht davon betroffen wäre, kein Fundament, das ihre Essenz nicht in sich aufgesogen hätte. Dies ist Ausdruck oder, besser gesagt, Folge der „Mityzacja" („Mythologisierung), die eine Spielart des kreativen Ausdrucks der „Poezja" („Poesie") von Bruno Schulz

8 Schulz: *Die Zimtläden*, S. 130. „Na tym planie wykonanym w stylu barokowych prospektów, okolica ulicy Krokodylej świeciła pustą bielą, jaką na kartach geograficznych zwykło się oznaczać okolice podbiegunowe, krainy niezbadane i niepewnej egzystencji." (Schulz: Sklepy cynamoonowe, S. 71.)

ist.[9] Die vorhandenen Gebäude werden als schäbige Imitationen einer Metropole beschrieben, die sich infektiös, einem Virus gleich, ausgebreitet haben, in denen sich nur Menschen der untersten Klasse aufhalten und von denen sich die normalen Bewohner fernhalten. Die Umgebung, in der dieser Menschenschlag lebt, wird neben ihrer Schäbigkeit vor allem durch ihre sprichwörtliche Eindimensionalität charakterisiert, die der eines Schwarz-Weiß-Fotos gleichgesetzt wird:

> Diese Ähnlichkeit [zu einem Schwarz-Weiß-Foto, C. M.] war mehr als eine gewöhnliche Metapher, denn manchmal, wenn man durch den Stadtteil streifte, hatte man tatsächlich den Eindruck, man blättere in einem Prospekt, in langweiligen, kommerziellen Anzeigerubriken, zwischen die sich parasitär einige suspekte Annoncen, aufreizende Beschreibungen und fragwürdige Illustrationen gezwängt hatten; und diese Streifzüge waren ebenso schal und ergebnislos wie die Exzitationen der von den Spalten und Kolumnen pornographischer Schriften angestachelten Phantasie.[10]

Desorientiert folgt man dem Erzähler, verläuft sich in seinen Vorstellungen und Gedankengängen. Diese Desorientierung und die kontinuierliche Infragestellung von Realität und Örtlichkeit sind eine der Grundideen von Schulz, die sich in seiner Theorie der „Mityzacja Rzeczywistości" („Mythologisierung der Wirklichkeit") wie folgt ausdrückt:

> Das Wesen der Wirklichkeit macht der *Sinn* aus. Was keinen Sinn hat, ist für uns nicht Wirklichkeit. Jedes Fragment der Wirklichkeit lebt dank

9 Vgl. Dorota Głowacka: Sublime Trash and the Simulacrum. Bruno Schulz in the Postmodern Neighbourhood. In: Czesław Z. Prokopcyzk (Hrsg.): *"Bruno Schulz". New Documents and Interpretations.* New York: Lang 1999, S. 79–122, hier S. 114–115.

10 Schulz: *Die Zimtläden*, S. 133–134. „Podbieństwo to wychodziło poza zwykłą metaforę, gdyż chwilami, wędrując po tej części miasta, miało się w istocie wrażenie, że wertuje się w jakimś prospekcie, w nudnych rubrykach komercjalnych ogłoszeń, wśród których zagnieździły się pasożytniczo podejrzane anonse, drażliwe notatki, wątpliwe ilustracje; i wędrówki te były równie jałowe i bez rezultatu jak ekscytacje fantazji, pędzonej przez szpalty i kolumny pornograficznych druków." (Schulz: Sklepy cynamonowe, S. 73.)

dem Umstand, daß es Anteil an einem universalen *Sinn* hat. Die alten Kosmogonien brachten dies durch die Sentenz zum Ausdruck, daß am Anfang das Wort war. Namenloses existiert für uns nicht. Etwas nennen heißt, es einem universalen Sinn einschließen.[11]

Die immer wiederkehrende Idee in den Erzählungen von Schulz, basierend auf seiner Theorie der „Mityzacja Rzeczywistości", ist das Konzept eines vollkommenen Urzustands, der von Schulz auch „Księga" („Das Buch") genannt wird.[12] Für Schulz folgt die Realität dem geschriebenen Wort, daher muss auch jeder Ursprung oder Urzustand auf ein Wort oder eine Erzählung zurückgehen. Dieses metaphysische bzw. in Schulz Worten „göttliche" Original, von dem sich alle anderen Bücher und in letzter Konsequenz alle Geschichten ableiten, ist in diesem Kontext sein wichtigstes Leitmotiv, denn dadurch ergibt sich zugleich die Vorstellung einer Realität als geschriebener Narration.[13]

Folgt man dem diesem Beitrag vorangestellten Schulz'schen Zitat, existiert nur das, was benannt werden kann. Was nicht benannt werden kann, scheint dagegen auf den ersten Blick nicht zu existieren und wird an die Peripherie des Denkbaren geschoben. In diesem Zusammenhang macht Schulz allerdings nicht die Fähigkeit der Wahrnehmung für diesen Umstand verantwortlich, sondern die Korrumpierung der Sprache. Für Schulz sind die Worte der Alltagssprache nur noch Fragmente einer verblassten, allumfassenden Mythologie. Diese im umgangssprachlichen Gebrauch vorhandenen Worte sind auf die Lebenspraxis herabgesetzt und den menschlichen Bedürfnissen untergeordnet worden. Durch diese Unterordnung haben sie

11 Bruno Schulz: *Die Republik der Träume*, aus d. Poln. v. Josef Hahn. München: Hanser 1967, S. 109–110. „Istotą rzeczywistości jest sens. Co nie ma sensu, nie jest dla nas rzeczywiste. Każdy fragment rzeczywistości żyje dzięki temu, że ma udział w jakimś sensie uniwersalnym. Stare kosmogonie wyrażały to sentencją, że na początku było słowo. Nienazwane nie istnieje dla nas. Nazwać coś-znaczy włączyć to w jakiś sens uniwersalny." (Bruno Schulz: Mityzacja Rzeczywistośi. In: Jarzębski (Hrsg.): *Bruno Schulz*, S. 365–368, hier S. 365.)

12 Vgl. Bruno Schulz: Sanatorium pod klepsydrą [Die Zimtläden. Das Sanatorium zur Todesanzeige]. In: Jarzębski (Hrsg.): *Bruno Schulz*. S. 105–318, hier S. 105–107.

13 Vgl. Krzystof Stała: On the Margins of Reality. The Paradoxes of Representation in Bruno Schulz's Fiction. In: *Stockholm Slavic Studies* 23 (1993), S. 45–50.

allerdings auch ihre schöpferische Kraft verloren. Um diesen Prozess wieder umzukehren und die Sprache von dieser Alltagslast zu erlösen und zu ihrem ursprünglichen Sinn zurückzuführen, ist nach Schulz „Poezja“ („Poesie“) nötig.

„Poezja“ versteht Schulz als eine Möglichkeit, den ursprünglichen Sinn der Wörter an sich und zwischen den Wörtern direkt wiederherzustellen bzw. teilweise wieder zu regenerieren und somit auch den dahinterstehenden Mythos wiederherzustellen. Wird Sprache im Kontext von zweckgebundener Kommunikation genutzt, so wird der Bezug, den die Wörter ursprünglich in ihrer Verwandtschaft zur Mythologie hatten, vergessen. Dabei ist das originäre Ziel der Mythologie gerade eine Sinngebung der Existenz. Das Streben nach dem Finden eines Sinnes in der Existenz wird laut Schulz durch die „Poezja“ unterstützt, da diese näher an den Urzustand heranführe.[14] Durch die Gleichsetzung von Realität und Narration findet im selben Moment also eine ‚Entortung‘ der Erzählung und der Gegebenheiten zu einer Referenzrealität statt. Schulz schreibt dazu: „Der unermüdliche menschliche Geist besteht im Glossieren des Lebens unter Zuhilfenahme der Mythen und in der ‚Versinnlichung‘ der Wirklichkeit. [...] Der Sinn ist das Urelement, welches die Menschheit in dem Prozeß der Wirklichkeit einbezieht.“[15] Die Erzählung schafft einen Rückbezug bzw. einen Sinn, der nicht erfasst werden kann, daher ist es auch irrelevant, welcher Sinn bzw. welche Wahrheit/Referenzrealität vermittelt werden soll. Bedenkt man hier noch einmal den Beginn der Erzählung mit der Rede von den weißen Flecken auf der Landkarte, klären sich einige offene Fragen. So sehr diese auch eine Entdeckung fordern und zu einer Erfassung und Katalogisierung einladen, so sehr entziehen sie sich eben dieser. Eine Unterscheidung in Orte und Nicht-Orte wird in der *Ulica Krokodyli* sowohl räumlich als auch zeitlich verweigert. Raumzeit und Wahrheit scheinen keine erfassbare Bedeutung zu haben. Denn während die gesamte Stadt bereits in ein feinmaschig gestricktes Netz von Kategorisierungen eingeschrieben ist

14 Vgl. Schulz: *Die Republik der Träume*, S. 110; Schulz: Mityzacja Rzeczywistośi, S. 366–367.

15 Schulz: *Die Republik der Träume*, S. 111. „Duch ludzki niestrudzony jest w glossowaniu życia przy pomocy mitów, w ‚usensowianu‘ rzeczywistości. [...] Sens jest pierwastkiem, który unosi ludzkość w proces rzeczywistości.“ (Schulz: Mityzacja Rzeczywistośi, S. 367.)

und jedes Detail kartographiert wurde, befindet sich inmitten dieses enggestrickten Systems ein nicht erfassbarer, nicht kategorisierbarer weißer Fleck. Dieser Grenzraum, diese Schöpfung des ‚Dazwischen' ist es, was Bruno Schulz als Autor zum Grenzgänger macht.
Dieselbe Relativierung von Realität und Narration findet sich auch in der postmodernen Medientheorie von Jean Baudrillard und ist für die Erweiterung des Ansatzes von Schrift auf Film nützlich. Dafür ist aber vorweg eine Arbeitsdefinition des Begriffs „Postmoderne" nötig. Definiert man „Postmoderne" in diesem Zusammenhang nach Lyotard als Versuch des Nachweises, dass etwas nicht Darstellbares existiert, das gedacht werden, aber weder gesehen noch sichtbar gemacht werden kann, lassen sich erstaunliche Parallelen zu Schulz' Konzeption des „Księga" aufzeigen. Diese Parallelen beziehen sich nicht nur auf den Versuch der schriftlichen, sondern auch auf den Versuch der bildlichen Darstellung. Lyotard definiert dies wie folgt:

> Das Postmoderne wäre dasjenige, das im Modernen in der Darstellung selbst auf ein Nicht-Darstellbares anspielt; das sich dem Trost der guten Formen verweigert, dem Konsensus eines Geschmacks, der ermöglicht, die Sehnsucht nach dem Unmöglichen gemeinsam zu empfinden und zu teilen; das sich auf die Suche nach neuen Darstellungen begibt, jedoch nicht, um sich an deren Genuß zu verzehren, sondern um das Gefühl dafür zu schärfen, daß es ein Undarstellbares gibt. Ein postmoderner Künstler oder Schriftsteller ist in derselben Situation wie ein Philosoph: Der Text, den er schreibt, das Werk, das er schafft, sind grundsätzlich nicht durch bereits feststehende Regeln geleitet und können nicht nach Maßgabe eines bestimmenden Urteils beurteilt werden, indem auf einen Text oder auf ein Werk nur bekannte Kategorien angewandt würden. Diese Regeln und Kategorien sind vielmehr das, was der Text oder das Werk suchten.[16]

Auch Schulz beschränkt sich nicht nur auf Schrift, sondern bezieht in seinen theoretischen Ansätzen neben der schriftstellerischen Arbeit auch seine malerische und damit das Bild mit ein:

16 Jean Francois Lyotard: Was ist postmodern? In: Peter Engelmann (Hrsg.): *Postmoderne und Dekonstruktion. Texte französischer Philosophen der Gegenwart.* Stuttgart: Reclam 1993, S. 33–48, hier S. 47–48.

> Auch das Bild ist von einem ursprünglichen Wort abgeleitet, einem Wort, das noch nicht Zeichen war, sondern Mythos, Geschichte und Sinn. Wir betrachten das Wort gewöhnlich als Schatten der Wirklichkeit und als deren Abglanz. Richtiger wäre die gegenteilige Behauptung: Die Wirklichkeit ist Schatten des Wortes. Die Philosophie ist eigentlich Philologie: tiefe schöpferische Wortschöpfung.[17]

Baudrillard beschränkt die künstliche Erschaffung eines Mythos allerdings nicht nur auf die Schrift, sondern auf die Medien in ihrer Gesamtheit. Damit verschiebt er den (vermeintlichen) Sinn der direkten Zeichensetzung von Schrift und Realität in eine mediale Bildlichkeit, die über die Schrift hinausgeht. In diesen Kontext ist der Sinn, beruhend auf der (schriftlichen) Sprache bzw. der poetischen Kommunikation, durch die Erschaffung einer universal vorhandenen Ausdruckskraft in den Medien relativiert worden. Dies gilt somit nicht nur für das Individuum oder ein einzelnes Buch bzw. eine einzelne Erzählung, sondern auch für die Durchschlagskraft der jeweiligen Interpretationen:

> All Western faith and good faith became engaged in this wager on representation: that a sign could refer to the depth of meaning, that a sign could be exchanged for meaning and that something could guarantee this exchange – God of course. But what if God himself can be simulated, that is to say can be reduced to the signs that constitute faith? Then the whole system becomes weightless [...].[18]

Um es mit anderen Worten zu sagen: Eine Verschiebung von der Welt der Repräsentation zu einer Welt der Simulation hat stattgefunden. Die ideale Repräsentation, in der die Realität der Zeichenkodierung entsprechen würde, auch wenn dies in Vollständigkeit eine Utopie

17 Schulz: *Die Republik der Träume*, S. 112. „Także obraz jest pochodną słowa pierwotnego, słowa, które jeszcze nie było znakiem, ale mitem, historią, sensem. Uważamy słowo potocznie za cień rzeczywistości, za jej odbicie. Sluszniejsze byłoby twierdzenie odwrotne: rzeczywistość jest cieniem słowa. Filozofia jest własściwie filologią, jest głebokim, twórczym badaniem słowa." (Schulz: Mityzacja Rzeczywistośi, S. 368.)

18 Jean Baudrillard: *Simulacra and Simulation*. Michigan: Michigan UP 2003, S. 5.

wäre, ist für immer verloren. Vielmehr bewegt sich der Mensch jetzt in einer Welt der radikalen Verneinung des Zeichens als Wert, der Welt der „Simulation“ bzw. der „Simulacra“. Eine Einbeziehung in die Realität ist im eigentlichen Sinne unmöglich geworden, da es keine Unterscheidung mehr zwischen ‚real‘ und ‚irreal‘ gibt.[19]
Anstatt zu versuchen, eine Beschreibung „der Realität“ hervorzubringen, ist der Ausgangspunkt der Erzählung auch bei Schulz bereits die Relativierung des Konzepts ‚Realität‘. Ähnlich verhält es sich mit den Geschäften in der Schulz'schen *Ulica Krokodyli*, die dies noch einmal in aller Deutlichkeit darstellen. Sie bieten neben den in ihren Schaufenstern ausgestellten Dingen auch in ihren Hinterräumen weitere Waren an, die jeden Kunden aufgrund ihrer Absurdität oder Tabuisierung faszinieren und doch nur für spezielle Kunden zu haben sind. Nichts ist das, was es zu sein vorgibt, und trotzdem wird versucht, einen Sinn, eine Wahrheit in diesem Ort zu finden.

> Damals stellte sich heraus, daß das Konfektionsmagazin nur die Fassade war, hinter der sich ein Antiquariat, eine Sammlung höchst zweideutiger Publikationen und Privatdrucke verbarg. [...] Diese Vignetten, diese Darstellungen übertreffen hundertfach unsere verwegensten Träume. Derartige Kulminationen der Verderbtheit, derartige Extravaganzen der Ausschweifung hatten wir nie auch nur geahnt.[20]

Der Versuch, das Gesehene zu erfassen, übersteigt die Möglichkeit der Lesenden wie auch des Autors genauso wie der Versuch, das gerade gefundene Geschäft jemals wiederzufinden. Es erweist sich als unmöglich, ein Teil davon zu werden, obwohl man sich darin befindet. Wie bei der Freilegung vergessener Geschichten oder archäologischer Ausgrabungen wird versucht, hinter den Schleier des Offensichtlichen zu schauen und die versteckten Räume und ihre unbekannten Tiefen zu betreten. In Anlehnung an die Enträtselung der Sprache bzw. die Rückführung auf den Urzustand muss ein weiterer Blick in diese

19 Vgl. Baudrillard: *Simulacra and Simulation*, S. 6.

20 Schulz: *Die Zimtläden*, S. 136. „Pokazywało się wówczas, że magazyn konfekcji był tylko fasadą, za którą kryła się antykwarnia, zbiór wysoce dwuznacznych wydawnictw i druków prywatnych. [...] Te winiety, te ryciny przechodzą stokrotnie najśmielsze nasze marzenia. Takich kulminacyj zepsucia, takich wymyślności wyuzdania nie przeczuwaliśmy nigdy.“ (Schulz: Sklepy cynamonowe, S. 74.)

Tiefe gewagt werden. Was dort aufzufinden ist, übersteigt zumeist die Erwartungen und Hoffnungen der Lesenden, jedoch folgt auch hier prompt ein Beweis für die Paradoxie des Schulz'schen Werks. Kaum erhalten die Lesenden die Chance, ein metaphysisches Problem zu lösen bzw. den Geschehnissen in dem beschriebenen Geschäft auf den Grund zu gehen, wird es schon wieder verlassen, nur um es nie wieder finden zu können. Der eigentliche Sinn der gesamten Aktion bleibt verborgen, die Lesenden werden Teil einer automatisch ausgeführten Handlung, die die Realität zu überdecken sucht bzw. sie vorzutäuschen wünscht. Es zeigt sich, dass es trotz einer Beugung der Realität nicht möglich ist, diese zu ergründen.

Hatte bei Schulz der Autor die Macht, die Sinngebungskraft der Wörter, also ihren Ur-Bezug, durch „Poezja" teilweise wiederherzustellen, um sie gegen die Instrumentalisierung der Alltäglichkeit zu verteidigen, sieht dieser Prozess durch die neue Mediensituation anders aus. Auf die Medien übertragen hieße dies, dass der Simulator die Realität bzw. die Medien, die sie darstellen, verändern muss, um ihnen einen neuen Sinn zu geben. Der Versuch einer Sinngebung wird angestrebt, auch wenn dieser unmöglich ist. Sinn kann nicht gefunden werden, allerdings kann eine andere Einbeziehung in die Konstruktion, die als Wirklichkeit wahrgenommen wird, stattfinden, auch wenn diese absolut relativ ist. Dabei ist nach Baudrillard zu beachten: „[P]resent-simulators attempt to make the real, all of the real, coincide with their models of simulation."[21] Dieses Paradoxon zieht sich sowohl durch Schulz' als auch durch Baudrillards Werk. Um dies zu verdeutlichen, wird sowohl anhand der Überlegungen Baudrillards als auch anhand der Schulz'schen „Mityzacja Rzeczywistości" eine Ausschnittsanalyse des Animationsfilms *Street of Crocodiles* von Stephen und Timothy Quay sowie der Vorlage *Ulica Krokodyli* durchgeführt. Ziel ist es, die Ähnlichkeit der Theorien im Wechsel zwischen Film und Buch an einigen Beispielen zu verdeutlichen.

Es muss über den Film gesagt werden, dass es sich dabei nicht um eine reine Adaption der *Ulica Krokodyli* handelt, sondern um eine Darstellung mehrerer Ansätze der Theorie von Bruno Schulz, deren Handlung sich um die Krokodilgasse dreht. Aus diesem Grund kann man weniger von einer Adaption im eigentlichen Sinne sprechen,

21 Baudrillard: *Simulacra and Simulation*, S. 3.

sondern sollte den Film vielmehr als Interpretation verstehen. Nichtsdestotrotz bietet er eine ideale Projektionsfläche für die hier verwendeten Ansätze.

Zu Beginn des Films wird zunächst ein Raum betrachtet, genauer gesagt ein Theater, welches von einem älteren Mann betreten wird. Wie in der literarischen Version befindet sich dort eine altertümliche Karte an der Wand. Diese begutachtet der ältere Mann mit einem Vergrößerungsglas und entdeckt darauf einige weiße Flecken, die bereits aus der Schulz'schen Erzählung bekannt sind.[22] Kurz darauf setzt er eine Maschine in Gang, indem er in sie hineinspuckt. Durch die Ketten und die Mechanik der Maschine wird die Handlung des Films von dieser Ebene der Realität in eine andere gezogen. Dort befindet sich eine Puppe, die an einem Faden festgehalten in einem Raum steht. Mit einem Scherenschnitt des älteren Mannes durch die Mechanik der Maschine wird die Puppe auf dieser zweiten Realitätsebene von ihren Fesseln gelöst und kann sich danach frei bewegen. Betrachtet man die Umgebung, in der sich die Puppe befindet, ein wenig genauer, lässt sich feststellen, dass sie sich ebenfalls auf einer Art Bühne wiederfindet. Diese ähnelt derjenigen, die auf der Ebene des menschlichen Schauspielers beschrieben wurde, nur, dass sie zerfallener und schmutziger ist. Der Großteil des Films verfolgt eine Schwarzweißoptik, um die Ähnlichkeit zu der beschriebenen

22 Vgl. *Street of Crocodiles*, 00:00–00:30 min. Vgl. dazu Schulz: *Die Zimtläden*, S. 129–130: „Mein Vater verwahrte in der unteren Schublade seines tiefen Schreibtischs einen alten und schönen Plan unserer Stadt. [...] An die Wand gehängt nahm die Karte nahezu das ganze Zimmer ein und öffnete einen Fernblick auf das gesamte Tal der Tyśmienica [...]. Aus dieser verwelkten Ferne der Peripherie tauchte die Stadt empor und wuchs nach vorn hin, zunächst noch in undifferenzierten Komplexen, in kompakten Wohnblöcken und Häusermassen [...]. Auf diesem Plan, der im Stil barocker Prospekte gehalten war, leuchtete die Gegend um die Krokodilstraße in dem leeren Weiß, mit dem man auf geographischen Karten üblicherweise die Umgebung der Pole kennzeichnet, der Länder, die noch unerforscht sind oder deren Existenz nicht gesichert ist." „Mój ojciec przechowywał w dolnej szuufladzie swego głębokiego biurka starą i piękną mapę naszego miasta. [...] Zawieszona na ścianie, zajmowała niemal przestrzeń całego pokoju i otwierała dakeli widok na całą dolinę Tyśmienicy [...]. Z tej zwiędłej dali peryferii wynurzało się miasto i rosło ku przodowi, naprzód jeszcze w nie zróżnicowanych kompleksach, w zwartych blockach i masach domów [...]. Na tym planie wykonanym w stylu barokowych prospektów, okolica ulicy Krokodylej świeciła pustą bielą, jaką na kartach geograficznych zwykło się oznaczać okolice podbiegunowe, krainy niezbadane i niepewnej egzystencji." (Schulz: Sklepy cynamonowe, S. 69–71.)

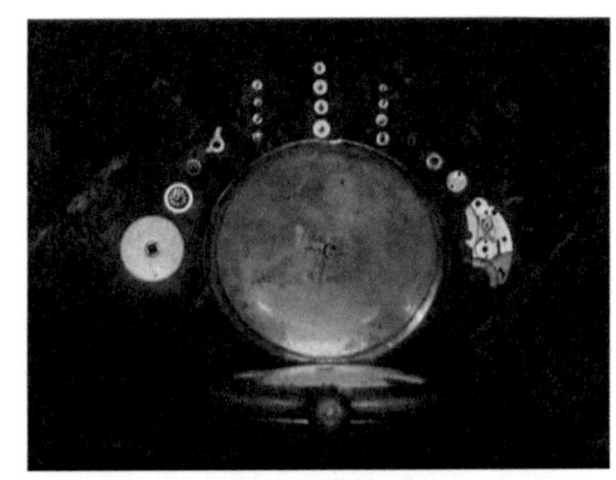

Abb. 1–4
Stills aus *Street of Crocodiles*, 1986.

Fotorealität zu gewährleisten.[23] Diese wird nur in wenigen Momenten durchbrochen.
Bereits zu diesem Zeitpunkt haben die Quay Brothers die Theorie der „Mityzacja" im Sinne des „Simulakrum" verwirklicht. Das Betreten des Simulakrums wird durch die Ähnlichkeit mit der Realität auf einer anderen Metaebene eingeleitet. Allein die Entscheidung, bei der Verfilmung die Ebene der Animation als Darstellungsform zu wählen, macht diesen Ansatz deutlich. Die Welt, die den Zuschauern präsentiert wird, versucht nicht, mit menschlichen Schauspielern eine direkte Textadaption herzustellen und diese wiederzugeben, vielmehr befindet man sich in einer eigens für diesen Film kreierten bzw. animierten Welt. Indem die Schulz-Puppe die Bühne betritt, wird sie in die Welt des Simulakrums aufgenommen, sozusagen als ein Teil der Welt assimiliert, ohne jedoch kopiert zu werden. An dieser Stelle begegnen wir damit einem Konzept des Simulakrums *im* Simulakrum, der selbstreferenziellen Welt/Realität innerhalb der selbstreferenziellen Welt/Realität. Dieser Prozess wurde bereits in einer weiteren Erzählung von Schulz, *Sklepy Cynamonowe* (1961, *Die Zimtläden*, 2008), beschrieben und von Dorota Głowacka hervorragend ausgedeutet.[24]
Was die Geschehnisse des Films allerdings so interessant erscheinen lässt, ist die Umsetzung der Begegnungen, die die Schulz-Puppe in den Konfektionsläden macht. Nach dem Betreten des Ladens beginnen die Schneiderpuppen selbst, sich um die Schulz-Puppe zu kümmern. Diese lebendig gewordenen Schaufensterpuppen greifen die Ideen aus dem *Traktat o Mannekinach* (1961, *Traktat über die Schneiderpuppen oder das zweite Buch Genesis*, 2008[25]) wieder auf und lassen die Ladenmädchen aus der *Ulica Krokodyli* in einem neuen Licht erscheinen. Sie vermessen und umgarnen die Schulz-Puppe und suchen Stoff für ihre neuen Kleider. In dem Moment, in dem die Schulz-Puppe allerdings vermessen wird, landet eine Landkarte auf dem Schneidertisch, der vor ihr steht. Diese Szene unterscheidet sich in ihrer Bildlichkeit radikal von der Erzählung. Hier wird die Schulz'sche Biographie geographisch re-interpretiert und eine vermeintliche Verortung der

23 Vgl. *Street of Crocodiles*, 02:56–03:05 min.
24 Głowacka: Sublime Trash and the Simulacrum, S. 107.
25 Vgl. Schulz: *Die Zimtläden*, S. 50–62; Schulz: Sklepy cynamonowe, S. 33–45.

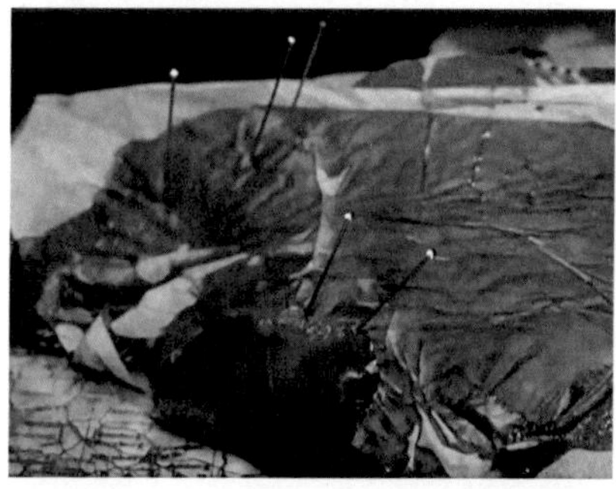

Abb. 5–8
Stills aus *Street of Crocodiles*, 1986.

Erzählung angedeutet. Auf der präsentierten Karte sind die Grenzen der Zweiten Polnischen Republik mit Nadel und Faden aufgenäht und werden nun eindringlich betrachtet.[26] Damit aus diesem Schnittmuster allerdings etwas Neues entstehen kann, muss zuerst ein organisches Element folgen, denn Ort und Zeit sind sowohl bei Schulz als auch bei den Quay Brothers etwas Organisches, das in Bewegung ist und nur dann Bedeutung besitzt, wenn es nicht zu einer simplen Kopie von etwas anderem verkommt. Das Echo dieser Idee findet sich sowohl in der Puppe als auch auf der Karte. Die Linearität der Zeit ist dabei völlig irrelevant, denn Zeit und Geschichte werden ohnehin geschaffen bzw. gewebt.[27] Um dies zu verdeutlichen, wird über der Karte organisches Material – ein Stück Fleisch – verteilt, um die auch im Späteren immer wieder betonte Organik der Zeit und des Ortes zu illustrieren. Dies sind einige der wenigen Momente des Films, in denen mit Farbelementen gearbeitet wird und die im Gegensatz zu der immer wieder betonten Fotooptik der Realität in *Ulica Krokodyli* steht und somit die Einzigartigkeit des Ortes betont.
Dahinter steht die Überlegung, dass die Kategorisierung und Erfassung eines Ortes durch eine Zuschreibung im Normalfall immer von der Lebenszeit und der jeweils aktuellen Erzählung über diese abhängig ist. Orte, die wie ein Foto festgehalten werden, können sich im Normalfall nicht verändern, sie repräsentieren eine eingefangene, tote, stillstehende Zeit. Bei Schulz sowie in der Interpretation durch die Quay Brothers ist das Gegenteil der Fall. Das, was aus der Zeit gefallen ist und keinen Platz im normalen Kalender findet, ist entscheidend. Im Umkehrschluss verhält es sich ähnlich mit der Verortung: Gerade das, was nicht fertig ist oder erkundet werden kann, schafft den Raum dazwischen. Was bei Schulz auf seine Heimatstadt beschränkt bleibt, wird durch die Quay Brothers auf die gesamte Landkarte der Zweiten Polnischen Republik bezogen. Genauso wie der polnische Staat nach dem Ersten Weltkrieg aus der Vorstellung heraus auf einem Kartentisch neu entstand, musste er erst mit Leben gefüllt werden, damit aus der Narration eine Realität erwuchs. Das Schnittmuster musste hier erst mühsam auf die Landkarte ‚genäht' werden, um dann mit organischem Material gefüllt und seine Festschreibung als zeitlos

26 Vgl. *Street of Crocodile,* 14:00–14:16 min.
27 Vgl. ebd., 14:16–14:32 min.

verteidigt zu werden. Dieses Aus-der-Zeit-Fallen ist der Versuch der Entkopplung eines Ortes aus der Raumzeit und sorgt dafür, dass er nicht mehr kollektiv gelebt wird, sondern ein Eigenleben außerhalb jedes Kategorisierungssystems entwickeln kann.

Diese Entortung der *Ulica Krokodyli* bzw. Schulz' simulakrische Erinnerung daran ist der Versuch, sie aus dem örtlichen Kategorisierungssystem herauszuschneiden. Bei den Quay Brothers soll dies zusätzlich mit den Kategorisierungen und Zuschreibungen ‚habsburgisch', ‚galizisch', ‚polnisch' erfolgen, um den unabhängigen, fragmentarischen Charakter der *Ulica Krokodyli* zu bewahren. Daher wird im gleichen Maße, wie der Raum auf der Karte vermessen wird, auch die Schulz-Puppe vermessen. Diese Vermessung erfolgt allerdings nicht, ohne sich vorher des Kopfs der Schulz-Puppe zu entledigen, denn eine endgültige Verortung bedeutet auch für die Schulz-Puppe – und vice versa für den Autor und Theoretiker Schulz – das Ende des eigenen Denkens und der eigenen, nicht verorteten Existenz.[28]

Die Frage nach der Verortung ist somit mindestens eine doppelte. Einerseits stellt sich die Frage nach einer Referenzrealität, die andererseits gleichzeitig durch die Infragestellung der Differenz real/irreal verneint werden muss. Durch die Auflösung der Differenz zwischen real und irreal bzw. ihre Aufwertung auf eine Gleichwertigkeit wird die Frage nach der Wahrheit zu einer relativen. Schulz' Ansatz einer Mythologisierung der Wirklichkeit, angewandt in seiner Erzählung *Ulica Krokodyli*, ist im selben Atemzug also nichts anderes als eine Simulakrum-Erzählung, die die Frage nach der Differenz von real und irreal aufwirft. Schulz stellt dabei indirekt die Frage, ob der Autor die Macht hat, die Sinngebungskraft der Wörter, also ihren Ur-Bezug, durch „Poezja" zumindest teilweise wiederherzustellen oder erahnen zu lassen, um sie gegen die Instrumentalisierung der Alltäglichkeit zu verteidigen.

Bei Baudrillard gestaltet sich dieser Prozess durch die Komplexität der Mediensituation schwieriger. Auf die Medien übertragen hieße dies, dass der Simulator die Realität bzw. die Medien, die sie darstellen, verändern muss, um ihnen einen neuen Sinn zu geben, immer vorausgesetzt, man akzeptiert die Existenz einer Grundrealität. Michał Markowski hat dies schematisch wie folgt dargestellt:

28 Vgl. ebd., 14:32–14:55 min.

> Hyperrealität → Form → Realität ← Form ← Mensch.
> Sprache (Form) ist nicht Wiederholung der Realität, dennoch kann sie dank ihr existieren, auch schöpft sie ihren Sinn aus ihr. Sinn ist also der Effekt der Abbildung der Realität in der Sprache und Übermittler ihrer Form. Aus diesem Grund folgt das Wort nicht der Realität sondern, das Gegenteil ist der Fall: Realität – wie bei Leśmian – folgt dem Wort. Deshalb ist Ontologie gleichzeitig Philologie und umgekehrt: Philologie ist Ontologie, mit ihrer Erhebung ist sie, was sie ist, durch die Sprache. Wenn jedoch die Philologie beginnt, nicht die Realität zu beobachten, sondern die Hyperrealität, muss sie zur Mythologie werden.[29]

Zusammenfassend zeigt sich also, dass der Versuch einer Sinngebung bei Schulz und seiner postmodernistischen Interpretation verzweifelt angestrebt wird, auch wenn er von vornherein unmöglich ist. Es ist der Versuch, dem nicht Darstellbaren eine Form zu geben. Ein Sinn kann nicht gefunden werden, allerdings kann eine andere Einbeziehung in die Konstruktion stattfinden, die als Wirklichkeit wahrgenommen wird, auch wenn diese absolut relativ ist. Dies stellt in den verschiedenen Medien einen mehrfachen Grenzgang zwischen den Realitäten und Imaginationen dar. Auf diese Weise wird somit eine neue Differenz geschaffen, in der zwar der binäre Widerspruch real/irreal aufgelöst wurde, die Differenz zwischen fremder und eigener Realität durch einen Absolutheitsanspruch der eigenen Wahrheit aber bestehen bleibt. Die Universalität des eigenen Konzepts ist somit bereits von Beginn an in sich gebrochen. Dieses Paradoxon zeigt sich sowohl in Schulz' als auch in Baudrillards Werk. Würde man also der Formel „Die Wirklichkeit ist Schatten des Wortes“[30] in der Postmoderne

29 Michał Paweł Markowski: *Polska Literatura Nowoczesna (Leśmian, Schulz, Witkacy)* [Moderne polnische Literatur (Leśmian, Schulz, Witkacy)]. Krakau: Universitas 2007, S. 218 (Übers. C. M.): „Nadrzecywistość → Forma → Rzeczywistość ← Forma ← Człowiek. Język (forma) nie jest wtórny wobec rzeczywistości, albowiem to dzięki niemu może ona zaistnieć, czyli nabrać sensu. Sens jest więc efektem przedstawienia rzeczywistości w języku i nadawaniajej formy. Z tego powodu to nie słowu podąża za rzeczywistością, ale odwrotnie: rzeczywistość- jak u Leśmiana- podąża za słowem. Dlatego ontologia jest jednocześnie filologią I odwrotnie: filologia jest ontologią, badaniem tego, co jest poprzez język. Kiedy jednak filologia zaczyna badać nie rzeczywistość, lecz nadrzecywistość, musi stać się mitologią.“

30 Schulz: *Die Republik der Träume*, S. 112; Schulz: Mityzacja Rzeczywistośi, S. 368.

unter Berücksichtigung Baudrillards folgen, müsste sie heute lauten: „Die Wirklichkeit ist Schatten der Medien." So unstrittig diese Aussage heute klingt, so interessant ist sie, wenn man sie im Kontext eines Bruno Schulz der 1920er und 1930er Jahre betrachtet. So sind nämlich seine eigene Verortung sowie die Verortung des wiederentstandenen Staates immer auch mit der Verortung der eigenen Narration verbunden. Die Weigerung, aktiv an diesem Diskurs teilzunehmen, dreht den postmodernen Gedanken um. Anstelle des Versuchs, dem nicht Darstellbaren eine Form zu geben, wird angestrebt, dem zwanghaften Versuch der Darstellung die Form im Nachhinein wieder zu entziehen. Dabei ist es gleichgültig, ob es sich dabei um die Verortung der eigenen Erzählung handelt, um den Versuch einer Kategorisierung der eigenen Identität, um einen Metadiskurs über die Differenz real/irreal oder um die Existenz einer noch nicht mit Leben gefüllten Worthülse der Zweiten Polnischen Republik.

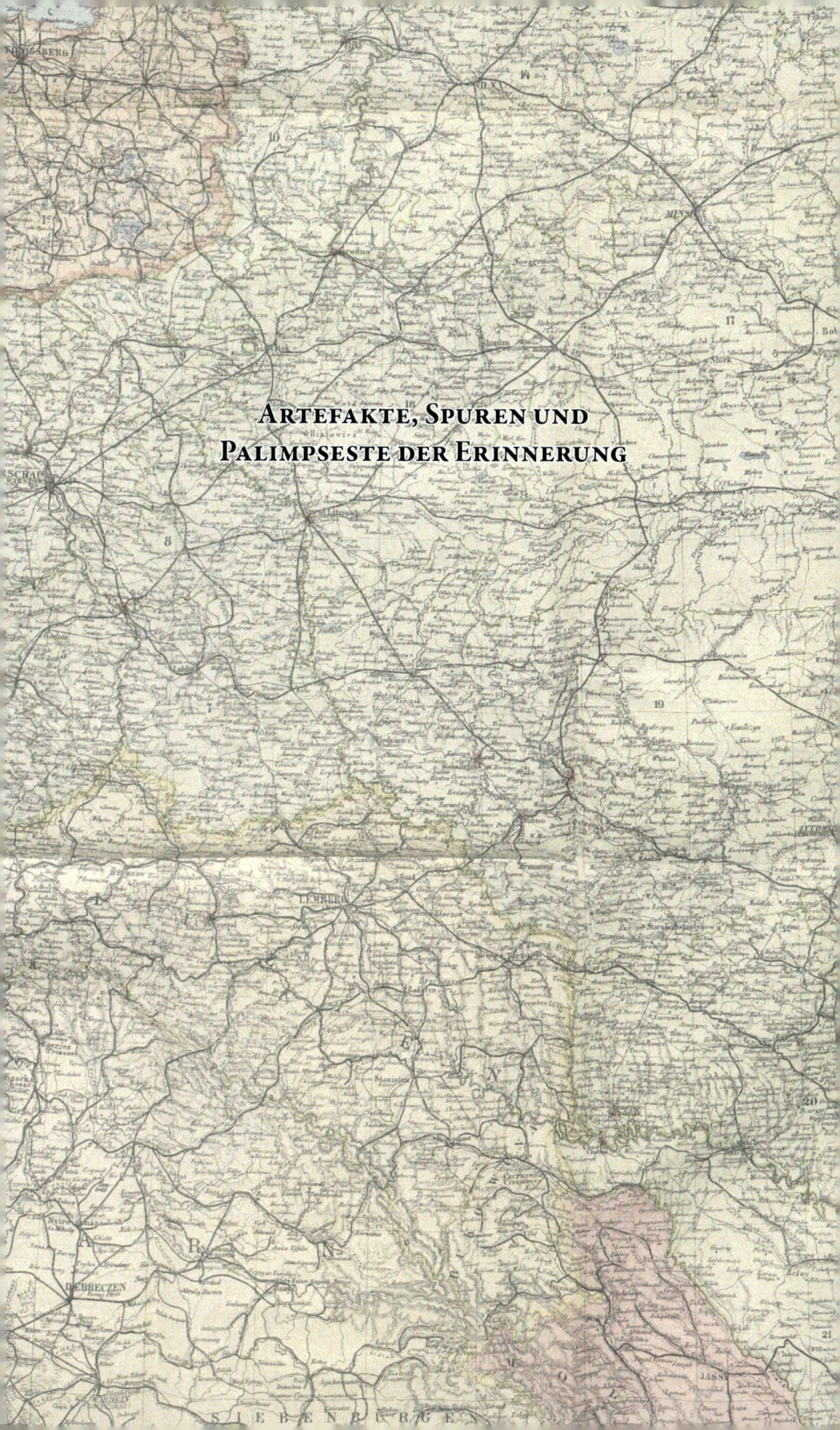

Artefakte, Spuren und Palimpseste der Erinnerung

Anna Pastuszka (Lublin)

‚Kontaminierte' ostmitteleuropäische Landschaften bei Hanna Krall und Andrzej Stasiuk

Im vorliegenden Aufsatz werden im Anschluss an Martin Pollacks Begriff der „kontaminierten Landschaften"[1] verschiedene Narrative in der Prosa von Hanna Krall und Andrzej Stasiuk dargestellt, die den ostmitteleuropäischen Raum in Hinblick auf die Kriegsverwüstungen durch die Gräueltaten der nationalsozialistischen Besatzer, insbesondere den Völkermord an den Juden, sowie auf die nachträgliche Abwesenheit der ehemaligen Nachbarn – einer ganzen ethnischen Gruppe – thematisieren. In Hanna Kralls literarischen Reportagen werden die osteuropäischen Orte in einer Doppelcodierung beschrieben: meistens als Orte der unbeschwerten Kindheit, die in der Kriegszeit zum Schauplatz der Menschenjagd, der Selektionen und der Deportationen wurden. Zur Gedächtnistopographie der polnischen Landschaften äußerte sich auch Andrzej Stasiuk in seinen letzten Büchern. In seinem neuesten autobiographischen Buch *Wschód* (2014, *Der Osten*, 2016) beschreibt auch er den östlichen Teil Europas mit seinen Verheerungen durch den Krieg und den Kommunismus sowie durch den Völkermord an den Juden.

Der Begriff von Landschaft, um den es im Folgenden auch geht, ist vorrangig mit ästhetischen Konnotationen versehen: „Die Landschaft stört mich in meinem Denken. [...] Sie ist schön und will deshalb betrachtet werden." Mit diesem Zitat aus Franz Kafkas *Beschreibung*

1 Martin Pollack: *Kontaminierte Landschaften.* Wien: Residenz 2014. Im Folgenden zitiert als KL mit Angabe der Seitenzahl.

eines Kampfes leitet Manfred Smuda 1986 seinen Sammelband mit dem Titel *Landschaft* ein.[2] Der Begriff der Landschaft impliziert sehr unterschiedliche Vorstellungen. Er wird in Smudas Band aus philosophischer, soziologischer, kunsthistorischer und literaturwissenschaftlicher Sicht beleuchtet, indem die Problematiken der Landschaftsästhetik, der Landschaftswahrnehmung oder -veränderung sowie der Fiktionalisierung von Landschaft thematische Leitfäden bilden. Zusammenfassend kann die Landschaft als eine epochen-, gesellschafts- und kulturspezifische Wahrnehmungsform von Raum definiert werden, als ein homogener Raumausschnitt und gemeinsames Interessengebiet der Natur, der Geographie und der Kunst. Eine überwiegend ästhetische Betrachtung von Landschaft wird allerdings durch das Wissen über die geschichtlichen Ereignisse, die in der jeweiligen Landschaft stattgefunden haben, weitgehend zerstört bzw. verstört.

Martin Pollacks „Kontaminierte Landschaften"

Die Erkenntnis, dass die idyllischen Landschaften zugleich Verbrechensorte sein können, was die Betrachtungsweise des reflektierenden Subjekts, um das historische Wissen reicher, einschneidend verändert, ist der Ausgangspunkt des Essays *Kontaminierte Landschaften* von Martin Pollack aus dem Jahr 2014. Hier wird ein anderer diskursiver Rahmen für den Landschaftsbegriff skizziert. Nach einem ursprünglichen Verständnis ist die Landschaft ein *locus amoenus*, der angenehme Gefühle weckt: „Wir stellen uns dabei Wiesen und Wälder, mäandernde Flüsse und Bäche, wilde Schluchten und grüne Bergrücken vor, noch nicht rücksichtslos beschädigt oder gar unwiederbringlich zerstört durch menschliche Einflüsse." (KL 5)
Doch Pollack entlarvt die imaginierten Landschaften als Wunschdenken: Solche scheinbar naturbelassenen Landschaften seien

2 Franz Kafka: Beschreibung eines Kampfes (Fassung A). In: Ders.: *Gesammelte Werke in zwölf Bänden*, nach der Kritischen Ausgabe hrsg. v. Hans-Gerd Koch, Bd. 5: Beschreibung eines Kampfes und andere Schriften aus dem Nachlaß in der Fassung der Handschrift. Frankfurt am Main: Fischer 1994, S. 47–97, hier S. 66. Vgl. Manfred Smuda (Hrsg.): *Landschaft*. Frankfurt am Main: Suhrkamp 1986. Zum Zusammenhang von Landschaftsbegriff und Ästhetisierung der Natur vgl. Joachim Ritter: *Landschaft. Zur Funktion des Ästhetischen in der modernen Gesellschaft*. Münster: Aschendorff 1963.

„Chimären, Produkte unserer Einbildungskraft" (KL 6). Pollack macht sich stattdessen auf die Suche nach den vergessenen Stätten der Massenerschießungen. Die naive Betrachtung der Landschaft in der Kindheit wird mit der Entdeckung der Gräueltaten konfrontiert, deren Schauplatz idyllisch anmutende Landschaften waren. Es handelt sich dabei weniger um die anerkannten Erinnerungsorte, die Schauplätze der großen Schlachten, die Kriegsfriedhöfe und Gedächtnisstätten, als um Orte der Massenerschießungen in den Wäldern Osteuropas (aber auch Österreichs), Massengräber, in denen namenlose Opfer verscharrt liegen und sich in der Landschaft auflösen sollten – zahllose vergessene Orte in ganz Ostmitteleuropa, die die Topographie des Terrors und der Gewalt bilden. Pollack schlägt vor, sie zu lokalisieren und auf Landkarten der kontaminierten Landschaften zu verzeichnen, um den Opfern, soweit dies möglich ist, ihre Identität und Menschenwürde zurückzugeben.
Der Autor skizziert dazu zunächst, wie der radikale rassistische Missbrauch des Landschaftsbegriffs im Nationalsozialismus schließlich zur Vertreibung und zum Völkermord führte:

> Die Landschaften in Osteuropa waren in den Augen der nationalsozialistischen Landschaftsplaner, die den Eroberungen theoretisch den Weg bereiteten, infolge des kulturellen und zivilisatorischen Unvermögens der dort lebenden Bevölkerungen – Slawen und Juden – verödet und durch den Raubbau verwüstet. Es war daher die noble Aufgabe der Deutschen, die Dinge in Ordnung zu bringen und aus den öden Sumpfgebieten und unzugänglichen Wäldern blühende Gärten zu machen. In diesem Sinne sahen sich die Deutschen berufen, die Landschaften im Osten in Besitz zu nehmen. (KL 12–13)

Als Beispiele solcher zu kolonisierenden Landschaften werden die Pripjetsümpfe im heutigen Weißrussland erwähnt.[3] Als „kontaminierte Landschaften" bezeichnet Pollack in diesem Zusammenhang „die Orte massenhaften Tötens", wo das Morden „jedoch im Verborgenen verübt wurde, den Blicken der Umwelt entzogen, oft unter

3 In Polen wurde u. a. die Region Zamojszczyzna das Ziel der kolonisatorischen NS-Raumplanung und der mörderischen Umsiedlungspolitik. Im Zuge der im Rahmen des „Generalplans Ost" durchgeführten „Aktion Zamosc" wurden über 100.000 Menschen aus der Region Zamojszczyzna umgesiedelt, darunter 30.000 Kinder.

strenger Geheimhaltung" (KL 20). Die Gruben wurden zugeschüttet und eingeebnet, die Gräber versteckt und camoufliert. Anschließend wurden sie häufig durch schnellwüchsige heimische Pflanzen getarnt. Pollack beschreibt dieses Vorgehen wie folgt:

> In den deutschen Vernichtungslagern Treblinka und Bełżec in Ostpolen zum Beispiel wurde der Boden an den Stellen, wo die Überreste der Opfer vergraben worden waren, zuerst umgeackert wie ein Feld, das der Bauer zur Aussaat vorbereitet, dann wurden Lupinen, auch Wolfsbohnen genannt, ausgesät und Jungwald gepflanzt. (KL 21)

Die furchtbaren Beispiele solch stigmatisierter Orte finden sich überwiegend in Mittel- und Osteuropa: Babij Jar in Kiew, Katyń bei Smolensk, Kurapaty in Weißrussland, Biķiernieki in Lettland, Ponary bei Vilnius, Kočevski Rog in Slowenien und hunderte andere. Weit entfernt davon, die Täter gleichzusetzen oder ihre Taten gegeneinander aufzurechnen, will Pollack „gewisse Mechanismen [...] und die Auswirkungen, die sie auf die Landschaft hatten und haben" (KL 27), aufzeigen und den erniedrigten Opfern die ihnen abgesprochene Zugehörigkeit zur menschlichen Gesellschaft zurückgeben.

> Dieser eklatante Verstoß gegen alle in unseren Ländern herrschenden Sitten und Gebräuche, wonach in der ritualisierten Verabschiedung während der Bestattung noch einmal die unverwechselbare Identität des Toten hervorgehoben wird, ist ein Ausdruck der tiefen Verachtung für die Opfer, die auf diese Weise noch über den Tod hinaus erniedrigt werden. (KL 28)

Nach Pollack ist Ostmitteleuropa von kontaminierten Landschaften übersät. Es finden sich in der Holocaust-Literatur und -Forschung zahllose Beispiele von Schauplätzen solcher Massaker – in Polen, Österreich, Ungarn, Tschechien, Slowenien, Rumänien, in der Slowakei, in der Ukraine, in Litauen, Lettland und Belarus. Häufig verweist kein Stein und kein Schild auf die Massengräber, und die lokalen Behörden zeigen sich unwillig, Erinnerungsstätten zu errichten. Als wichtiges Anliegen des Buchs und seiner Recherchen vor Ort erweist sich das Bedürfnis, die Opfer der Anonymität zu entreißen:

> Wir müssen alles tun, um die unbekannten Opfer der Massengräber in den kontaminierten Landschaften dem Vergessen zu entreißen und ihnen ihre Namen und Gesichter und ihre Geschichte wiederzugeben. Dazu ist es unerlässlich, möglichst viele Details zusammenzutragen. (KL 43)

Das Bestreben, die Namen der Opfer zu eruieren, entspringt der Erkenntnis, dass Zahlen nicht die gleiche Wirkung ausüben, wie es einzelne Schicksale tun. Während „der Schrecken in nackten Zahlen nicht fassbar" (KL 46) sei, können rekonstruierte Lebensgeschichten die Menschen erreichen. Diese Bergungsarbeit meint der Autor nicht allein symbolisch, sondern als die Arbeit eines Teams, das sich aus Historikern, Archäologen und Gerichtsmedizinern zusammensetzt und deren Aufgabe in genauen Landschaftserkundungen, Probegrabungen und eventuellen Exhumierungen besteht.
Eine ähnlich breite Perspektive der gemeinsamen europäischen Geschichte der totalitären Gewalt im 20. Jahrhundert schlägt der englische Historiker Timothy Snyder vor. Im gleichnamigen Buch bezeichnet er die östlichen Länder Europas als „Bloodlands", die vom Terror und den Diktaturen Hitlers und Stalins heimgesucht wurden: Polen, die baltischen Staaten, die Ukraine, Weißrussland und der westliche Teil Russlands. In den Gebieten zwischen Russland und Deutschland fanden massenhafte Mordtaten in Form von Erschießungen, Deportationen und Vernichtungslagern statt, deren Spuren verwischt werden sollten. „Hier überschnitten sich Hitlers und Stalins imperiale Pläne, hier kämpften Wehrmacht und Rote Armee miteinander, und hier konzentrierten SS und NKWD ihre Kräfte. Hier lagen die meisten Mordschauplätze [...]."[4] Snyder macht darauf aufmerksam, dass die meisten Opfer der beiden Regime jeweils außerhalb Deutschlands (d.h. außerhalb des NS-Staats) und in der nichtrussischen Peripherie (der Sowjetunion) ermordet wurden. Geschildert wird die Geschichte politischer Massenmorde von einem historisch beispiellosen Ausmaß:

4 Timothy Snyder: *Bloodlands. Europa zwischen Hitler und Stalin*, aus d. Engl. v. Martin Richter. München: Beck 2012, S. 13.

> Mitten in Europa ermordeten das NS- und das Sowjet-Regime in der Mitte des 20. Jahrhunderts vierzehn Millionen Menschen. [...] Die Opfer waren vor allem Juden, Weißrussen, Ukrainer, Polen, Russen und Balten, die Bewohner dieser Länder. Die vierzehn Millionen Opfer wurden in nur zwölf Jahren ermordet, zwischen 1933 und 1945, als Hitler und Stalin gleichzeitig an der Macht waren.[5]

Snyder betont, dass die meisten Juden nicht in Auschwitz starben, sondern in den weniger bekannten Vernichtungslagern, in Treblinka, Chełmno, Sobibór, Bełżec. Noch mehr Juden wurden in der Nähe ihrer Wohnorte neben Gräbern und Gruben erschossen.
Anschließend an die historische Betrachtung der ostmitteleuropäischen Landschaften soll nun der Frage nach ihren literarischen Repräsentationen nachgegangen werden. Dass gerade die polnischen Landschaften als Erinnerungsorte der Shoah als besonders kontaminiert gelten, ist in der westlichen Gedächtniskultur zumindest seit dem Film *Shoah* (F 1985) des französischen Regisseurs Claude Lanzmann bekannt.[6]

Die Abwesenheit der Juden

„Die Welt der Kollektivgedächtnisse ist eine *Welt der Narrative*, in deren Rahmen die Vergangenheit bereits weitgehend in sinnhafte Strukturen überführt worden ist."[7] Diese Feststellung von Astrid Erll unterstreicht die sinngebende Bedeutung der „Narrativisierung von historischem Geschehen" für das Gedächtnis des jeweiligen Kollektivs. Die Vernichtung der europäischen Juden erzeugte aber eine Abwesenheit der Narrative, denn die üblichen intergenerationellen Familienüberlieferungen wurden vernichtet und durch ihre Vereinzelung konnten auch Überlebende diese narrative Lücke nicht füllen. Einerseits kann folglich heute „eine ungeheure Proliferation

5 Snyder: *Bloodlands*, S. 9–10.

6 Vgl. Barbara Breysach: *Schauplatz und Gedächtnisraum Polen. Die Vernichtung der Juden in der deutschen und polnischen Literatur.* Göttingen: Wallstein 2006, S. 313–319.

7 Astrid Erll: *Kollektives Gedächtnis und Erinnerungskulturen*. Stuttgart / Weimar: Metzler 2011, S. 175.

der Erinnerungen", eine „Vermehrung der Erinnerungstexte und -diskurse"[8] in Bezug auf den Nationalsozialismus und die Shoah festgestellt werden, andererseits fehlen in diesem ‚Gedächtnis-Archiv' ganze Landstriche mit der dazugehörigen Bevölkerung. Während von „kollektiven Gedächtnislandschaften"[9] als Narrativen, die von den Zeitzeugen an die folgenden Generationen vermittelt werden, gesprochen wird, können angesichts der Vernichtung der jüdischen Bevölkerung nur wenige Überlebende oder Augenzeugen berichten und entsprechende Gedächtnislandschaften pflegen.

Die polnische Literatur hat bei der Beschreibung der Shoah und ihrer Folgen eine besondere Stellung: „In dem furchtbaren Epizentrum des Verbrechens gibt es drei fundamentale, schreckliche Rollen: des Opfers, des Täters und des Zeugen. So gestaltet sich die Ontologie der Shoah",[10] schreibt Władysław Panas. In diesem Epizentrum sei Polnisch, Jiddisch, Hebräisch und Deutsch gesprochen worden. Die polnische Literatur spreche dabei nicht nur die Stimme des Zeugen, sondern auch des Opfers, was ihre Besonderheit ausmache: „In die polnische Literatur wurden doppelte Schicksale und doppelte Erfahrungen eingeschrieben: jüdische und polnische."[11] Durch das Schaffen von ermordeten jüdischen Schriftstellern sowie von Überlebenden öffnet sich, betont Panas, die polnische Literatur der jüdischen Perspektive der Shoah. Gerade dieser gemischte Chor der Stimmen der Zeugen und der Opfer sei das Besondere an der polnischen Literatur.

Hanna Kralls und Andrzej Stasiuks Prosa repräsentiert in diesem Zusammenhang eine polnische ‚postmemoriale' Literatur, deren thematische Dominante „die Kondition des Gedächtnisses – und genauer: das Vergessen, die Nicht-Erinnerung, die Auslöschung der

8 Sigrid Weigel: Téléscopage im Unbewussten. Zum Verhältnis von Trauma, Geschichtsbegriff und Literatur. In: Gertrud Koch (Hrsg.): *Bruchlinien. Tendenzen der Holocaustforschung.* Köln / Weimar / Wien: Böhlau 1999, S. 255–280, hier S. 275.

9 Etienne François / Hagen Schulze: Einleitung. In: Dies. (Hrsg.): *Deutsche Erinnerungsorte.* München: Beck 2001, Bd. 1, S. 9–24, hier S. 17.

10 Władysław Panas: *Pismo i rana. Szkice o problematyce żydowskiej w literaturze polskiej.* Lublin: Dabar 1996, S. 95 (Übers. A. P.).

11 Ebd., S. 99.

Spuren" ist.[12] Dabei ist die ästhetische Aufbereitung der Problematik der „kontaminierten Landschaften" aufgrund der unterschiedlichen Stilistik dieser Autorin und dieses Autors, aufgrund der gewählten Gattung, der bevorzugten literarischen Sujets, der Selbstwahrnehmung als Autor/Autorin und Erzähler/Erzählerin sowie der Positionierung gegenüber der angesprochenen Thematik sehr unterschiedlich. Hanna Krall, Jahrgang 1935 oder 1937 (beide Daten werden angegeben), gehört selbst zu den Holocaust-Überlebenden. In ihren literarischen Reportagen tritt sie als Erzählerin zurück. Der Lakonismus und eine verdichtete, auf Aussparungen aufgebaute Erzählweise stehen in einem starken Kontrast zu der sprachgewaltigen, von Bildern, Vergleichen und Metaphern überbordenden Prosa von Andrzej Stasiuk. Der 1960 geborene Schriftsteller gestaltet in seiner autobiographisch-essayistischen Reiseprosa seine Reflexionen und Erinnerungen in einem betont subjektiven, emotional-polemischen Stil.

Kontaminierte Landschaften bei Hanna Krall

Die polnisch-jüdische Autorin Hanna Krall rekonstruiert seit den 1990er Jahren in ihren literarischen Texten die jüdische Vergangenheit der ostpolnischen Städte und Städtchen: Tykocin (in der Erzählung *Theater*), Kock (*Das Eckhaus mit dem Türmchen*), Sochaczew (*Bornsztajnstrasse*), Izbica (*Porträt mit Kinnladensteckschuß*), Plebanki (*Pola)*, das ehemals polnische Dubno (*Phantomschmerz*), Włodzimierz Wołyński (*Urenkel*), Lublin (*Eine ausnehmend lange Linie)*. Die Topographie spielt in ihrem Erzählverfahren, das immer auf authentischen Geschichten der von Krall interviewten Personen basiert, eine wichtige Rolle: Das topographische Detail schafft häufig nach dem mnemotechnischen Muster *ordo – loco – imago*[13] einen

12 Magdalena Marszałek: Anamnesen. Explorationen des Gedächtnisses in der gegenwärtigen polnischen Literatur und Kunst (eine intermediale Perspektive). In: Dies. / Alina Molisak (Hrsg.): *Nach dem Vergessen. Rekurse auf den Holocaust in Ostmitteleuropa nach 1989.* Berlin: Kadmos 2010, S. 161–179, hier S. 163. Als ‚postmemorial' wird eine aus einer zeitlichen Distanz entstehende Literatur bezeichnet.

13 Vgl. dazu Daniela Bode-Jarsumbeck: *Die literarischen Reportagen Hanna Kralls. Gedächtnis an die ostjüdische Lebenswelt und die Shoah.* Wiesbaden: Harrassowitz 2009, S. 136.

Erzählrahmen für den Erinnerungsvorgang der Überlebenden oder der Augenzeugen. Der Stadtmarkt, der Fluss, der Wald – idyllische Landschaften *par excellence* – werden zu Szenerien von Terror und Massenerschießungen. Aus dem *locus amoenus* der literarischen Tradition wird infolge des nationalsozialistischen Terrors ein *locus horribilis*.[14] In den Erzählbänden *Hipnoza* (1989, *Hypnose*, 1997), *Taniec na cudzym weselu* (1993, *Tanz auf fremder Hochzeit*, 1993), *Dowody na istnienie* (1995, *Existenzbeweise*, 1995), *Tam już nie ma żadnej rzeki* (1998, *Da ist kein Fluss mehr*, 1999) und *To ty jesteś Daniel* (2001, *Ach du bist Daniel*, 2002)[15] sind die Orte genauso wichtig wie die Helden.

Als Beispiel für die literarische Konstruktion der kontaminierten Landschaft soll die Erzählung *Urenkel* (*Prawnuk*, 1999) in den Blick genommen werden. Der Protagonist der Erzählung Natan B. kehrt in den 1950er Jahren in seine Heimatstadt Wlodzimierz Wołyński zurück und trifft in seinem Familienhaus auf fremde Menschen. Der Ort ist das Einzige, was übriggeblieben ist. Die Landschaft wird aus der Erinnerungsperspektive des Überlebenden beschrieben. Sie ist zuerst eine Kulisse des Liebes- und Familienlebens während der Vorkriegszeit. Die Urenkelin Cyla fährt im Sommer in einer offenen Kutsche die Landstraße entlang bis nach Ucilug, sie zeigt ihrem Bräutigam die Wälder um Piatydnie und die Haselbüsche an der Landstraße nach Ucilug. In der Luga baden junge Menschen. In der Erzählstruktur deutet alles auf einen herannahenden Untergang dieser Welt hin, doch die Beschreibung wird hier ausgesetzt. Die Erzählerin folgt nun dem Helden Natan B., der die Zeit des Krieges in der Sowjetunion verbracht hat. Nach zehn Jahren in Arbeitslagern in Kolyma findet er in seiner Heimatstadt fremde kyrillische Aufschriften und ausgeräumte Wohnungen. Das Gefühl der Entfremdung („fremde Leute an fremden Schreibtischen“[16]) steigert sich in der vertrauten

14 Ebd., S. 140–141.

15 Alle deutschen Erstausgaben der literarischen Reportagen von Hanna Krall erfolgten im Verlag Neue Kritik. Die Autorin wurde auch mit renommierten deutschen Literaturpreisen ausgezeichnet (u. a. mit dem Leipziger Buchpreis zur Europäischen Verständigung, dem Samuel-Bogumil-Linde-Preis, dem Herder-Preis und dem Ricarda-Huch-Preis).

16 Hanna Krall: Der Urenkel. In: Dies.: *Da ist kein Fluß mehr*, aus d. Poln. v. Roswitha Matwin-Buschmann. Berlin: btb 2001, S. 82–96, hier S. 91.

Landschaft, die durch die Abwesenheit aller Verwandten und Bekannten gekennzeichnet ist:

> Er geht in Richtung Luga.
> [...] Er sucht die überwucherten Höhen und das Ufer mit den Augen ab, doch er erspäht niemanden. Raja nicht und nicht Bejbi. Dwojra nicht und nicht Chaim Messerstecher. Jojne nicht und nicht den Photographen mit der Leica. Den Arzt nicht und nicht den Apotheker oder dessen Frau. Die Eltern nicht und nicht seinen Onkel, den Vizebürgermeister. Seine Cousine Cyla nicht und nicht Rachelka, seine siebzehnjährige Schwester. Taucia nicht und nicht die Jungen von der Bude.
> Und er wird wissen, wo sie sind. In Piatydnie, an der Landstraße nach Ucilug.
> Alle.
> Zusammen in einer Grube, im Kiefernwald, gleich bei den Haselbüschen. Von wo sie jeden Herbst Weidenkörbe voller Nüsse für Großmutter Chaja holten.
> Alle.[17]

Das topographische Detail verbindet sich mit der individuellen Erinnerung, so dass die Landschaft als eine emotional gezeichnete Landkarte der abgebrochenen Familiengeschichte wahrgenommen wird. Die erzählte/erinnerte Landschaft wird in einer Doppelfunktion skizziert: als eine reale und eine symbolische Landschaft. Der unwiederbringliche Verlust prägt die Orte, die als ‚kontaminiert' wahrgenommen werden. Der Protagonist vernimmt eine Stimme, die ihm vom Verbleib abrät: „Geh nicht dorthin. Da ist kein Fluß mehr."[18] Er wechselt den Namen, absolviert ein Medizinstudium und macht als Chirurg Karriere in Amerika. Im Alter schreibt er seine Erinnerungen auf, die die scheinbar unbedeutenden Details – das Kleid der Großmutter, ihren Kuchen aus Haselnüssen, Gerüche, den Duft und die Süße der Äpfel – festhalten. Die Erzählung wird lakonisch mit dem Hinweis auf die einzig reale Gedächtnistopographie abgeschlossen. Professor B. glaube nicht an die Seele und ihr Weiterleben nach dem Tod: „Dafür glaubt er an Kolyma und an Piatydnie."[19] Der Prozess der

17 Krall: Der Urenkel, S. 92.
18 Ebd., S. 93.
19 Ebd., S. 96.

Erinnerung macht nach Jahren die Landschaften der Kindheit und der Jugendzeit, die zugleich Landschaften des Schreckens, des Leidens und des Todes sind, realer als die amerikanische Umgebung. Indem die Erzählerin zwischen unterschiedlichen Zeitebenen ununterbrochen wechselt (das 19. Jahrhundert als Lebenszeit der Urgroßmutter Chana Rachel, die Kriegszeit, die Nachkriegszeit), zeichnet sie einerseits die sprunghafte, auf Assoziationen beruhende Arbeitsweise des menschlichen Gedächtnisses nach, andererseits erhebt sie diese zum künstlerischen Erzählprinzip. Scheinbar kommentarlos verdichtet die Erzählerin das Erinnerte und lässt durch Aussparungen den Leserinnen und Lesern Raum für Imagination und Nachempfindung. Die Reduktion der Rede („In jedem nächsten Buch gibt es weniger Worte"[20]) geht mit ihrer symbolischen Aufladung einher und ist aus Sicht der Autorin „der Weg zur Leere, zu weißen Orten, zum Schweigen".[21] Ihr „zurückhaltendes Schreiben"[22] entspringt der Überzeugung, dass man die schrecklichsten Geschichten mit den einfachsten Worten aufschreiben sollte.[23] Auf der Suche nach einer entsprechenden Form für ihre Geschichten legt die Schriftstellerin großen Wert auf Details, welche die „Bedeutsamkeit der unbedeutenden Dinge"[24] anschaulich zum Ausdruck bringen:

> Vom Detail kann man auf zweierlei Weise Gebrauch machen. Auf banale Art verwendet, kann es helfen, einen kleinen Realismus zu schaffen. Es kann auch eine Metapher tragen. [...] In der Welt, die ich beschreibe, gewinnt sogar jener kleine Realismus eine symbolische Bedeutung. Wenn ich genau aufzähle, was jüdische Kaufleute in ihren Läden verkauften, gibt das Bewusstsein vom weiteren Schicksal dieser Menschen jenen Gegenständen eine andere Dimension. Sie werden keine Warenaufzählung mehr, sondern eine Litanei.[25]

20 Jacek Antczak: *Reporterka. Rozmowy z Hanną Krall.* Warszawa: Rosmer i wspólnicy 2007, S. 107 (hier u. im Folgenden Übers. A. P.).

21 Ebd., S. 117.

22 Ebd., S. 108 („pisać powściągliwie").

23 Vgl. ebd., S. 108: „Je schrecklicher die Geschichte, desto einfacher müssen die Worte sein."

24 Krall: Urenkel, S. 94.

25 Antczak: *Reporterka*, S. 112.

Die Topographie der polnischen Städte und Städtchen in Kralls literarischen Reportagen spiegelt eine nicht mehr existente Lebenswelt der polnischen Juden und ihre grausame Vernichtung wider. Die kontaminierten Landschaften samt ihrer Opfer sind aber noch zu wenig in der Erinnerung der dort Lebenden präsent. Es sind vereinzelte Äußerungen der jüdischen Überlebenden wie etwa die des Helden Thomas Blatt in *Porträt mit Kinnladensteckschuß*, die auf die Erinnerung an die jüdischen Opfer insistieren:

> „Warum gibt es keine jüdischen Gräber? Warum verspürt niemand Trauer?" Wir fuhren über Izbica, Krasnystaw und Lopiennik zurück. Im Licht des schwindenden Tages sah alles noch häßlicher, armseliger und grauer aus. Vielleicht lag es daran, daß dort Geister umgehen. Sie weichen nicht, weil man sie nicht betrauert und nicht beweint. Das Grau kommt von den unbeweinten toten Seelen.[26]

Die Tristesse der Ortschaften und die geisterhafte Anwesenheit der jüdischen Opfer sind bei Krall die Anzeichen jener Kontamination der ostmitteleuropäischen Landschaft durch den Massenmord sowie der mangelnden Trauerarbeit.[27] Die in Augenschein genommene Landschaft ist insofern eine Inspiration für die Schriftstellerin, als sie eine erinnerungsträchtige Kulisse für die einzelnen menschlichen Schicksale abgibt. Sie wird aus der Erinnerungsperspektive der Protagonisten nachträglich mit symbolischer Bedeutung versehen. Der Ort und die Landschaft sind mnemotechnische Erinnerungsträger und werden angesichts der totalen Verlusterfahrung der überlebenden Protagonisten zu einem emotional und symbolisch aufgeladenen Vorstellungsbild, zu einem ursprünglichen *topos* (griech. Ort, Thema,

26 Hanna Krall: Porträt mit Kinnladensteckschuß. In: Dies.: *Tanz auf fremder Hochzeit*, aus d. Poln. v. Hubert Schumann. Frankfurt am Main: Neue Kritik 1993, S. 83–109, hier S. 109.

27 Alina Molisak sieht in dem Motiv der herumirrenden Verstorbenen eine Folge der Tatsache, dass hier, in Ostmitteleuropa, der Völkermord passierte. Sie verweist auch auf das Erbe der polnischen Romantik und des jüdischen Glaubens an den Dibbuk, den unerlösten Geist eines Toten im ostjüdischen Chassidismus. Vgl. Alina Molisak: Schreiben im Auftrag der Toten. Mediumistische Erzählstrategien in der polnischen Literatur. In: Marszałek / Molisak (Hrsg.): *Nach dem Vergessen*, S. 181–196, hier S. 181.

Gemeinplatz). Das Festhalten am Detail als Mittel, die Welt zu erkennen,[28] sowie die radikale Faktentreue der Autorin[29] schließen jedoch eine breite epische Beschreibung der erinnerten Landschaft aus.

Andrzej Stasiuks Narrative des Ostens

> In diesem Teil Europas verbinden sich alle Elemente des Daseins miteinander und wirken wie Napalm, so dass nach ihnen nur die verbrannte Erde zurückbleibt. Das betrifft die große politische Geschichte und unsere private Geschichte, die Natur, das Klima, unsere individuelle Biologie und natürlich Gegenstände, Sachen.[30]

Wschód (2014, *Der Osten*, 2016) von Andrzej Stasiuk[31] ist eine persönliche Auseinandersetzung des 54-jährigen Autors mit dem östlichen Raum und der historisch-ideologischen Last der Totalitarismen, die eben jene „verbrannte Erde" zurückgelassen haben. Der Osten ist für den Ich-Erzähler auch die subjektive Erfahrung einer gewaltigen spirituellen Dimension, die sich ihm mit den weiten menschenleeren Höhen, Wüsten und Gebirgen Asiens auftut. Das essayistische Buch beinhaltet seine Kindheitserinnerungen und Reisereflexionen. Der Erzählvorgang wird nicht von Ereignissen, sondern von subjektiven Landschaftsbetrachtungen bestimmt. „Der Raum ist Vergangenheit" (O 56), erklärt der Erzähler und durchdringt damit geistig die erinnerten und durchmessenen Räume Osteuropas. Er weicht von der Hauptstraße „auf der Suche nach den Resten des Uralten" (O 56–57) ab, bereist die polnische Provinz und begibt sich gleichzeitig auf eine Zeitreise in die 1960er und 1970er Jahre, um seine eigene Geschichte

28 Vgl. Antczak: *Reporterka*, S. 112: „Die Welt wird uns durch Details bewusst, so soll man sie daher beschreiben."

29 Vgl. ebd., S. 111: „Ich bin sklavenhaft an die Fakten gebunden."

30 Andrzej Stasiuk: Przygody pisarza to tylko część wielkiej podróży. Z Andrzejem Stasiukiem rozmawia Jagoda Wierzejska. In: *Nowe Książki* 2 (2010), S. 4–7, hier S. 5 (hier u. im Folgenden Übers. A. P.).

31 Andrzej Stasiuk: *Wschód*. Wołowiec: Czarne 2014; ders.: *Der Osten*, aus d. Poln. v. Renate Schmidgall. Berlin: Suhrkamp 2016. Das Buch wird vom deutschen Verlag irrtümlicherweise als Roman bezeichnet. Im Folgenden zitiert als O mit Angabe der Seitenzahl.

nachzuzeichnen und zugleich die Familiengeschichte vor dem Hintergrund der ‚großen Geschichte' und der zeitgenössischen bäuerlichen Mentalität nachzuvollziehen.

„Kontaminierte Landschaften" erscheinen in Stasiuks Reflexion über die Landschaft von Podlasie, die Lubliner Region und die Stadtlandschaft von Lublin. Dieselben autobiographischen Orte des Autors, die einmal für epiphanische Augenblicke (O 90) sorgten, erweisen sich aus der Sicht des Erwachsenen als Kriegsschauplätze und Orte der massenhaften Vernichtung. Sie werden, um einen Begriff von Aleida Assmann zu gebrauchen, zu „traumatischen Orten". Es sind historische Orte massenhafter Gewalt und Tötung, mit denen die „Gedächtnislandschaft" Europas überzogen ist.[32] Solche Orte versperren sich im Gegensatz zu Gedenkorten einer affirmativen Sinnbildung. Nach Assmann zeichnet sich ein traumatischer Ort dadurch aus, dass seine Geschichte nicht erzählbar sei: „Die Erzählung dieser Geschichte ist durch psychischen Druck des Individuums oder soziale Tabus der Gemeinschaft blockiert."[33]

Die traumatischen Orte, die der polnische Schriftsteller nachzeichnet, ergeben eine subjektive *mental map*: Es ist die Gegend am Bug in Podlasie, wo er als Kind und Jugendlicher seine Ferien bei den Großeltern verbrachte und wo die Stationen seiner Jugendreisen angesiedelt waren, unter denen Lublin eine besondere Rolle als ‚Tor zum Osten' zukommt. In die Rückerinnerung an die Kindheit in Podlasie wird die Perspektive des mit Geschichtswissen ausgestatteten Erwachsenen miteinbezogen. Sie trägt zur kritischen Beleuchtung der internalisierten ‚Kindheitsmuster' bei:

> Treblinka befand sich in einer Entfernung von etwa dreißig Kilometer Luftlinie. Den Bug abwärts. Ein Jahr nach dem Abzug der Truppen aus dem Dorf kam der erste Transport ins Lager. [...] Aber ich kann mich nicht erinnern, dass jemand während der abendlichen Sitzungen mit Tanten

32 Aleida Assmann: *Erinnerungsräume. Formen und Wandlungen des kulturellen Gedächtnisses.* München: Beck 2006, S. 339. In dieser Gedächtnislandschaft überlagern sich traumatische Orte, Erinnerungsorte und Generationenorte einer lebendigen jüdischen Tradition „wie die Schriftzüge in einem Palimpsest" (ebd.).

33 Ebd., S. 328–329. Am Beispiel von Auschwitz zeigt Assmann im Folgenden die Vielschichtigkeit und Komplexität eines traumatischen Ortes, die sich auch „durch die Heterogenität der Erinnerungen und Perspektiven" (ebd., S. 329) ergeben.

und Großtanten darüber gesprochen hätte. Über alles wurde gesprochen, über das Leben, über den Tod, über Geister, aber nicht über die Geister der Juden, die der Wind über das Dorf trug. (O 103–104)

Der Erzähler erwägt mögliche alternative Kindheitserinnerungen und spricht ein tabuisiertes Thema an – die Suche nach den Wertsachen der verbrannten Juden und wie sich die Dorfbevölkerung daran bereichert hat: „Die Gehenna lag dreißig Kilometer nordwestlich. Und wenn es hier gewesen wäre? Dann wäre ich mit den Dorfjungen zu den Aschenfeldern gegangen, zu den zugeschütteten Gruben, zu den verwischten Spuren."[34] (O 106) Er stellt sich vor, wie er Asche und Erde durchgesiebt hätte, um Gold zu finden. Ohne den grausamen Anblick von Knochen und Leichen hätten sie kaum Angst gehabt. Das Gold hätte sie magisch angezogen, hätte nachts aus der Erde geleuchtet. Der Massenmord und der Umgang damit wird hier in die Perspektive des Organischen und Mineralen gerückt und die verbliebene Asche in die „geologische Ewigkeit" (O 238) übersetzt. Die sonderbare *meditatio mortis*, ein bei Stasiuk häufig vorkommendes Element von kontemplativem Charakter,[35] schließt das Entsetzen über das fast komplette Verschwinden der Menschen und ihrer Überreste ein:

Denn es liegt ja da und gehört niemandem, in Schichten von Asche, die wie ein uraltes Mineral ist, wie die Geologie: Kalzium, Silizium, Kalium – Elemente und kein Leben. Niemandsgold also, dem Verfall preisgegeben, denn die Erde schlingt es tiefer und tiefer hinunter, auf immer und ewig, und niemand hat etwas davon. Ja. Denn sie sind so sehr verschwunden, als hätte es sie nie gegeben. Rauch und Mineralien. Und wie in der Alchemie – aus dem Sein destilliertes Gold. (O 107)

34 Das Bild korrespondiert mit dem kontroversen Buch *Goldene Ernte* (2011) von Jan Tomasz Gross, zu dessen Problematik Stasiuk in einem Feuilleton Stellung bezogen hat. Vgl. Andrzej Stasiuk: Wir Polen haben die Juden nie beweinen können. In: *Die Welt*, 11.02.2011. http://www.welt.de/kultur/article12502568/Wir-Polen-haben-die-Juden-nie-beweinen-koennen.html (Zugriff am 28.10.2015).

35 Magdalena Horodecka: Wypełnianie przestrzeni. O *Dukli* Andrzeja Stasiuka. In: Barbara Gutkowska / Beata Nowacka (Hrsg.): *Postacie autobiografizmu w literaturze polskiej XX i XXI wieku*. Katowice: Oficyna Wydawnicza 2008, S. 99–124, hier S. 122.

Die (auch im Christentum hervorgehobene) Verwandlung des menschlichen Körpers in Elemente und ihre ironisch angesprochene potentielle ‚alchemistische' Umwandlung in das gesuchte Gold können das Skandalon nicht verschleiern: die Schändung der auf niederträchtige Weise verstreuten menschlichen Überreste, den amoralischen Umgang mit ihnen und das mangelnde Bewusstsein von den begangenen Verbrechen.
An anderer Stelle zeichnet der Erzähler in einer imaginären Rekonstruktion der Vergangenheit die Endphase der Judenvernichtung im östlichen Polen zunächst als eine Schreibtischtat von Odilo Globocnik, dem SS- und Polizeiführer im Lubliner Distrikt des Generalgouvernements, nach, ohne die genauen historiographischen Details, NS-Termini und technische Daten des Massenmords zu verwenden. Die Gründung der Vernichtungslager in Sobibór, Bełżec und Treblinka wird als eine emotionslose kartographische Maßnahme im Zuge der NS-Raumplanung dargestellt, die mit dem Bild der „Leichenkippe" und der Menschenverbrennung kontrastreich in Szene gesetzt wird. Dabei wird die deutsch-nationalistische Sichtweise des östlichen Raums evoziert, der als fremd, entlegen, unbegrenzt und zivilisatorisch unterlegen konnotiert wird und so die brutale Eroberung und Besatzungspolitik gleichsam erforderlich mache:[36]

> Es ist eine Frage des Raums, den es hier im Übermaß gibt. „Der Osten gehört der SS", sagte Himmler und schickte Globocnik, der in der weißen Villa an der Boczna Lubomelskiej mit dem Finger auf die Landkarte tippte und sagte: „Wir bauen hier, hier und hier." Weil Platz gemacht werden

36 Vgl. Karl Schlögels Zusammenfassung von unterschiedlichen Assoziationen der Deutschen über Osteuropa und den ‚deutschen Osten', die als Beispiele von „Landschaften im Kopf" dargestellt werden: „Es ist ein Territorium der Selbstüberhebung und der Angst in einem; dort gibt es keine Grenze, an die man sich anlehnen kann, und dort werden Ostwälle gebaut, die dagegen wappnen sollen, sich im unendlichen Raum zu verlieren. Im Osten kommt vieles zusammen: Ostfront, Ostkrieg, Drang nach Osten, Ostblock. Im Osten liegt die verbrannte Erde. Im Osten liegen die von den Deutschen errichteten Vernichtungslager. Im Osten haben sich die Einsatzkommandos ausgetobt. Im Osten geschah etwas, was es in der zivilisierten Welt bis dahin nicht gegeben hatte. Dort gab es einen anderen Krieg. Dort gab es eine Kriegsgefangenschaft, aus der man vielleicht nie zurückkehrte. Im Osten kam nach allem, was geschehen war, eine jahrhundertealte Kultur zu Ende." (Karl Schlögel: *Im Raume lesen wir die Zeit. Über Zivilisationsgeschichte und Geopolitik*. Frankfurt am Main: Fischer 2006, S. 246–247.)

> musste, weil der Osten ihnen gehören sollte. Denn für den Osten würde sich niemand einsetzen. Weil der Osten immer eine Leichenkippe war. Man konnte sie verbrennen, bis sich an den Scheiben fünf Kilometer weiter das Fett absetzte. Doch niemand wagte es, für sie einzutreten, die Frauen putzten nur wortlos die Fenster. So war es in Bełżec vom Herbst 1942 bis zum Frühjahr 1943. (O 86)

Ins Augenmerk des Erzählers rückt anschließend vor allem die Einstellung seiner Landsleute zu dem Massenverbrechen.[37] Er geht mit der Tabuisierung der Judenvernichtung seitens der polnischen Bevölkerung scharf ins Gericht und erinnert an das konsequente Schweigen über die jüdischen Opfer und ihre grausamen Todesumstände im eigenen Familienkreis und auf der kollektiven Ebene sowie an eine ebenso schweigsame Aneignung ihrer Häuser und ihres Besitzes durch die polnischen Nachbarn. Die Polen hätten den Platz eingenommen, den die SS „erkämpft" habe. Sie seien in „niemandes Häuser" eingetreten und hätten durch „fremde Fenster" geschaut:

> Aber die Orte sind für uns geblieben, nicht für die SS. Wir betraten fremde Häuser und breiteten unsere Sachen im Schrank aus. Wir sagten: „Diese Häuser, diese Schränke gehören niemandem" und legten unsere Sachen hinein. Wir schauten aus fremden Fenstern und hielten das für unseren Ausblick. Wir hatten keine Ahnung, was er verbarg. Doch er verbarg Millionen fremder Blicke, die verkohlt waren, und unsichtbare Asche fiel auf unsere Tage. (O 86)

Stasiuk verortet die Vernichtung der Juden[38] und die (Nicht-)Erinnerung an sie in einer organischen Perspektive: Als Folge der Verbrennung wurden organische und unorganische Elemente freigesetzt,

37 Anlässlich der bereits erwähnten Publikation von Gross hat Stasiuk die geopolitische Strategie des NS-Staates, die Massenmorde und Vernichtungslager in den Osten zu verlegen, als eine „diabolische" Loslösung von Schuld und Sühne charakterisiert: „Der deutsche Plan hatte etwas Diabolisches. Indem sie Polen zum Ort der Vernichtung wählten, wurden die Deutschen die Asche los und konnten sich reinwaschen. Wir, die Hunderte von Jahren mit Juden gelebt haben, leben jetzt mit ihrer Asche, mit ihren Geistern, und das wird so bleiben, bis ans Ende der Welt." (Stasiuk: Wir Polen.)

38 Bezeichnenderweise verwendet Stasiuk kaum etablierte Begriffe des geschichtlichen Diskurses wie ‚der Holocaust' oder ‚die Shoah'.

die in den biochemischen Kreislauf der Elemente eingeschlossen wurden. Der Holocaust wird unter dem Gesichtspunkt der bei der Verbrennung entstandenen Substanzen und Gerüche zur Darstellung gebracht. Das Fett setzte sich an den Fenstern ab, wortlos von den Frauen geputzt (O 86), Reste verbrannter Haare flogen in der Luft (O 104), der unbekannte halb menschliche, halb tierische Geruch „von Schmutz und Tod“ (O 105) zog bei windigem Wetter durch die Dörfer. Diese organischen Spuren werden zu Metonymien des Holocaust. Sie kontaminieren die Landschaft im wörtlichen und im übertragenen Sinne. Der Erzähler erblickt 70 Jahre nach der Shoah an manchen Orten eine ‚postume‘ Landschaft, in der die Erinnerungsspuren an das einstige Leben zwar überall vorhanden sind, aber kaum wahrgenommen werden. Die fehlende Auseinandersetzung wirft einen Schatten auf das Leben der Nachgeborenen, die in einer Landschaft der Verwüstung ohne historisches Bewusstsein leben. So tragen die ehemals jüdischen Häuser und Höfe in der Lubartowskastraße in Lublin noch die Spuren der Vernichtung der jüdischen Lebenswelt und scheinen mit einem Bann belegt zu sein, der ihnen und ihren Bewohnern kein eigenes Leben inmitten der Trümmer und Brandstätten gestattet:

> Es sah aus wie Niemandsland. Als wäre ihm damals, im Frühjahr 1942, der Atem ausgegangen, und es würde über Jahrzehnte hinweg ersticken. Vermodern, sich zersetzen. Keine Kraft mehr. Ich ging und schaute. Abschüssige Innenhöfe. Fenster in fremdes Land. [...] Ein graues Fotoplastikon. Keine Erinnerung außer dem vagen Gefühl, dass da etwas anderes war. Dass dies nicht mehr fremd, aber auch noch nicht das Eigene war. Und keine Ahnung, ob es je das Eigene sein würde. Denn wie kann man etwas übernehmen, das verbrannt und verweht worden ist. Es bleiben nur Reste, vom Tod durchtränkte Häuser, von fettem Rauch durchtränkte Dinge. Das Leben kann hier allenfalls glimmen. Wie eine Flamme ohne Sauerstoff. (O 85)

Die Inszenierung der städtischen Landschaft von Lublin als eines Raums der toten Erinnerung einerseits, das stete Vorhandensein der Kriegsspuren wie auch die Vergegenwärtigung der Kriegsgeschehnisse in der vertrauten Kindheitslandschaft (O 97–99) andererseits speisen die Schreibstrategien des Autors, die seine Auseinandersetzung mit dem Krieg, der Judenvernichtung und deren Verdrängung hervorbringt. Die Reise, die den Erzähler immer weiter in den Osten führt, entwickelt sich zu einer Suche nach einer unschuldigen, ahistorischen Landschaft, die nicht durch menschliche Tätigkeit – und historische Täterschaft – kontaminiert wäre. In der überwältigenden Landschaft von Altan Els, in einer „Landschaft, in der die Zivilisation versickert wie Wasser im Sand" (O 87) und wo einen Sand, Stille und die wenigen nötigsten Gegenstände begleiten, erfährt er beim Anblick des „Vorzeitlichen" den Zeitraum anders:

> Alles existiert, aber die Zeit hat die Gestalt der Luft, die um die Erde kreist, die Kanten der Felsen angreift und Sand von einer Stelle an die andere trägt. Am östlichen Rand der Altan Els. Denn es ist nicht ausgeschlossen, dass mich die Angst vor allem Menschlichen hierher geführt hat. Dass sie mich immer wieder geheißen hat, dorthin zu reisen, wo das Menschliche schwindet und nicht vom Grauen unterwandert ist. Von der Lubartowska an den Rand der Altan Els, wo man unter der Erde, zwischen den jahrhundertealten Schichten des Sandes, nur Tierknochen finden kann. Keine Asche, keine Fuhren von Leichen. (O 87–88)

Die Befreiung von der bedrohlich und gewalttätig konnotierten Geschichte findet er erst dort, wo der Rhythmus des Lebens und Überlebens nur durch die Naturgeschichte bestimmt wird. Zur Exemplifikation der Naturprozesse dient ihm das wiederkehrende Motiv der Leichenbestattung und der natürlichen Zersetzung der Leichen in der rauen Natur. Es ist eine Landschaft, für die Knochen ein natürlicher Bestandteil sind, der in den Kreislauf der Materie integriert wird.

> Das ist ein Land der Knochen, daran muss man sich gewöhnen. Überall liegen sie. In der Steppe, an der Straße, in Siedlungen, in Städten. [...] Knochen. Auch an Dutzenden von anderen Orten. Manchmal mit Resten von rötlichem oder grauem Fell. Manchmal ans Ufer der Steppenflüsse geworfen. Aber immer gereinigt, ohne eine Spur von Gewebe, geruchlos, mineralisch und glatt. Man konnte sich vorstellen, dass sie sich seit Jahrtausenden in der Erde ablagern, Schicht für Schicht, zusammen mit Gräsern, zusammen mit der Jahr um Jahr sterbenden Flora. Dass wir über einen großen Friedhof gehen. Über ein Gräberfeld alles Lebendigen. (O 243–244)

Stasiuk erzählt die Gegenwart immer wieder durch die Erfahrungen der fernen und nahen Vergangenheit, wobei er das Betrachtete häufig in einer mythisierenden oder biblisch anmutenden Weise ästhetisch in Szene setzt. Durch zahlreiche ausdrucksstarke Metaphern, eine stellenweise schockierende Gegenüberstellung von Hohem und Niederem, Physiologie und Seele, *sacrum* und *profanum* erzielt der Schriftsteller eine sehr intensive und äußerst subjektive Darstellung des Raums. Als Beispiel seiner auf Kontrasten aufgebauten Erzählstrategie sei folgende Textstelle zitiert:

> All das stelle ich mir vor. Im Reich der Kindheit, im Reich der Unschuld. Im Osten, rechts von der Weichsel. In der Vorhölle. Auf der Müllhalde menschlicher Reste. In der Finsternis des Kontinents. Man kann sich nicht lösen von dieser Gegend, die wie ein Schichtkuchen aus Fleisch, Blut und Knochen ist. Aus dieser mit DNA getränkten Erde. (O 109)

Die kindliche Unschuld des Erzählers und das nachträgliche historische Wissen um die Gräueltaten werden in seiner Vorstellung einander entgegengestellt. Das Tertium comparationis des Vergleichs ist die Landschaft am Bug, die als das kindliche „Reich der Unschuld" einen magischen Raum voll von Geheimnissen und stärksten sinnlichen Erlebnissen darstellt und die dann vom Erwachsenen als „Vorhölle" und „Müllhalde menschlicher Reste" wahrgenommen wird. Auch hier wird aus einem *locus amoenus* ein *locus horribilis*, der, ausgedrückt mit der prägnanten physiologischen Metapher eines „Schichtkuchen[s] aus Fleisch, Blut und Knochen", seine ambivalente Wirkung zwischen Anziehung und Schrecken entwickelt. Das Bestreben, die Landschaft geistig zu durchdringen und so die Welt zu erkennen, sie konkret und metaphorisch zu durchmessen, ist indessen typisch für Stasiuks Prosa. Magdalena Horodecka beschreibt seine Darstellungstechnik als eine Multiplizierung des Raums durch gedankliche Fortbewegung in Erinnerungen oder in der Vorstellungskraft, was den Eindruck einer erzählerischen Simultaneität erweckt. Diese literarische Darstellungsweise des Raums bezeichnet sie als eine „Interiorisierung" desselben:

> [Z]uerst spiegelt der Erzähler die Wirklichkeit im Geist wie in einem Spiegel wider (der Ausdruck davon, dessen narratives Echo sind die schon erwähnten sehr detaillierten Beschreibungen), um sogleich die wahrgenommene Welt zu multiplizieren und im Prozess einer intellektuellen, imaginären und zugleich literarischen „Verarbeitung“ zu verwandeln.[39]

Fazit

Die kontaminierten Landschaften bilden eine befremdende Störung in der ästhetischen Betrachtung des Raums. Es handelt sich dabei um keinen fiktionalen literarischen Raum, sondern um wirkliche, außerliterarische Landschaften, die als Geschichtsraum und als traumatische Orte betrachtet werden. Die polnischen Landschaften werden durch die Spuren des Genozids an den europäischen Juden als traumatische *lieux de mémoire*, aber auch als persönliche *lieux de souvenir* wahrgenommen.[40] Hanna Kralls lakonisches, poetisches Dokumentationsverfahren und Andrzej Stasiuks organisch-naturgeschichtliche Darstellung repräsentieren unterschiedliche literarische Versuche der Erinnerung an die virulenten Ereignisse der Vergangenheit. Krall schildert mit topographischer Detailtreue die Verwurzelung der Juden in den polnischen Landschaften sowie die Entwurzelung und Verstreuung der wenigen Überlebenden. Stasiuk bevorzugt eine epische, weit ausholend imaginierende Narration über die historischen und gesellschaftlichen Umbrüche und Erschütterungen, die den östlichen Raum markieren. Anders als Krall registriert er nicht akribisch genau die osteuropäischen Orte und Landschaften, sondern betrachtet die Landschaft in einer breiten Perspektive.

39 Horodecka: Wypełnianie przestrzeni, S. 110 (Übers. A. P.).

40 Aleida Assmann spricht von persönlichen „lieux de souvenir“, die den individuellen Erinnerungsrahmen prägen und darüber hinaus auch das kulturelle Gedächtnis mitgestalten: „Menschen lagern ihre Erinnerung nicht nur in Zeichen und Gegenstände aus, sondern auch in Orte, in Zimmer, Innenhöfe, Städte, öffentliche Plätze und Landschaften. [...] Solche Orte, die für eine individuelle Lebensgeschichte bedeutsam sind, haben wir als ‚lieux de souvenir‘ von den ‚lieux de mémoire‘ abgesetzt [...]. Das kulturelle Gedächtnis, das für die Zukunft gesichert ist, ruht nicht nur in den Bibliotheken, Museen und Archiven, es ist auch in Orten verankert.“ (Aleida Assmann: *Der lange Schatten der Vergangenheit. Erinnerungskultur und Geschichtspolitik*. München: Beck 2006, S. 217.)

Hanna Krall zeichnet in ihren literarischen Reportagen die *fremde* Erinnerung der Überlebenden auf, die die Auslöschung der jüdischen Lebenswelt und der Erinnerung daran trotzig konterkariert. Die von Pollack postulierte Wiedergabe der Identität der Opfer entspricht der Erzählabsicht der Reporterin, den ‚anonymen' ermordeten Juden Individualität zu verleihen. Zu diesem Zweck fügt sie in den Erzählvorgang Namen, Spitznamen und charakteristische Details ein. Andrzej Stasiuk schreibt dagegen konsequent an seinem raum- und ichbezogenen Entwurf einer privaten imaginären Geographie weiter. Er unternimmt in seinem subjektiven Reisebuch die Exploration des östlichen Raums und der *eigenen* Erinnerung. Auf die Beschreibung der durch beide totalitäre Regime und ihre Ideologien verursachten Verwüstungen der osteuropäischen Landschaft folgt eine prophetische Zukunftsvision, die eine neue Wirtschaftsmacht des Ostens verkündet: China. Als Flucht(t)raum vor der Geschichte und der heutigen Konsumwelt fungiert die östlichste Wüste der Erde, wo allein die Natur ihre Gesetze diktiert.

Johannes Kleine (Berlin)

Jan Faktor und Georgs Sorgen um die Grenzen Mitteleuropas in seiner Wohnung

Jan Faktor als Grenzgänger

Der 1951 in Prag geborene und seit den späten 1970er Jahren in Berlin lebende Schriftsteller Jan Faktor hat als tschechischer Dichter zu schreiben begonnen und arbeitet heute in deutscher Sprache. Dennoch kommt er in der germanistischen Gegenwartsliteraturforschung, die ein großes Interesse an grenzüberwindenden Autorinnen und Autoren nichtdeutscher Muttersprache hat, verhältnismäßig selten vor. Dabei ist er nicht nur wegen seiner außergewöhnlichen Sprach- und Übersetzungsreflektionen interessant, sondern gehört auch zu jenen Autorinnen und Autoren wie Vladimir Vertlib, Katja Petrowskaja oder Artur Becker, über die ein Mitteleuropadiskurs in den Fokus der Germanistik zurückkehrte.[1] Beide Forschungsgebiete – die Migrationsliteratur- wie die Mitteleuropaforschung – prägt ein ausgesprochenes Interesse für Grenzen.[2] Das zeigt allein der Output der früh auf die Mitteleuropaforschung spezialisierten

1 Vgl. zum Mitteleuropadiskurs Karl Esselborn: Neue Zugänge zur inter-/transkulturellen deutschsprachigen Literatur. In: Helmut Schmitz (Hrsg.): *Von der nationalen zur internationalen Kultur.* Amsterdam: Rodopi 2009, S. 43–58; Norbert Wichard: Mitteleuropäische Blickrichtungen. Geschichtsdarstellungen bei Saša Stanišić und Jan Faktor. In: *Aussiger Beiträge* 6 (2012), S. 159–175.

2 Vgl. etwa Eva Geulen / Stephan Kraft (Hrsg.): *Grenzen im Raum – Grenzen in der Literatur.* Berlin: Schmidt 2010; Helga Mittelbauer: Migration – Mobilität – Moderne. Das kreative Potential (nicht-)Wiener AutorInnen im Fin de Siècle. In: Dies. / Werner Wintersteiner (Hrsg.): *Und (k)ein Wort Deutsch ... Literaturen der Minderheiten und MigrantInnen in Österreich.* Innsbruck: StudienVerlag 2009,

Einrichtungen insbesondere in Österreich.[3] Eine Analyse von Jan Faktors Opus magnum von 2010, dem Roman *Georgs Sorgen um die Vergangenheit oder Im Reich des heiligen Hodensackbimbams von Prag*, wird zeigen, dass Mitteleuropas Grenzen bei Faktor poetologisch und historisch-reflexiv gleich mehrfach eine bedeutende Rolle spielen, seine Texte also sowohl die Grenzen literaturwissenschaftlicher Forschungsgebiete transzendieren als auch traditionelle Verweisräume auf die Kultur Kakaniens in Frage stellen, das als idealer, Nationalgrenzen überwindender Ideenraum häufig verklärt wird. Weiterhin reflektieren Faktors bisher erschienene Romane auf ungewöhnliche Art die deutsch-jüdische Geschichte und ihre Verarbeitung.[4] Faktors Karriere, die hier wegen des autofiktionalen Charakters[5] seines großen Romans kurz skizziert wird, zeigt eine Entwicklung vom ästhetischen Form- zum literarischen Raumexperiment, wobei seine Literatur unabhängig vom Genre stets nach formalen und semantischen Grenzüberschreitungen sucht.

S. 47–63; Monika Straňáková: *Literarische Grenzüberschreitungen. Fremdheits- und Europadiskurs in den Werken von Barbara Frischmuth, Dževad Karahasan und Zafer Şenocak*. Tübingen: Stauffenburg 2009, insb. S. 29–54.

3 Am wichtigsten sind sicherlich der Spezialforschungsbereich „Moderne" an der Karl-Franzens-Universität Graz, der bis 2005 zahlreiche Publikationen zum Thema vorlegen konnte, vgl. Moritz Csáky: Zehn Jahre SFB Moderne. Ein Bericht. In: *Newsletter Moderne* 7,2 (2004), S. 2–10; ausgehend vom Titel des Buches Wolfgang Müller-Funk / Peter Plener / Clemens Ruthner (Hrsg.): *Kakanien revisited. Das Eigene und das Fremde (in) der österreichischen Literatur*. Tübingen: Francke 2002, wurde diese Arbeit seitdem an der Universität Wien, vor allem aber im Internet unter http://www.kakanien.ac.at weitergeführt. Das MitteleuropaZentrum für Staats-, Wirtschafts- und Kulturwissenschaften an der TU Dresden publiziert ebenfalls sowohl zu mitteleuropaspezifischen als auch zu transkulturellen und die Migrationsliteratur betreffenden Themen.

4 Neben dem hier besprochenen Roman reflektiert Faktor über Spezifika jüdischer Geschichts- und Traumaverarbeitung in seinem Roman *Schornstein*. Köln: Kiepenheuer & Witsch 2006. Es gibt nur sehr wenige Forschungsarbeiten, die Faktors Texte eindeutig in den Kontext der deutsch-jüdischen Literatur stellen, etwa Sibylle Goepper: La judéité dans les romans de Barbara Honigmann et Jan Faktor: tabou dépassé, identité refondée. In: *Témoigner. Entre histoire et mémoire. Revue pluridisciplinaire de la fondation Auschwitz* 113 (2012): Sonderband *Les tabous de l'histoire allemande*, S. 88–98.

5 Zur Fiktionalität vgl. ausführlich Charel Braconnier: „Die Vergangenheit gärte und blubberte bei uns hinter jeder Tür und jedem Vorhang." Prager Geschichte(n) und Erinnerung in Jan Faktors „Georgs Sorgen um die Vergangenheit". In: *Zagreber Germanistische Beiträge* 21 (2012), S. 221–243.

Faktor ist der Sohn einer Redakteurin in der Auslandsabteilung der für die intellektuelle Vorbereitung des Prager Frühlings maßgeblichen Literaturzeitschrift *Literární noviny*. Die Wohnung der Familie war ein Treffpunkt der Prager Intelligenz; Ludvík Vaculík und Antonín Liehm, Eduard Goldstücker und Jiří Gruša häufige Gäste. Gesprochen wurde Tschechisch, auch wenn das Deutsche in diesem jüdischen Haushalt als „Geheimsprache der Großmutter" zuweilen zu hören war.[6] Faktor beginnt früh, sich für die Tradition des unpolitischen tschechischen Poetismus zu interessieren,[7] den er später im deutschsprachigen Raum zu popularisieren hilft. In der bedrückenden Atmosphäre nach der Niederschlagung des Prager Frühlings versucht sich Faktor noch an recht konventionellen Kurzgeschichten, um danach mit diesem Stil radikal zu brechen und hermetische Lyrik zu schreiben. Er studiert ‚Datenverarbeitung', bricht nach drei Semestern wegen der unerträglichen Angepasstheit vieler Kommilitonen in der „bedrückenden Nach-68er-Situation"[8] sein Studium ab und verdingt sich in einer Berghütte in der Hohen Tatra, bevor er die dort entstandenen ersten Kurzgeschichten verwirft und nach Prag zurückkehrt. Später berichtet er vor allem von seiner Zeit als Administrator eines Großrechners in den 1970er Jahren, weil dessen Programmierung ihm so viel Kreativität abverlangt habe, dass der Wunsch nach literarischer Autorschaft verflogen sei.[9] 1977 heiratet er die Tochter der Schriftsteller Christa und Gerhard Wolf, die Psychotherapeutin Annette Simon – beide Familien verband eine auf die frühen 1960er Jahre zurückgehende Freundschaft – und siedelt nach Ost-Berlin über. Neben Gelegenheitsjobs in Kindergärten und

6 Jan Faktor: Notizen zu meiner Zweisprachigkeit. In: Ders. / Annette Simon: *Fremd im eigenen Land?* Gießen: Psychosozial 2000, S. 85–94, hier S. 93.

7 Der Poetismus bezeichnet eine spezifisch tschechische Lyrikavantgarde ab Anfang der 1920er Jahre um Autoren wie Karel Teige, Vítězslav Nezval und Jaroslav Seifert. Jan Faktor machte sich auch um die Übersetzung von Poetismus-Texten ins Deutsche verdient. Vgl. seine sechs Nachdichtungen aus dem Tschechischen in: *Auf den Wellen von TSF. Gedichte*. Nachdichtungen von Friedrich Achleitner / H. C. Artmann / Jan Faktor / Gerhard Rühm / Peter Weibel. Wien: Hora 1985, S. 15, 29, 42–43, 57, 65; Vítězslav Nezval: *Aus meinem Leben*, aus d. Tschech. v. Eckhard Thiele. Nachdichtung v. Annette Simon / Jan Faktor, hrsg. v. Hildegund Runge. Leipzig: Reclam 1988.

8 Jan Faktor: Minsk 32 – my love. Ein Computer-Aussteiger aus den 70er Jahren packt aus. In: *Frankfurter Rundschau*, 24.06.2000.

9 Vgl. ebd.

seiner langjährigen Arbeit als Schlosser experimentiert Faktor literarisch und sucht dabei Kontakt zur ‚Underground'-Literaturszene, die später unter dem Namen Prenzlauer-Berg-Szene subsummiert wird. Damit schreibt er sich also in eine zweite intellektuelle Tradition ein. Auch beginnt er, als Übersetzer zu arbeiten. Nach 1989 und der Aufdeckung der Tatsache, dass die vermeintlich subversive Literatur-Szene am Prenzlauer Berg in weiten Teilen IM-unterwandert war, verfasst Faktor sogar den Bericht über das literarische Leben für die Enquete-Kommission des Bundestages zur Aufarbeitung der Stasi-Verbrechen, kann also als Chronist der Prenzlauer-Berg-Szene gelten.[10] In diesen Aufzeichnungen wird einerseits deutlich, dass die DDR-Kultur entgegen ihrer eigenen Wahrnehmung häufig viel freier war als die Szenen in Prag, Brünn und Bratislava, und andererseits, dass die dezidiert unpolitische Haltung der Szene durch von der Stasi instruierte Initiatoren wie Sascha Anderson gleichsam oktroyiert wurde.

Obwohl seit Mitte der 1980er Jahre, insbesondere nach dem Zerwürfnis mit Anderson 1986/87, nicht mehr als Protagonist der Szene wahrgenommen, begann Faktor seine literarische Karriere also im Kreis um Autoren wie Bert Papenfuß und Stefan Döring und veröffentlichte dementsprechend in kleinen, unabhängigen und oft im Selbstverlag hergestellten Zeitschriften wie *und*, *ariadnefabrik*, *SCHADEN* oder *Mikado*. Dies war für Faktor eine Zeit der Suche nach radikal neuen Ausdrucksformen: Experimentelle Lyrik und Kurzprosatexte bedienen sich bei der konkreten Poesie, Faktors technisch-korpuslinguistische Herangehensweise an Texte, die Tendenz zu Serialität und Kodierungen sowie sein stetes Reflektieren des Herstellungsprozesses der Werke resultieren in einer Vielzahl heterogener Schriften, die verstreut erscheinen.[11] Seine Lyrik scheint

10 Jan Faktor: Brüche und Abgrenzungstendenzen unter den jungen Oppositionellen in der DDR. Brüche und Abgrenzungstendenzen in der alternativen Kultur. Verdeckte Brüche, Verrat und die Konsequenzen. In: Deutscher Bundestag (Hrsg.): *Materialien der Enquete-Kommission ‚Aufarbeitung von Geschichte und Folgen der SED-Diktatur in Deutschland. (12. Wahlperiode des Deutschen Bundestags)*, Bd. III: Rolle und Bedeutung der Ideologie, integrativer Faktoren und disziplinierender Praktiken in Staat und Gesellschaft der DDR. Baden-Baden: Nomos 1995, S. 826–851.

11 Etwa auch in der Furore machenden, da im Osten nicht erscheinenden Anthologie Elke Erb / Sascha Anderson (Hrsg.): *Berührung ist nur eine Randerscheinung*. Köln: Kiepenheuer & Witsch 1985; einige in unabhängigen Zeitschriften

die Grenzen zwischen Programmiersprache, linguistischer Studie und Poesie aufzuheben. Damit steht Faktor paradigmatisch für die Behauptung, „Entgrenzung“ sei in den 1980ern der DDR, wie Karen Leeder in einer großen Studie feststellt, die überhaupt wichtigste literarische Geste gewesen.[12]

1988 taucht im Werk mit *Georgs Sorgen um die Zukunft* erstmals prominent Georg auf, der seit Anfang der 1980er Jahre Faktors literarisches Alter Ego geworden ist: „Ich [...] hatte irgendwann keine Lust mehr, immer neue Namen zu verwenden. Dann habe ich mich für ‚Georg‘ entschieden. Ich kann mich sehr gut hinter ihm verstecken“, meint Faktor in einem Interview.[13] Die Figur war bereits 1982 entstanden.[14] Später begann der Autor, ihr eine Kindheit in Prag zuzuschreiben. Im Gegensatz zum als barock-übersprudelnd beschriebenen Duktus des Romans von 2010[15] stand in den 1980er Jahren die

erschienene Texte sammelt die Anthologie Klaus Michael / Thomas Wohlfahrt (Hrsg.): *Vogel oder Käfig sein. Kunst und Literatur aus unabhängigen Zeitschriften in der DDR 1979–1989*. Berlin: Galrev 1991. 1990 gründen Christa und Gerhard Wolf den Verlag Janus press in Berlin, in dem fortan einige Werke Faktors erscheinen, die vorher meist verstreut erschienen sind und hier in überarbeiteten Versionen gebündelt werden: *Henry's Jupitergestik in der Blutlache Nr. 3 und andere positive Texte aus dem Dichtergarten des Grauens* erscheint 1991, *Körpertexte* 1993, *Die Leute trinken zuviel, kommen gleich mit Flaschen an oder melden sich gar nicht oder Georgs Abschiede und Atempausen nach dem verhinderten Werdegang zum Arrogator eines Literaturstoßtrupps* 1995.

12 Karen Leeder: *Breaking Boundaries. A New Generation of Poets in the GDR*. Oxford: Clarendon 1996, S. 5: „'Entgrenzung', the breaking of boundaries and taboos, the vagabond expedition into the Unknown, is the most significant literal and metaphorical gesture of the 1980s.“

13 Interview mit radioeins, 03.10.2010. http://www.radioeins.de/archiv/buecher/2010/0129.html (Zugriff am 08.12.2010; 2017 ist der Link nicht mehr verfügbar).

14 Jan Faktor: *Georgs Sorgen um die Zukunft*, hrsg. v. Karl Riha / Siegfried J. Schmidt. Siegen: Gesamthochschule 1988, S. 28. Zur sprachkritischen seriellen Lyrik Faktors und insbesondere zum Langgedicht *Georgs Sorgen um die Zukunft* vgl. Anna Horakova: Producing a Future, Commemorating a Past: Jan Faktor and the Avantgardes. In: *German Life and Letters* 68,2 (2015), S. 284–301. Horakova hat 2016 ihre Arbeit an einer Dissertation über experimentelle DDR-Literatur der 1980er Jahre abgeschlossen, die zeigen soll, wie Faktors Architekturbeschreibungen in *Georgs Sorgen um die Vergangenheit* Boris Groys' These stützen, Diskurse des russischen Konstruktivismus überdauerten die politischen Erschütterungen der Erzählzeit des Romans.

15 Vgl. Ulrike Baureithel: Allein unter Frauen. In: *Der Tagesspiegel*, 17.03.2010; Felicitas von Lovenberg: Als ich lernte, die Bomben zu lieben. In: *Frankfurter Allgemeine Zeitung*, 29.05.2010.

artistische Suche nach einer allseits reduzierten Sprache im Mittelpunkt von Faktors Bemühungen:

> Die semantische Sprachkritik bei Papenfuß, Döring, Lorek, Faktor, Anderson und Koziol inszeniert aus den kleinsten Sinneinheiten ein *Coming-out der Bedeutungen,* wobei *die einzelnen Bedeutungsbruchstücke zu semantischen Kernen* [*werden*], *um die sich Aussageketten gruppieren.*[16]

Politik und engagierte Einmischung spielten also damals keine große Rolle.[17] Der Ästhetizismus wird jedoch in kritischen Texten, die den Literaturbetrieb auch der unabhängigen Szene mit großem ironischen Abstand betrachten, gebrochen (etwa im „Selbstbesudelungsmanifest fünf tapferer Literaturrevoluzzer" in *Henry's Jupitergestik*).[18] Das trifft auch auf die polemische Deklamation einer neuen „Trivialpoesie" zu. Ihr legt Faktor eine Poetologie mit sarkastischen Bezügen zur Gegenwartsliteratur zugrunde, die vor allem mit dem Genie- und Unmittelbarkeitskult bricht und Kunst als Interdiskurs begreift.[19] Faktor beginnt also, in deutscher Sprache zu schreiben, indem er mit konkreter und linearer Poesie experimentiert. Er schreibt Wortlisten und absurde Sonette, seine seitenlangen Wortpermutationen sind abstrakte Lyrik und damit Präsenz- und Präsens-fixiert, während seine späteren, etwas esoterischen Manifeste der apolitischen Kunst ausdrücklich zukunftsgerichtete Texte sind. Das Alter Ego Georg sorgte sich demnach nur um die Zukunft und Gegenwart und mäandert durch den DDR-Samisdat. In späteren Interviews macht Faktor deutlich, warum er sich so radikal um Sprachdekonstruktion und die Abwendung von politischen Inhalten bemühte: Die totalitäre

16 Alison Lewis: *Die Kunst des Verrats. Der Prenzlauer Berg und die Staatssicherheit.* Würzburg: Königshausen & Neumann 2003, S. 37 (Herv. i. Orig.).

17 Seine eigene Haltung in den 1970er Jahren als äußerst politisiert beschreibend, meint Klaus Michael stellvertretend für seine literarischen Mitstreiter über das Folgejahrzehnt: „I didn't think that politicization was the right thing artistically." (Interview mit Klaus Michael. In: Robert von Hallberg (Hrsg.): *Literary Intellectuals and the Dissolution of the State. Professionalism and Conformity in the GDR*, aus d. Dt. v. Kenneth J. Northcott. Chicago: University of Chicago Press 1996, S. 313–314, hier S. 314.)

18 Jan Faktor: Das Selbstbesudelungsmanifest fünf tapferer Literaturrevoluzzer, wie es die Zeit verlangt. In: Ders.: *Henry's Jupitergestik*, S. 39–77.

19 Ebd.

Einmischung des Staates in alle Lebensbereiche kulminiere in der Übernahme der Sprache, in ihrer Deformation und letztlich im Eindringen in das Bewusstsein der Sprecher.[20] Bevor er im Roman von 2010 über kulturelle und politische Grenzverläufe reflektiert, arbeitet er sich in einem Großteil seiner frühen Literatur an der politisch gerichteten Manifestierung einer Grenzziehung in der Sprache ab. Die Entwicklung des Tschechischen zu einer, wie Faktor sagt, synthetischen Kunstsprache habe ihn zu einer literarischen Re-Isolierung kleinster semantischer Einheiten und deren Neukonfiguration gedrängt.[21] Mit Titeln wie *Der unerbittliche Kampf des Graphen von Steno* oder *Brandneue Möglichkeiten des deutschen Genitivs mithilfe des stimmhaften ‚f'* betreibt Faktor diese referenzlose Poesie der Gegenwart.[22] Alle Texte seit Mitte der 1980er Jahre erschienen indes mit dem abschließenden Hinweis: „An Georgs Vergangenheit wird gearbeitet."

Grenzen und Grenzüberschreitungen in *Georgs Sorgen um die Vergangenheit*

Dass er eben auch ein Chronist jener literarisch-kulturellen Imagination ist, die wir Mitteleuropa nennen, stellt sich erst heraus, als Jan Faktor Georgs Vergangenheit tatsächlich präsentiert. Dies geschieht 2010 in Form eines überbordenden Romans von über 600 Seiten mit dem oben genannten langen Titel. Der Roman ist eine Mischung aus einer Picaro-Biographie mit grotesk übertriebenen Motiven, insbesondere im sexuellen Bereich, und der Coming-of-Age-Novel eines späteren Intellektuellen. Gängige historiographische Denkfiguren vom grenzüberwindenden Vielvölker-Kakanien persifliert Faktor darin ebenso wie andere Stereotype über den Raum, den sein Roman beschreibt und der von der Hohen Tatra bis nach Görlitz reicht. Der

20 Vgl. ebd., S. 61.

21 Jan Faktor: *Georgs Sorgen um die Vergangenheit oder Im Reich des heiligen Hodensack-Bimbams von Prag*. Köln: Kiepenheuer & Witsch 2010, S. 521.

22 Tatsächlich sind beide Texte nie erschienen, vielmehr tauchen sie im Inhaltsverzeichnis von Faktors *Henry's Jupitergestik* von 1991 auf, das mit dem tatsächlichen Inhalt des Buchs nur mittelbar zu tun hat, weil die falschen Titel die Texte gleichsam kommentieren; die eigentlichen Texte haben andere Titel.

durchgängige Ich-Erzähler erinnert sich an seine Kindheit, wobei Faktors Lust zu Neologismen auch in der Prosa deutlich wird:

> Meine Aushärtung und Aussturung könnte man eventuell auch mit meinem politischen Dasein im Zentrum Europas erklären, das künstlich ein sowjetisch-asiatisches Flair verpaßt bekommen hatte – könnte man sozusagen auf die Auswirkungen meines tektonisch unsicheren Standorts zurückführen, eines Standorts am Kontinentalriß zwischen Orient und Okzident, wer weiß. [...] Vielleicht treffe ich diesen Sachverhalt mit der folgenden Formulierung: Da ich im Schoß des Sowjetreiches wie gefangen war und dauerhaft mit einer Mentalität konfrontiert wurde, die durch mongolische Unterjochung, zaristisch-animaloide Menschenhaltung und leninistisch-stalinistische Massenschlachterei geprägt war, mußte ich – um mein historisch entrücktes und eher nach k.-k.-Gemütlichkeit gierendes Seelchen zu retten – mit eigensinniger Ironie arbeiten, mußte im Leben Brechstangengewalt anwenden, Brechmittel einsetzen, mit Stilbrüchen provozieren lernen.[23]

Hier wird der Halbasientopos von Karl Emil Franzos sozusagen rückwirkend wiedereingeführt, weil mit dem Einmarsch der sowjetischen Truppen 1968 dann tatsächlich halb Asien in Böhmen anzutreffen gewesen sei.[24] Faktor lässt seinen Ich-Erzähler Georg in einen Roman hineinwachsen, der die Grenzen Mitteleuropas auf mehreren Ebenen reflektiert – hier insbesondere das Gebiet des ehemaligen k.u.k.-Reichs und der ČSSR zur Erzählzeit des Buches von Mitte der 1950er bis Ende der 1970er Jahre. Gleichzeitig entrückt die Idee, ganz Mitteleuropa sei eine große Grenze zwischen West und Ost, den Raum in einen Übergangs- oder Versuchsstatus, in dem sich die Regeln jederzeit ändern können und die Menschen wie in einer Grenzsituation mit bürokratischem Popanz und unter Ausnutzung aller autoritären

23 Faktor: *Georgs Sorgen um die Vergangenheit*, S. 212.

24 *Aus Halb-Asien* ist der Titel einer sehr populären Sammlung von zuvor in der *Neuen Freien Presse* erschienenen Reisereportagen vor allem aus dem Osten des Habsburgerreichs, geschrieben vom Feuilletonautor Karl Emil Franzos, erstmals verlegt 1876 mit dem Untertitel *Kulturbilder aus Galizien, der Bukovina, Südrußland und Rumänien* (Stuttgart: Adolf Bonz & Comp.). Titel und Duktus machen das Werk zu einem Paradebeispiel für das literarische Othering dieser Zeit, vgl. Paula Giersch: *Für die Juden, gegen den Osten? Umcodierungen im Werk Karl Emil Franzos' (1848–1904)*. Berlin: Frank & Timme 2014, insb. S. 131–201.

Mittel zu gehorsamen, den Ablauf der Dinge nie ganz überblickenden Subjekten werden.

Wichtig ist die doppelte Raumzeitkonstruktion des Romans. Die Familie des Ich-Erzählers lebt einerseits sehr bewusst im Jetzt, da die Mutter als eine Art moderne Rahel Varnhagen die Protagonisten des tschechoslowakischen Geistes- und Kulturlebens zusammenführt und selbst in die Geschehnisse des Prager Frühlings involviert ist. Außerdem ist Georg über seinen Vater, einen Stasimajor, über die Lage des Staates und den Zynismus seiner Amtsträger wohl informiert. Anderseits leben die meisten Familienmitglieder, fast alles Auschwitz-Überlebende, die zahlreiche vor allem männliche Verwandte in der Shoah verloren haben, in einer ‚Parallel-Vergangenheit':

> Lächelnd oder sogar strahlend wurde bei uns selbstverständlich auch über die Umgebrachten gesprochen. Außerdem war es überhaupt nicht wichtig, ob die einzelnen Unglücke fünfzig, dreißig oder erst zwei Jahre zurücklagen. Die dazugehörigen historischen Daten, Gesellschaftsordnungen, Kriegs- und Friedenszeiten wurden dauernd durcheinandergebracht [...].[25]

Dabei bindet Faktor in diesem Roman seine bisherigen poetischen Versuche mit ein. Erstens ist der intellektuelle Hintergrund, die literarisch-kulturelle Vergangenheit, die der Roman aufruft, immer ganz selbstverständlich transkulturell und mehrsprachig, da die Verwandtschaft sich nicht nur auf Tschechisch, sondern auch auf Ungarisch, Slowakisch und Wienerisch streiten kann. Weil manche der Tanten und Großtanten ausgerechnet Tschechisch nur mangelhaft beherrschten, schreibt Georg, er habe als Kind gedacht, das sei bei Damen ein üblicher Nebeneffekt des Alterns.[26]

Zweitens werden die Sprachkritik und Sprachdekonstruktion, die Faktor in den 1970er und 1980er Jahren lyrisch beschäftigt haben, im Roman durch die Figur Georgs legitimiert: Da der staatliche Rundfunk begonnen habe, sich über die Sprache auch noch der letzten Freiräume der Gesellschaft zu bemächtigen, sei der Literatur nichts anderes geblieben, als ihr eigenes Material radikal zu rekonstituieren und auf die verbliebenen Möglichkeiten von Ermächtigung hin

25 Faktor: *Georgs Sorgen um die Vergangenheit*, S. 177.

26 Ebd., S. 15.

abzuklopfen. Über den Rundfunk und öffentliche Ansagen wie in der U-Bahn würde die Sprache langsam immer melodiöser und sinnwidrig akzentuierter. Diese Kunstsprache führe zu einer Verniedlichung der tschechoslowakischen Staatssubjekte. Der offiziell als ‚Netter Ton' bezeichnete Sprachstil solle die Staatssubjekte qua Diminutivverwendung infantilisieren. Georg beschreibt diesen Vorgang als letztes Engerziehen jener Grenzen, die das Leben und Wirken der Intellektuellen im Verlauf des Romans immer mehr erschweren.[27] Gleichzeitig überschreibt der Staat kulturell wirkmächtige Diskurse, etwa indem der Tag der Erinnerung an die Staatsgründung durch Tomáš Garrigue Masaryk 1918 einfach zum *Tag der Verstaatlichung der tschechischen Wirtschaft* erklärt wird.[28]

Dem Text sind zwei Bewegungen eingeschrieben: Während die politisch-kulturellen Verhältnisse immer einengender werden, mit zwei Schüben nach dem Prager Frühling und der Charta '77, werden Georgs individuelle Kreise und Ausbruchversuche immer weitgreifender. Gleichzeitig ist die verwinkelte, ehemals großbürgerliche Wohnung in Prag Reflexionsraum der gesellschaftlich wirkenden Diskurse und Treffpunkt des literarischen Intertexts, der die kulturelle habsburgische Tiefenschicht aufruft. Die Kindheit des Helden, und als Held wird das umsorgte einzige Kind in dieser Familie aus sonst viel älteren Verwandten aufgezogen, beginnt in der Wohnung. Der Text beschreibt dann das unmittelbare Viertel, danach systematisch die Stadt, das Umland, später die Grenzräume der ČSSR, überwindet im letzten Drittel in einer Art Odyssee durch den Südosten der DDR auch die Staatsgrenzen, um im globalen Dorf der Rahmengeschichte zu enden, in der Georg mit Japan telefoniert.

Zuerst zur Wohnung. Dieses Refugium bildungsbürgerlicher Gedankenweite ist Schauplatz des erwähnten mehrschichtigen Zeit-Bewusstseins seiner Bewohner. Diese sind ebenso runde Charaktere voller Ambivalenzen und Wandlungen wie die Wohnung selbst polyvalent und wandelbar ist. Denn die Wände sind voller Durchbrüche, die großen Zimmer durch verschiebbare Schränke, Platten und Provisorien in kleinere Einheiten unterteilt, die sich stetig wandeln.

27 Faktor: *Georgs Sorgen um die Vergangenheit*, S. 521; Faktors Figur nennt diese Sprache hier eine „Kunstsprache", das „SYNTHETISCHE Neu-Tschechisch".
28 Ebd., S. 615.

Außerdem ist die Tür der Wohnung, die nach 1945 von einem geflüchteten deutschen Apotheker mitsamt Besteck, Bettwäsche und Möbeln übernommen wurde, immer offen, und die Zimmer sind mit Menschen voll: „In mitten des engen häuslichen Miteinanders empfand sich sowieso kaum jemand von uns als ein ausreichend abgegrenztes Einzelwesen; man spezialisierte und reduzierte sich funktional, wie man es von Bienen oder Ameisen kennt."[29]

Mehr noch als die zeitgenössischen Kulturschaffenden sind durch die Erzählungen und überlassenen Gegenstände die Kreativen Kakaniens anwesend: In Georgs Zimmer etwa, das er mit seiner Großmutter teilt, übernachtete zeitweise die Baronin Nadherny. Ihre Lebenserinnerungen an gemeinsame Zeiten mit Rainer Maria Rilke und Karl Kraus vertraute sie der Familie Georgs in den Wirren nach dem 1948er Putsch an, ihre Schriften lagern in seinem Kinderzimmer. Georg trifft aber auch die Schwägerin von Egon Erwin Kisch, kennt die Tochter von Ottla, Kafkas Lieblingsschwester, wie auch Verwandte von Max Brod oder der Werfel-Familie. Damit sind zahllose bürgerliche Identitätsanker ausgeworfen, die ein Einrichten im Habsburger Mythos[30] ermöglichen könnten und den Roman als Fortschreibung des ‚Prager Texts' kennzeichnen.[31] Die eigene Verwandtschaft repräsentiert jedoch mehr als nur das Geistesleben eines verflossenen, geistig regen Mitteleuropas und verwahrt den Roman so vor Verklärungstendenzen. Der einzige Mann der Familie, ein Onkel, hat sich im fließenden Kulturreich der Wohnung ein fest abgegrenztes stinkendes Zimmer aus provisorischen Wänden gebaut, das als Allegorie auf die substantiell im Niedergang befindliche ČSSR und ihre Staatsmacht herhält. Dieser zentrale Bereich ist gleichzeitig als Machtzentrale der

29 Ebd., S. 11.

30 Vgl. Claudio Magris: *Der habsburgische Mythos in der modernen österreichischen Literatur*, aus d. Ital. v. Madeleine von Pásztory. Wien: Zsolnay 2000. Vgl. auch die Gemeinschaftsarbeit „Prag als Oxymoron", die unter Magris' Leitung und Zeichnung 1979 erschien: Ausgehend von den „Definitionen und Beschwörungen des hunderttürmigen ‚magischen' oder ‚unheimlichen' Prag, des Schmelztiegels verschiedener Völker und Kulturen, [die] [...] einen der reichsten Themenkataloge der modernen Literatur dar[stellen]", dekonstruieren die Forscher den Mythos und das „literarische cliché". (Renato Delalbera / Lia Fabia Gatti / Christa Helling / Claudio Magris / Laura Mancinelli / Anton Reininger: Prag als Oxymoron. In: *Neohelicon* 7,2 (1979), S. 11–62, hier S. 12.)

31 Susanne Fritz: *Die Entstehung des ‚Prager Textes'. Prager deutschsprachige Literatur von 1895 bis 1934.* Dresden: Thelem 2005.

Wohnung und als extraterritoriales Gebiet herausgehoben, als Trutzburg und Ort der Bespitzelung, da man von hier die halbe Wohnung einsehen kann. Der Onkel passt in dieses Zimmer im Zimmer. Er ist eigentlich Pfarrer der 1920 gegründeten Tschechoslowakischen Kirche – Georgs Definition: „KATHOLIZISMUS minus PAPST plus JAN HUS“[32] –, wurde nach dem Krieg Kommunist, verließ die Kirche und ging zum Staatssicherheitsdienst. Realität erreicht ihn vor allem durch das Fernsehen. Inga Probst hat hervorgehoben, dass die Familie fast als Gegenstück zur „sozialistisch normierten und national definierten (tschechischen) Familie aufgebaut“ sei, womit die „familiäre Differenzsetzung zwischen tschechischer Norm und ‚jüdisch-matriarchaler Abweichung‘ von dieser Normativität unterstrichen“ werde.[33] Der Onkel repräsentiert auch die ungelenke und grotesk hilflos wirkende Staatsmacht, wenn er eine moderne Zentralheizung in die altehrwürde Wohnung bauen will, die die funktionstüchtigen Kachelöfen ersetzen soll. Der Einbau verschandelt zwar jedes Zimmer, wärmt jedoch nicht, so dass schließlich dauerhaft mit provisorischen Elektroöfen geheizt werden muss.[34]

So, wie der Onkel sich hinter Schränken und aufgehängten Teppichen verschanzt, ist auch die wirkliche Macht des Landes im Roman grotesk versteckt, teils unterirdisch vergraben. Unter dem größten Stalindenkmal der Welt, das tatsächlich im Letnápark stand, entstehen im Roman große Bunkeranlagen, die im Ernstfall die Regierung beherbergen sollen.[35] Die paranoide Angst der gleichzeitig diffusen, unpersönlichen Macht, ihre Abschottung und Abgrenzung, die dennoch einen totalen Überblick gewähren soll, wird durch den Onkel gleichsam personifiziert.

Georgs „Urtante“, eine Theresienstadt-Überlebende, wird ebenso hybrid beschrieben, wie die anderen älteren Damen, aus denen die Familie hauptsächlich besteht:

32 Faktor: *Georgs Sorgen um die Vergangenheit*, S. 20.

33 Inga Probst: ‚Rodina‘/‚Familie‘/‚Mischpoke‘ oder Georgs Sorgen um die multikulturelle Familienerinnerung. In: *Aussiger Beiträge* 6 (2012), S. 177–192.

34 Faktor: *Georgs Sorgen um die Vergangenheit,* S. 314.

35 Ebd., S. 253–254.

> Ihr Status und der Grad ihrer genetischen Assoziierung mit unserer Familie wurde nie ganz geklärt. [...] Schwer zu sagen, ob diese Urtante ein Glück oder Unglück für mich war. Dank ihrer überstarken Präsenz wußte ich lange nicht, in welcher Zeit und welchem Land ich eigentliche lebte.[36]

Die Gleichzeitigkeit des Ungleichzeitigen in dieser Familie gibt es also um den Preis der Verunmöglichung eindeutiger Bezüge zur Umwelt. Deutlich wird dabei eine gewisse eingestandene und deshalb hochreflexive Sehnsucht nach einfachen Identifizierungsangeboten. Es gibt außerdem eine slowakisch-ungarische Tante, die wegen eines Wallenberg-Schutzpasses überlebte,[37] Urtante Klára konnte sich in der Puszta verstecken, Erna floh rechtzeitig nach England und kehrt mit immer neuen exotischen Männern heim, deren Außenseiterstatus der Roman benutzt, um dialektisch die ethnische Einheitlichkeit der ČSSR zu spiegeln. Die Wienerisch sprechende Tante Peperl lebt schließlich im Keller und verweist auf die späthabsburgische Tiefendimension des Haushalts, wobei immer wieder jemand nachsehen muss, ob sie noch lebt. Die Abwesenheit der Männer zeigt indes überdeutlich den unausgesprochenen Einfluss der Shoah auf die Familienstruktur in dieser Wohnung.

Trotz seiner Evokation kakanischer Kulturgemütlichkeit wehrt sich Faktor mit Georg gegen die Gefahr, einen Vielvölkerreichsmythos heraufzubeschwören. Immer, wenn er die kulturelle Weite und vermeintliche Freiheit Österreich-Ungarns als Gegenpol zum nationaltümelnden und totalitären Regime in der Tschechoslowakei aufbaut, ironisiert er es sogleich. Das positive Stereotyp Kakaniens wird entsorgt, indem die es repräsentierende Wohnung überall realsozialistisch auseinanderfällt und notdürftig geflickt wird. Die Armut wird nie expliziert, aber deutlich, wenn Georg erwähnt, dass immer mehr Silberbesteck verschwindet und Tante Lizzy versucht, Kork zu essen.[38] Das Groteske und vermeintlich Humoreske ist eigentlich Chiffre für die Mangelwirtschaft der sozialistischen Regierung.

36 Ebd., S. 25.

37 Der schwedische Geschäftsmann Raoul Wallenberg ließ sich angesichts der Ghettoisierung ungarischer Juden 1944 als Diplomat nach Budapest entsenden und rettete hunderte Juden mithilfe listreich ausgestellter Schutzpässe vor der Vernichtung.

38 Faktor: *Georgs Sorgen um die Vergangenheit*, S. 201–203.

Das Judentum spielt religiös gar keine und kulturell nur eine sehr geringe Rolle. Georg erfährt erst davon, als er beichtet, dass er in der Schule einen Jungen namens Fassgolt antisemitisch beleidigt hat, wobei sich für das Pikareske des Romans als typisch herausstellt, dass die Fassgolts eine alte Südtiroler Familie sind und eben Georg Jude ist: „Das alles erschreckte mich maßlos. Daß man während des Krieges eine gewisse Zeit in einem KZ zu verbringen hatte, schien in meiner Welt das Übliche zu sein."[39]

Die Wohnung des Stasi-Vaters hingegen, den Georg einmal wöchentlich zu besuchen hat, repräsentiert die moderne, sozialistische, zukunftsgerichtete, aber längst von Innen verfaulende ČSSR: Der Vater, schwerer Alkoholiker, verfällt zusehends: „Er war ein krankhafter und unverbesserlicher Lügner, ein Wrack voller destruktiver Ironie."[40] Die neue Plattenbauwohnung beschreibt Georg als fast organisch klebrig, schmierig und dreckig, alles fault und stinkt. Der Vater wird nicht nur krank und hinfällig, er verliert außerdem den Verstand und hält mühsam die Fassade des funktionierenden Staatsbediensteten aufrecht. Das entspricht weitgehend Georgs Beschreibung der Tschechoslowakei insgesamt nach der Niederschlagung der Reformversuche: „Die Stadt verrottete zusehends."[41] Der Staat machte „überhaupt nichts mehr [...]. Jedenfalls nichts, was man nicht unbedingt tun mußte – und auch das tat man möglichst nur zum Schein!"[42] Im Gegensatz zur Vielvölkerfamilie arbeitet der Vater an der unsinnigen mythischen Fundierung des tschechischen Nationalismus: Als Hobbyhistoriker versucht er, anhand hussitischer Chroniken den Ursprung des tschechischen Volkes zu finden und dessen kriegerischen Nationalcharakter zu beschreiben.[43]

Mit seiner Beschreibung des Viertels um die Bürgerwohnung, die unweit des Lustschlosses Belvedere nahe der Burg gelegen ist, führt der Roman in das Prag der Romanzeit. Genau zwischen Altstadt mit barocker Bausubstanz und Burgblick und den tristeren Arbeitervierteln im Norden gelegen, befindet sich die Wohnung wiederum auf einer

39 Faktor: *Georgs Sorgen um die Vergangenheit*, S. 55.

40 Ebd., S. 63.

41 Ebd., S. 406.

42 Ebd.

43 Ebd., S. 76.

Grenze.[44] Im alten Prag 6 mit seinen repräsentativen Großbürgerstraßen und schmucken Fassaden wohnt Georg, bedroht durch fünf Institutionen, die für ihn das eingrenzende Regime repräsentieren: Im Norden müssen die Vorderhäuser am Boulevard der Verteidiger des Friedens, über den die Panzer der Sowjets 1968 in die Stadt kamen, ihre Fassade zugunsten des Prinzips der autofreundlichen Stadt aufgeben und zeigen nun die gleiche graue, glatte Wand wie alle anderen Straßen in Dejvice. Hier droht also dem Ästheten die Hässlichkeit und zeigt die Macht ihre Verachtung für die in der Familie so wichtigen Symbole und Zeugen der Vergangenheit. Charel Braconnier betont in seiner Lektüre Faktors Darstellung der „Entseelung der Stadt“: „Durch die Umbaumaßnahmen wird der *seelische RAUM-ATEM* [...], eine Art ‚genius loci‘, den Innenhöfen entzogen, die für die Bewohner bislang als Rückzugsraum im großstädtischen Trubel fungierten.“[45] Im Osten holt das Fußballstadion von Sparta Prag wöchentlich das Schlechteste aus der Masse, auch dies sinnbildlich für ein wichtiges Element der modern-sozialistischen Kultur, die auf Egalisierung und Massenästhetik setzt. Im Atombunker im Südosten verschanzt sich wie erwähnt die Nomenklatur. An der Serpentine im Süden, wo es steil bergab zur Moldau heruntergeht, versagt regelmäßig veraltete Technik, wenn Straßenbahnen aus den Schienen springen – und die Militärakademie im Westen trägt ihren Teil zur Uniformierung der Gesellschaft bei. Faktor lässt Georg wegen dieser fünf Orte – den fassadenberaubten Häusern, dem Fußballstadion, dem Atombunker, der Serpentinenstraße und der Militärakademie –, die allesamt Grenzsetzungen repräsentieren, auch von einem „großen Fünfzack“[46] sprechen.

Georg läuft in der Stadt herum und repariert in seiner Phantasie pausenlos die immer weiter verfallende Bausubstanz, eine wiederholte Chiffre für Kulturverlust im Roman. Hier befördert der Verfall also keine verschütteten Kulturschichten zutage, sondern offenbart die Ignoranz der Entscheider. Die Begrenzungen des Staates rücken dabei

44 Vgl. dazu auch Braconnier: „Die Vergangenheit gärte und blubberte“, S. 229; Braconnier beschreibt vor allem die Grenze zwischen erinnerungsfreiem sozialistischen Fortschrittsplattenbauviertel im Norden und erinnerungsgesättigter Altstadtstruktur im Süden.

45 Ebd., S. 231–232.

46 Faktor: *Georgs Sorgen um die Vergangenheit*, S. 238.

immer näher heran: Die chinesische und die sowjetische Botschaft etwa liegen neben der Schule Georgs, die russische wird immer weiter ausgebaut, so dass eine Art Belagerungsring um all jene Orte sich schließt, die Georg täglich besucht.[47] Die Grenzen bewegen sich, sie ziehen sich zusammen. Georgs Umzug nach Žižkov, ein tristes und gesichtsloses Arbeiterviertel abseits des Fünfzacks, führt ihn nun aufgrund des allgegenwärtigen Verfalls in eine regelrechte Depression. Dass er diesen Niedergang auch als drastischen körperlichen Verfall der Staatssubjekte beschreibt, deren „Mundgerüche" und „[G]eschwüre" allgegenwärtig seien,[48] ist seiner Poetik geschuldet: Die körperliche, oft sexualisierte Sprache, die Drastik des Ausdrucks und Lust an der Beschreibung von Körpersäften und deren verschlungener Wege zueinander bedarf einer eigenen Lektüre.
Die ganze Stadt wird zunehmend depressiv, die Eliten emigrieren oder werden nach 1968 in Hilfsarbeiterberufe gezwungen. Um 1968, genau in der Mitte des Romans,[49] gehen die Protagonisten des Prager Frühlings in der Wohnung Georgs ein und aus. Milan Kundera lebt während seines Studiums ein paar Häuser weiter, und Georg findet Trost im Schreigesang der *Plastic People of the Universe*.[50] Die kollektive Depression verstärkt sich nach dem kurzen Frühling umso mehr, weil fast alle grundsätzlich reformkommunistisch denken, bei der Offenbarung des Regimes als diktatorisch und totalitär also eine große Fallhöhe der Desillusionierung zu ertragen haben: Die Damen im Haushalt Georgs

> meinten zu wissen, wem die Zukunft gehören würde: dem Sozialismus natürlich. Daß ihm konsequenterweise später der Kommunismus folgen würde, hatte doch Karl Marx, unser zweitklügster Jude nach Jesus Christus, wissenschaftlich und zweifelsfrei bewiesen.[51]

In den Jahren vor der Charta von 1977 dann, als auch Ludvík Vaculík und Jiří Gruša in der Wohnung diskutieren, flieht Georg in die Tatra,

47 Faktor: *Georgs Sorgen um die Vergangenheit*, S. 244.
48 Ebd., S. 616.
49 Ebd., S. 341.
50 Ebd., S. 259, 384.
51 Ebd., S. 196.

um als Gebirgsführer zu arbeiten und vor der Eingrenzung paradoxerweise in das Niemandsland an der Grenze zu Polen zu fliehen. Das Nichts, die Abwesenheit von Kultur und Urbanität, die weitgehende Ferne staatlicher Macht und die Körperlichkeit, die in den Bergen den Alltag bestimmt, helfen ihm jedoch nicht gegen seine sich entwickelnde Soziophobie: Er verträgt keine Berührungen mehr und entkommt nicht dem Gefühl, eingeschnürt zu sein.
Eine Überschreitung der tatsächlichen tschechoslowakischen Grenze vollzieht Georg erst gegen Ende des Romans. Er begibt sich mit seiner Mutter auf eine Reise nach Christianstadt. Das spätere Krzystkowice, heute ein Stadtteil von Nowogród Bobrzański in Schlesien, war Standort eines der größten Munitionswerke der Nationalsozialisten, in dem unter anderem die Insassen eines Außenlagers von Groß-Rosen zur Zwangsarbeit gezwungen wurden. Die Mutter überlebte das Lager als junge Frau.[52] Die Reise dorthin, insbesondere der Grenzübertritt in die DDR, gestaltet sich als grotesk komplizierte Odyssee. Den beiden wird die Weiterfahrt gestattet, als die Mutter sich als Jüdin zu erkennen gibt,[53] was in ihrem Leben sonst überhaupt keine Rolle spielt. Damit jedoch ist das Ende dieser Reise, mit der auch das Buch endet, antizipiert: Das Jüdische und die damit gerade in Mitteleuropa verbundene Shoah-Vergangenheit bricht sich Bahn, und zwar als verdrängte Tiefenschicht der Kollektividentität zumindest des bürgerlich-intellektuellen Milieus, von dem das Buch berichtet. Die vorher beschriebene Palimpsest-Struktur der kulturellen Diskurse, die sich in der Wohnung Georgs überlagerten und parallel wirkmächtig waren, wird selbst zum Raum – im Wald bei Christianstadt. Da von dem Lager nichts übrig blieb als einige Grundmauern, müssen Georg und seine Mutter lange Wege ablaufen, ehe sie sich vorstellen können, wie es ausgesehen und wo es überhaupt genau gelegen haben muss. In dem Moment jedoch, als die Mutter sich mithilfe der abgelaufenen Gedächtnisstützen erinnern kann, bricht sie zusammen. Als sie aufwacht, spricht sie plötzlich Jiddisch und berichtet von den Gräueln, die sie im Lager erlebt hat.[54]

52 Ebd., S. 186.
53 Ebd., S. 564.
54 Ebd., S. 603–604.

Damit kulminieren kurz vor dem Ende des Buchs auch die beiden gegenläufigen Bewegungen: einerseits die immer stärkere Begrenzung der individuellen Freiheit, vor allem des Intellekts, von außen, andererseits die immer ausgreifendere, gar grenzüberwindende räumliche Bewegung der Figuren. Indem die Mutter per Schlaganfall, induziert durch die sonst unterdrückte Erinnerung an ihre Jugend im Lager, ganz und gar auf ihre Körperlichkeit zurückgeworfen ist, entbirgt sie durch den poetischen Kunstgriff Faktors, sie Jiddisch sprechen zu lassen, die unterschlagene, die verlorenste Dimension Mitteleuropas, dieses polysemen, ambivalenten und nun von Nationalgrenzen durchschnittenen Raums.
Abgesehen von der Tatsache, dass der Ort Christianstadt neben dem Namenswechsel auch einen derartigen Bedeutungsverlust erlitten hat, dass Georg ihn nicht auf Landkarten finden kann,[55] Grenzverschiebungen also die vermeintliche Persistenz von Topographien zerstören können, eröffnet diese Reise am Buchende weitere Perspektiven auf die Grenzen Mitteleuropas. Besonders eindringlich ist die Einsicht des Romans in die Beschränktheit der Nachvollziehbarkeit des Grauens, die nicht nur auf metaphorischer Ebene mit tatsächlichen geographischen Gegebenheiten verknüpft ist. Peter Weiss läuft in seinem Essay *Meine Ortschaft* ebenso wie Georg mit seiner Mutter die Räume vergangener Verbrechen ab, als er 20 Jahre nach der Vernichtung Auschwitz besucht: „Ein langgestreckter Raum, ich messe ihn mit meinen Schritten. Zwanzig Schritte die Länge. Fünf Schritte die Breite."[56] Sein Versuch des Nachvollzugs der tatsächlichen Shoah-Begebenheiten misslingt, am Ende verneint Weiss die schiere Möglichkeit desselben: „Ein Lebender ist gekommen, und vor diesem Lebenden verschließt sich was hier geschah. [...] [K]eine ästhetische Maßnahme wird sie [die Ermordeten] wieder lebendig machen können."[57] Faktor lässt Georgs Mutter zwar einen Moment der Vergegenwärtigung der Vergangenheit, des tief Verdrängten erleben, überzeichnet diesen Moment aber derart, dass er sich von Weiss in der Haltung zur ästhetischen Vergegenwärtigung nicht wesentlich unterscheidet.

55 Faktor: *Georgs Sorgen um die Vergangenheit*, S. 557–558.

56 Peter Weiss: Meine Ortschaft. In: Ders.: *Rapporte*. Frankfurt am Main: Suhrkamp 1968, S. 113–124, hier S. 116.

57 Ebd., S. 124.

Das Jiddisch, das die Mutter plötzlich spricht, hat sie in der Romanfamilie nicht gelernt. Die Shoah bleibt undarstellbar, ist nicht zu vergegenwärtigen.
Eine wirkliche Reaktivierung von Traumata hingegen löst die eigentliche Grenzsituation auf dem Weg zu dem ehemaligen Konzentrationslager aus. Weil die DDR-Grenzer Uniformen tragen, die den SS-Uniformen ähnlich sähen, und sie außerdem eine ausführliche Kontrolle der beiden Reisenden anstrengen, versucht die Mutter unvermittelt, vor den Männern zu fliehen.[58] Dieser plötzliche Einbruch der Vergangenheit in die Gegenwart wird vor allem durch die Sprache ausgelöst. Das in Prag für das Bürgerliche, Intellektuelle und Identitätsverankernde einstehende Deutsch wird im Zusammenhang mit dem Befehlsgebaren der Grenzer zur Sprache der Bedrohung.
Der Schluss des Romans bündelt Grenzübertritte in dichter Folge. Sich als Ich-Erzähler zeitlich verortend, blickt Georg auf seine letzten Wochen in der Wohnung zurück, die gläserne Wände bekommen habe, weil seine Tante Erna nicht nur den Klatsch der Nachbarwohnungen zusammentrug, sondern auch selbst alle Gegebenheiten der Familie weitererzählte.[59] Durch Kommunikation also werden selbst die festesten Grenzen obsolet, werden Wände durchsichtig und Nachbarn zu Mitbewohnern. Ein Mädchen aus einer Nachbarwohnung, von der Georg wegen der Klatschkommunikation nicht nur längst alles weiß, deren Wohnung er auch lange schon beobachtet, wird schließlich seine Frau und damit, wie er vermutet, seine Rettung vor der Psychiatrie.[60] Indem er sich auf das Mädchen und dessen Nähe einlässt, überwindet er nämlich seine psychische Blockade, die Angst vor Berührungen.
Auf den letzten drei Seiten folgt ein „Nachtrag“, mit dem der Ich-Erzähler von seiner unmittelbaren Vergangenheit berichtet: Ein alter Freund ist heute Mitinhaber eines transnationalen schwäbisch-böhmischen Unternehmens, das (die Grenzen der Atmosphäre überschreitende) Satellitenelemente herstellt. Grenzenlose Kapitalströme lassen ihn in einem Tokioter Hotel sitzen, wo er am Telefon

58 Faktor: *Georgs Sorgen um die Vergangenheit*, S. 563.

59 Ebd., S. 613. Tante György kommentiert hier: „Ich frage mich, wieso man beim Bäcker über meinen Fußpilz Bescheid weiß.“

60 Ebd.

mit Georg über „mehrere lebbare Fortsetzungsszenarien der Erdgeschichte“[61] redet. Sie überspielen also mithilfe literarischer Kreativität die Grenzen der Gegenwart, während die Penisverlängerung des Freundes sogar die menschliche Fähigkeit andeutet, die Begrenzungen der eigenen Körperlichkeit zu überwinden.[62] So endet das Buch damit, dass die zwei im Roman meist gegenläufigen Bewegungen – Georgs individuelle Vergrößerung der Bewegungsradien und die zunehmende Begrenzung durch Familie, Staat und Hässlichkeit – zu einem gemeinsamen Vektor werden und Diskurse, Wirtschaftsbeziehungen, Kunst und Kommunikation sich als ebenso unbeschränkt erweisen wie Georgs persönliche Bewegungsfreiheit.

61 Faktor: *Georgs Sorgen um die Vergangenheit*, S. 637.
62 Ebd.

Jolanta Pacyniak (Lublin)

Deutsche, polnische und ukrainische Grenzräume und das Gedächtnis der Dingwelt bei Olga Tokarczuk, Joanna Bator und Żanna Słoniowska

Karl Schlögel stellt zwar in Bezug auf das 21. Jahrhundert fest, dass Grenzen, Zentren und Schauplätze wandern,[1] aber das könnte man genauso gut auf das vorherige Jahrhundert beziehen. Solche ‚Grenzwanderungen' vollzogen sich in einem konkreten Raum, veränderten Schicksale ganzer Völkergruppen und blieben fest verankert im kollektiven Gedächtnis der jeweiligen Nation. Diese Grenzverschiebungen werden nicht zuletzt in der Literatur thematisiert. Ich beziehe mich im vorliegenden Beitrag auf ausgewählte Werke von Olga Tokarczuk, Joanna Bator und Żanna Słoniowska.

Olga Tokarczuk, geboren 1962 in Sulechów in der Nähe von Zielona Góra, ist eine der bedeutendsten polnischen Autorinnen ihrer Generation. Auf Deutsch erschienen bisher die Romane *Prawiek i inne czasy* (1996, *Ur und andere Zeiten*, 2000), *Dom dzienny, dom nocny* (1998, *Taghaus, Nachthaus*, 2001), *Anna In w grobowcach świata* (2006, *AnnaIn in den Katakomben*, 2007), *Prowadź swój pług przez kości umarłych* (2009, *Der Gesang der Fledermäuse*, 2011), *Ostatnie historie* (2004, *Letzte Geschichten*, 2006), die Erzählbände *Szafa* (1997, *Der Schrank*, 2000) und *Gra na wielu bębenkach* (2001, *Spiel auf vielen Trommeln*, 2006). Für *Bieguni* (2007, *Unrast*, 2009) wurde Olga Tokarczuk 2008 mit dem Nike-Literaturpreis ausgezeichnet. Die Thematik ihrer Werke umfasst ein breites Spektrum von der modernen

1 Karl Schlögel: *Im Raume lesen wir die Zeit*. Frankfurt am Main: Fischer 2006, S. 34.

Belebung des Mythos in *Ur und andere Zeiten* und *AnnaIn in den Katakomben*[2] über die Darstellung des zeitgenössischen Nomadenseins in *Unrast*[3] bis zum Ökokrimi in *Der Gesang der Fledermäuse*[4] und zur Geschichte von Jakob Joseph Frank, eines zentralen Vertreters der messianischen Bewegung des Judentums, in *Księgi Jakubowe* (2014). In meinem Beitrag untersuche ich die Aspekte im Schaffen Tokarczuks, die sich auf die Erfahrungen der Neuankömmlinge in den ‚wiedergewonnenen' Gebieten nach dem Zweiten Weltkrieg beziehen, die von den vertriebenen Deutschen verlassen und von den Polen, die aus Mittelpolen, aber auch aus den früheren polnischen Ostgebieten zugewandert waren, besiedelt wurden. Tokarczuk selbst ist eine Nachfahrin einer solchen ausgesiedelten Familie. In einem Interview für den *Spiegel*, in dem sie sich zum Ukrainekonflikt äußert, sagt sie wie folgt:

> Wenn wir uns Bilder aus Donezk anschauen, wo Teile meiner Familie leben, dann ist das etwas nicht Dagewesenes, dass so etwas passieren kann – weil das ein zivilisierter Teil Europas ist. Und dort herrscht Krieg: zerstörte Gebäude, tote Menschen. Es ist schwer, sich das zu vergegenwärtigen – dass das hier in Europa passiert und dass uns das auch betrifft.[5]

2 Magdalena Dul-Kuźniar: *Anna In w grobowcach świata* – Olgi Tokarczuk przepisywanie mitu. In: Magdalena Rabizo-Birek / Magdalena Pocałuń-Dydycz / Adam Bienias (Hrsg.): *Światy Olgi Tokarczuk*. Rzeszów: Wydawnictwo Uniwersytetu Rzeszowskiego 2013, S. 181–197; Dörte Lütvogt: *Raum und Zeit in Olga Tokarczuks Roman* Prawiek i inne czasy *(Ur- und andere Zeiten)*. Frankfurt am Main: Lang 2004, S. 148–158.

3 Agnieszka Brockmann: Literatur als Heterotopie: Spatial turn in den Romanen von Olga Tokarczuk. In: Dies. / Jekatherina Lebedewa / Maria Smyshliaeva / Rafał Żytyniec (Hrsg.): *Kulturelle Grenzgänge. Festschrift für Christa Ebert zum 65. Geburtstag*. Berlin: Frank & Timme 2012, S. 75–83, hier S. 80–83.

4 Oksana Weretiuk: Olgi Tokarczuk „przesunięcie znaczenia i uwagi z człowieka na to, co nie jest człowiekiem" w powieści *Prowadź swój pług przez kości umarłych*. In: Rabizo-Birek / Pocałuń-Dydycz / Bienias (Hrsg.): *Światy Olgi Tokarczuk*, S. 198–205.

5 Olga Tokarczuk: Kritik polnischer Intellektueller. „Die Deutschen fallen dem russischen Bären um den Hals." Interview mit Jurek Skrobala. In: *Der Spiegel*, 05.12.2014. http://www.spiegel.de/kultur/gesellschaft/kritik-an-putin-aus-polen-kuenstlerin-olga-tokarczuk-im-interview-a-1005915.html (Zugriff am 09.02.2017).

Das Bewusstsein der gemeinsamen polnisch-ukrainischen historischen Schicksale ist im Roman *Letzte Geschichten* zu finden, in dem eine polnisch-ukrainische Familie beschrieben wird, die in die früheren deutschen Gebiete ausgesiedelt wird.
Das deutsch-polnische Grenzgebiet ist auch Schauplatz der Romane von Joanna Bator. Bator ist 1968 in Wałbrzych (dt. Waldenburg) geboren worden. Wałbrzych ist auch der Ort, an dem sich viele ihrer Romane abspielen – etwa *Piaskowa góra* (2009, *Sandberg*, 2011), *Chmurdalia* (2010, *Wolkenfern*, 2013) und *Ciemno, prawie noc* (2012, *Dunkel, fast Nacht*, 2016) – und wo sich unterschiedliche kulturelle Einflüsse mischen und die Anwesenheit der einstigen Einwohner*innen, die nach dem Zweiten Weltkrieg ausgesiedelt wurden, noch spürbar ist. Bator selbst studierte in Wrocław Kulturwissenschaft, publizierte in wichtigen polnischen Zeitungen und Zeitschriften und forschte mehrere Jahre in Japan.[6]
Die Spuren der früheren Bewohner*innen des multikulturellen Lembergs sind schließlich nicht nur in materieller Form, sondern auch in verwickelten Familiengeschichten Żanna Słoniowskas zu finden, etwa im Roman *Dom z witrażem* (2015). Słoniowska ist eine ukrainische Autorin mit polnischen Vorfahren. Sie wurde 1978 geboren und wohnt und arbeitet seit 2002 als Journalistin, Übersetzerin und Schriftstellerin in Krakau. Sie wurde mit dem Joseph-Conrad-Preis ausgezeichnet und 2016 für den polnischen Nike-Preis nominiert.[7]

Lemberg und Niederschlesien liegen in der Nähe von mehr oder weniger willkürlich gezogenen Grenzen.[8] In diesem Kontext stellt sich die Frage nach der Begriffsbestimmung der Grenze. Dieter Lamping bezieht sich in seinen Erwägungen zu einer Literatur der Grenze vor allem auf die territoriale Grenze und meint damit sowohl die Grenz*linie* als auch den Grenz*raum*. Diese politische Grenze ist zugleich

6 Informationen aus dem Umschlagstext von Joanna Bator: *Wolkenfern*, aus d. Poln. v. Esther Kinsky. Berlin: Suhrkamp 2013.

7 Żanna Słoniowska z Nagrodą Conrada 2016. In: *Culture.pl*, 31.10.2016. http://culture.pl/pl/artykul/zanna-sloniowska-z-nagroda-conrada-2016 (Zugriff am 09.02.2017).

8 Philipp Ther: *Deutsche und polnische Vertriebene. Gesellschaft und Vertriebenenpolitik in der SBZ/DDR und in Polen 1945–1956*. Göttingen: Vandenhoeck & Ruprecht 1998, S. 46.

eine kulturelle und linguistische.[9] Es scheint, dass ein solches Verständnis der Grenze eine scharfe Trennung und Abgrenzung bedeutet. Lamping stellt jedoch fest:

> Die Trennung ist jedoch nicht unbedingt absolut. An der Grenze kommt das Verschiedene und Unterschiedene in doppeltem Sinn zusammen: Es trifft aufeinander und es geht ineinander über. Insofern ist die Grenze nicht nur der Ort der Unterscheidung und der Abgrenzung, sondern auch der Ort des Übergangs, der Annäherung und der Mischung. Sie ist Anfang und Ende zugleich, und daraus erwächst ihre besondere Dialektik: Keine Grenze ohne Grenzübertritt. Ohne ihre eigene Überwindung, ihre eigene Aufhebung ist sie kaum zu denken.[10]

Für Karl Schlögel ist ein Strich, der auf einer Karte die Grenze markiert, auch inadäquat „für die Darstellung des Übergangs, für die Schattierung, für das Schwächer- und wieder Stärkerwerden von Loyalitäten. Die Farbgebung der Karte suggeriert Kompaktheit, die es in Grenz- und Übergangsgebieten nicht gibt."[11] Dieses Sich-Überlappen verschiedener kultureller Muster und Einflüsse ist, so meine These, in den zu untersuchenden Romanen festzustellen. Zu berücksichtigen wäre dabei zuerst der räumliche Aspekt. Die neuen Grenzziehungen haben das Aussehen der Karte Nachkriegseuropas zwar stark verändert und die Menschen von einem Ort an einen anderen geschoben, der Raum an sich hat sich jedoch nicht verschoben, und viele materielle Überreste sind doch geblieben, die von den neuen Bewohner*innen übernommen wurden. Dietmar Albrecht fasst diesen Sachverhalt aus der zeitlichen Perspektive treffend zusammen: „Jeder Bewohner eines Territoriums ist der materiellen und geistigen Kultur ausgesetzt, die seinem Gebiet innewohnt, und er wird von ihr geprägt. Kein Krieg kann dieses Gedächtnis zerstören."[12] Diese materielle Kultur kann

9 Dieter Lamping: Einleitung. In: Ders. (Hrsg.): *Über Grenzen. Eine literarische Topographie*. Göttingen: Vandenhoeck & Ruprecht 2001, S. 7–18, hier S. 10.

10 Ebd., S. 13.

11 Schlögel: *Im Raume lesen wir die Zeit*, S. 142.

12 Dietmar Albrecht: Grenzerfahrungen. Literaturlandschaft Ostsee im Gedächtnis von Zeit und Raum. In: Ders. / Bernd Neumann / Andrzej Talarczyk (Hrsg.): *Literatur – Grenzen – Erinnerungsräume. Erkundungen des*

auch im Sinne der Wohnkultur und Alltagskultur verstanden werden, und der Prozess ihrer Aneignung vollzieht sich über mehrere Generationen hinweg, was nicht zuletzt einen Niederschlag in der Literatur findet.

Nach dem Zweiten Weltkrieg kam es infolge der erwähnten Grenzverschiebung zu einer großen Völkerwanderung. Die Deutschen wurden unter anderem aus Niederschlesien vertrieben, und an ihrer Stelle kamen Polen aus verschiedenen Teilen Polens, auch aus solchen, die sich jenseits der neuen Ostgrenze befanden.[13] Die Vertriebenen nahmen ihr Hab und Gut meistens mit, aber die Immobilien, die im Zuge der Kriegshandlungen nicht zerstört worden waren, blieben leerstehend und wurden im juristischen Chaos der Nachkriegsjahre von den Neuankömmlingen übernommen. Dieser Prozess der Aneignung vollzog sich in mehreren Etappen. Am Anfang wohnten mancherorts die alten und neuen Bewohner*innen auch gemeinsam, was Tokarczuk in *Taghaus, Nachthaus* literarisch darstellt. Dann beginnt der Prozess der Auseinandersetzung mit der Vergangenheit der bewohnten Räume, der über mehrere Generationen hindurch andauert. Mit der literarischen Darstellung dieser Problematik stellt sich die Frage nach den Erlebnisstrukturen des Raums sowie den Perspektivierungsmöglichkeiten von Vertrautheit und Fremdheit, Geborgenheit und Bedrohung, Erbauung und Enthüllung.[14] Bei einem übernommenen Haus weichen die Erlebnisstrukturen von jenen Häusern ab, die von den Bewohner*innen selbst oder von deren Vorfahren gebaut wurden. Ein Haus, das eigentlich durch seine Grenzen eine Privatsphäre markiert, wird in den zu analysierenden Werken entfremdet, schließlich gehörte es einer zugewanderten Familie nicht über Generationen hindurch, sondern wurde ganz einfach in Besitz genommen. Eine starke Verunsicherung der neuen Bewohner*innen stellt Olga Tokarczuk in *Taghaus, Nachthaus* dar, wo sogar vorübergehende Schuldgefühle bei einer weiblichen Protagonistin durchschimmern:

deutsch-polnisch-baltischen Ostseeraums als einer Literaturlandschaft. Würzburg: Königshausen & Neumann 2004, S. 25–39, hier S. 37.

13 Ther: *Deutsche und polnische Vertriebene,* S. 124.

14 Gerhard Hoffmann: *Raum, Situation, erzählte Wirklichkeit. Poetologische und historische Studien zum englischen und amerikanischen Roman.* Stuttgart: Metzler 1978, S. x.

„Du kannst kochen. Das Feuer ist schon an", sagte Frau Bobol zu der Deutschen. Als diese einen Topf mit Kartoffeln brachte und auf die Herdplatte stellte, erklärte Frau Bobol ihr, auf ihren Papieren sei ein Stempel mit den Worten ‚vorübergehend evakuiert', und sie würden nicht lange bleiben, ohnehin redeten schon alle vom nächsten Krieg. Aber die andere weinte lautlos, schluckte ihre Schluchzer wieder in den Bauch, aus dem sie kamen, und ließ sich nicht trösten, deshalb biß sich Frau Bobol auf die Lippen und ging hinaus.[15]

Das mehr oder weniger friedlich verlaufende Miteinander der deutschen und polnischen Familie endet jedoch mit dem Befehl der polnischen Obrigkeit an die Deutschen, das Haus zu verlassen. Eine der alten Hausbewohnerinnen weigert sich jedoch, dem Befehl zu folgen, und es kommt zu einer heftigen Auseinandersetzung zwischen der Deutschen und dem Polen, bei der der Sieg des letzteren jedoch ambivalent bleibt. Es kommt sogar zu Handgreiflichkeiten:

Sie ging zurück in die Küche und griff nach einer Porzellanschüssel. Bobol, der schon angetrunken war, versuchte, ihr die Schüssel zu entreißen. Sie rangen eine Zeitlang, bis die weißen Haare der Alten ganz zerzaust waren, und plötzlich, zum ersten Mal in all den Monaten, schrie sie etwas. Sie lief vor das Haus hinaus und schrie, wobei sie die Faust gen Himmel schüttelte.[16]

Es stellt sich heraus, dass die Deutsche den Polen verflucht hatte und dass die von ihr herbeigewünschten Plagen Bobol tatsächlich treffen, der wie der biblische Hiob am Ende mit leeren Händen dasteht, ohne Reichtum und ohne Familie. Das Haus ist in diesem Kontext nicht Hort der Geborgenheit, sondern wird durch seine Vergangenheit zum Verhängnis für die Bewohner*innen. Es enthüllt sich eine nächtliche Seite der neuen Behausung. Dietmar Albrecht formuliert das scharfsinnig in Bezug auf den besprochenen Roman von Tokarczuk: „Unbefangen prüft die Erzählerin ihren Ort inmitten böhmisch-schlesisch-preussisch-österreichisch-polnischer Erinnerung, schwankend zwischen dem Taghaus selbstbewusster Verankerung in Zeit und

15 Olga Tokarczuk: *Taghaus, Nachthaus*, aus d. Poln. v. Esther Kinsky. Stuttgart/München: DVA 2001, S. 254.
16 Ebd., S. 256.

Raum und einem Nachthaus bedrohlichen Lebens zwischen den Zeiten."[17] Die Perspektivierungsmöglichkeiten schwanken hier zwischen Vertrautheit und Fremdheit. Auch ändern sie sich von Generation zu Generation. Die ersten Ankömmlinge erkämpfen ein Stück Platz nach einer langen Wanderung in der allgemeinen Not der ersten Nachkriegsjahre, mit dem Gedanken im Hinterkopf, dass die einstigen Bewohner*innen kommen, um sich das zu holen, was ihnen gehört. Als eine Art Rechtfertigung wiederholen sie den Satz, dass doch die Deutschen den Krieg begonnen haben. Diese materielle Aneignung bezieht sich vor allem auf das, was einen Wert in den Augen der Neuankömmlinge besitzt. Eine bewusste Auseinadersetzung findet allerdings nicht statt, was nicht besonders verwunderlich ist. Joanna Bator beschreibt diese Situation in *Sandberg* ganz nüchtern:

> Unter dem Boden von Wałbrzych ist Kohle, und oben drauf Sand, und Menschen, die es aus der weiten Welt hierher, an die Stelle der Vertriebenen verschlagen hat. In den einmal deutschen Häusern wandern die Bücher mit Frakturschrift zum Feuermachen in den Ofen. [...] Die wiedergewonnenen Gebiete von Wałbrzych wecken vor allem in jenen Hoffnung, die nie was Eigenes gehabt haben. Sie sind von nirgends her, aber sie wollen es zu etwas bringen, um von woher zu sein. Zuerst nehmen sie die alten, ehemals deutschen Häuser in Besitz, doch schon bald reichen die nicht mehr aus. Zwanzig Jahre nach dem Krieg schließt sich um die alten Stadtteile von Wałbrzych, die wohl jede „Ordnung", nicht jedoch einen gewissen Charme eingebüßt haben, ein Betonring neuer, in aller Eile für die Neuankömmlinge errichteter Siedlungen.[18]

Diese erste Generation vor allem bäuerlicher Herkunft kommt in das neue Gebiet, getrieben von beispiellosem Elend oder gewöhnlicher Habgier, eignet sich alles an, was herrenlos dasteht, haut Stöcke in die Erde, zäunt ein und nagelt zu.[19] Es findet eine Übernahme statt, die neuen Bewohner*innen ergreifen immer mehr Raum. Mit einer ähnlichen Situation haben wir es auch bei Żanna Słoniowska zu tun.

17 Albrecht: Grenzerfahrungen, S. 37.

18 Joanna Bator: *Sandberg*, aus d. Poln. u. mit einem Nachwort v. Esther Kinsky. Berlin: Suhrkamp 2012, S. 15–16.

19 Ebd., S. 15.

In ihrem Roman gibt es ein Haus, das die Handlung zusammenhält. Das im Titel erscheinende *Haus mit Glasfenster* gehörte vor dem Krieg wahrscheinlich Polen. Nach dem Krieg ziehen dort sowohl die Familie der Ich-Erzählerin, die polnischer Herkunft ist und aus Leningrad stammt, als auch Ukrainer aus den Dorfgebieten ein, die sich an das Leben in einer Stadt erst gewöhnen müssen. Es wird eine Ukrainerin aus dem Karpatenland beschrieben, die sich in den Mauern der Stadt wie gefangen fühlte und zwischen den wuchtigen Mietshäusern und in den langen Schlangen des Wartens auf Lebensmittel zu ersticken drohte. Sie fühlt sich erst frei, als sie in den Ferien in ihr Heimatdorf zurückkehrt und in den Karpaten wandert.[20] Es vollzieht sich im Fall der Neuankömmlinge in Niederschlesien bei Bator und in Lemberg bei Słoniowska eine Grenzüberschreitung im Sinne von Jurij Lotman aus der bäuerlichen Sphäre in die bürgerliche, aus den Hütten der früheren polnischen Ostgebiete in die Mietshäuser von Szczawienko, aus dem Karpatenland in die Häuser von Lemberg. Diese Grenzüberschreitung verläuft nicht immer friedlich. Das Schwanken zwischen Vertrautheit und Fremdheit, das Bewusstsein davon, dass das Haus einer anderen Familie oder Person gehörte, bewirkt, dass die neuen Bewohner*innen dem Prozess der Zerstörung und des Zerfalls der angeeigneten Häuser kaum entgegenwirken. Die kaum renovierten Mietshäuser der alten Ortschaft Waldenburg werden zwar genutzt, entwickeln sich aber schließlich zu einer Siedlung für die ärmsten und unbeholfenen Einwohner*innen. Die, die etwas auf sich halten, ziehen in die Plattenbauten um.[21]

Einen Zustand der Zerstörung bemerkt auch die heranwachsende Ich-Erzählerin bei Żanna Słoniowska Ende der 1990er Jahre in ihrer Heimatstadt Lemberg. Die Umbruchzeiten bewirken sehr oft wirtschaftliche Not, die dazu führt, dass Renovierungsmaßnahmen in Lemberg ausbleiben, und so den Verfallszustand beschleunigt. Im Winter 1999 fallen den Menschen Balkons auf den Kopf, und Spaziergänge in der Nähe der Mietshäuser werden gefährlich.[22] Dabei werden jedoch auch Spuren der vergangenen Zeiten zutage gefördert; Lemberg haart sich, wie der ukrainische Geliebte der Ich-Erzählerin feststellt.

20 Żanna Słoniowska: *Dom z witrażem*. Kraków: Znak 2015, S. 25.
21 Bator: *Sandberg*, S. 16.
22 Słoniowska: *Dom z witrażem*, S. 102.

Der Putz enthüllt beim Wegfallen polnische und jüdische Aufschriften, die trotz der Abdeckung immer wieder zum Vorschein kommen.[23] Auch Wałbrzych entledigt sich der materiellen Spuren der deutschen Kultur. Aus seinen Innereien kommen im Laufe der Überschwemmung des Jahres 1997 Artefakte, die von der deutschen Vergangenheit zeugen. Der Prozess dieses Zutageförderns wird hier jedoch grotesk zugespitzt und bewegt sich an der Grenze zum Traum. Joanna Bator schafft in ihrer Beschreibung ein suggestives Bild:

> Aus den tieferen Tiefen der Erde, auf der Piaskowa Góra stand, wurden auf einer kohlschwarzen Welle Bücher in gotischer Schrift, verblichene Landschaftsschinken, das ewige Walhallafeuer, ganze Bavaria-Service, Fotos von Herta, Jürgen und Gertrud, Kisten voll von deutscher Munition, deutsche Panzer und Jagdflugzeuge hervorgeschwemmt. Gerippe in SS-Uniformen kraulten in Kampfformation dahinter her, einer blubberte Heil Hitler, bevor ihn das Wasser weiterriss; in einem wie neu glänzenden schwarzen Auto aus früheren Zeiten schaukelte ein Mann mit Bärtchen vorbei. Vielleicht träume ich das alles, dachte Jadzia, und plötzlich durchfuhr sie ein Gedankenblitz.[24]

In Grenzräumen lassen sich die materiellen Spuren der Vergangenheit nicht verdrängen. Wie die Häuser werden auch Alltagsgegenstände und alles, was von den einstigen Bewohnern*innen zurückgelassen wurde, übernommen und dann, je nachdem, entweder zerstört oder auch weiter verwendet. Im Erzählvorgang spielen sie eine wichtige Rolle, man könnte von einer Aufwertung der Gegenstände sprechen. Die Herausgeberinnen des Bandes *Die Sprache der Dinge* stellen heutzutage ein erhöhtes Interesse an der Welt der Dinge fest:

> Vor dem Hintergrund sich zeitgleich global wie auch lokal orientierender Gesellschaften werden heute jedoch neue Fragen an die materielle Kultur gestellt: Dinge werden als Handlungsträger und Akteure neu entdeckt. Das Potenzial der Dinge als Vermittler und Übersetzer zwischen ‚fremden' und ‚eigenen' Räumen, materiellen und immateriellen Welten sowie sozialen wie physischen Bereichen gerät vor diesem Hintergrund erneut in den

23 Ebd., S. 84.

24 Bator: *Wolkenfern*, S. 478–479.

> Fokus der Kulturwissenschaften. Dinge werden (wieder) als Produzenten von Bedeutungen, von sozialen Beziehungen und Praktiken, von Identitäten, Wertvorstellungen und Erinnerungen betrachtet, die mit einer zunehmenden Multifunktionalität und Polysemie das Feld eindeutiger Zuordnungen verlassen haben.[25]

Die Dinge im literarischen Geschehen bei Tokarczuk, Bator und Słoniowska wechseln ihre Besitzer*innen; manchmal sogar ihre ursprüngliche Bestimmung und dadurch gewinnen sie neue Dimensionen. Tokarczuk beschreibt in der oben erwähnten Szene aus *Taghaus, Nachthaus* Reaktionen der polnischen Einwohner*innen von Niederschlesien auf die Gegenstände, die sie in deutschen Häusern und Höfen finden. Die in den Scheunen gefundenen Maschinen bleiben für sie ein Rätsel. Die Polen stehen ihnen unschlüssig gegenüber, schließlich, nach einigen Versuchen, die Mechanik zu verstehen, fangen sie an, das Selbstgebrannte zu trinken und daraufhin zu tanzen.[26] Der erste Sommer nach dem Umzug wird zu einem langen Festtag. Die aufgestauten Emotionen entladen sich dadurch. Aber nicht nur maßloses Feiern ist die Reaktion auf den gerade zu Ende gegangenen Krieg. Der Hass auf die Deutschen, die den Krieg begonnen und dadurch die Übersiedlung aus den früheren polnischen Ostgebieten verursacht haben, bewirkt einen Zerstörungsdrang, der sich vor allem auf die Dinge, die den Deutschen gehörten, richtet. Tokarczuk zeigt die Sinnlosigkeit solcher Gewaltakte auf:

> Manchmal überkam es sie einfach, dann gingen sie mit schwankenden Schritten ins Haus, rissen diese deutschen Heiligenbilder von den Wänden und warfen sie hinter die Schränke, dass das Glas brach. Sie hängten die eigenen Bilder an die Nägel, ganz ähnliche, vielleicht sogar dieselben Christusse und schmerzensreichen Gottesmütter mit blutendem Herzen.[27]

Die meisten Sachen werden jedoch in der Nachkriegsnot weitergenutzt. Im Kapitel „Schätze“ aus *Taghaus, Nachthaus* werden sie

25 Elisabeth Tietmeyer / Claudia Hirschberger / Karoline Noack / Jane Redlin: Vorwort. In: Dies. (Hrsg.): *Die Sprache der Dinge. Kulturwissenschaftliche Perspektiven auf die materielle Kultur.* Münster: Waxmann 2010, S. 6–7, hier S. 7.

26 Tokarczuk: *Taghaus, Nachthaus*, S. 254–255.

27 Ebd.

aufgezählt: Töpfe, Teller, Henkelbecher, Bettzeug, Kleider, Gläser mit Marmelade, Mus und Apfelwein, Salzstreuer, Keramikgefäße mit Grütze, Zucker und Gerstenkaffee. Dazu kommen noch solche, die für Neuankömmlinge von keinem Nutzen sind, aber das Fremde im neuen Haus spüren lassen; dazu zählen: alte Rechnungen, Pacht- und Kaufverträge, Fotos von Taufen und Briefe, aber auch Bücher, die niemanden mehr überzeugen, weil die Welt, wie die Ich-Erzählerin unterstreicht, zu einer anderen Sprache übergegangen war.[28]

Der Gewaltakt der Zerstörung macht der Neugier Platz und gerade Frauen, die ein besonderes Talent für das Finden unterschiedlicher Gegenstände aufweisen, haben den Mut, die deutschen Kleider und Jacken aus Stoffen, die sie nicht kannten, anzuprobieren.[29] Die typische bäuerliche Tracht, die aus dem Osten mitgebracht wurde, weicht den bürgerlichen Kleidungsstücken.[30] Es kommt zur Aneignung einer materiellen Kultur, die mit eigenen Inhalten angereichert wird; manchmal jedoch auch missverstanden wird. Wie bei Bator, die in ihre Geschichte über Jadzia Chmura die Geschichte über eine deutsche Gardine eingewoben hat, die von einer Deutschen einst handgemacht wurde und auch nach Jahren als Prachtstück bewundert wird. Jadzia Chmura ist sich der Einzigartigkeit dieser Gardine jedoch nicht bewusst und bleibt enttäuscht, als ihre künftige Schwiegermutter ihr daraus ein Hochzeitskleid näht. Sie wollte eigentlich in einem Kleid zur Hochzeit gehen, das der Mode ihrer Zeit und ihren manchmal auch kitschigen Vorstellungen von Eleganz entspricht. Die elegante Fraktur der Gardine wird nicht hochgeschätzt, zumal der Braut das Kleid aufgrund ihrer Schwangerschaft am Tag der Hochzeit platzt. Die Geschichten einer deutschen Hausfrau und einer unglücklichen Braut werden miteinander verwoben.

Auch in Słoniowskas *Haus mit Glasfenster* werden die Schicksale einer polnischen und ukrainischen Familie durch Vermittlung der Gegenstände miteinander verbunden. Ein ukrainischer Junge findet auf dem Dachboden Gegenstände eines polnischen Fotografen, der höchstwahrscheinlich vom Volkskommissariat des Innern verhaftet

28 Ebd., S. 262.
29 Ebd.
30 Ebd.

und in einem Stadtgefängnis ermordet wurde.[31] Dieser „Schatz" freut die Mutter des Jungen vor allem wegen der schönen Bilder und Stoffe und des Tafelsilbers. Erst in der nächsten Generation wird er zur Anregung für die Auseinandersetzung mit der Multikulturalität von Lemberg.[32] Der Junge auf dem Dachboden entdeckt bei dieser Gelegenheit schöne Fotos vom alten Lemberg, die seine Fantasie beflügeln und später dazu beitragen, dass er Kunstgeschichte studiert und die Spuren der jüdischen und polnischen Kultur zu erhalten versucht, vor allem nach der Wende, als die neuen Kapitalisten die letzten Überbleibsel der Multikulturalität beseitigen wollen, um Platz für neue Hotels zu schaffen.

Die gefundenen Gegenstände werden vor allem als Schatz betrachtet, der unerwartet auf einen zukommt. Das Motiv der Schatzsuche verbindet sich bei Słoniowska mit einer Erwähnung des Märchens von Ali Baba und Aladin durch den Protagonisten, als er die Wertgegenstände des polnischen Fotografen findet.[33] Es stellt sich in diesem Kontext die Frage, wie man mit dem Schatz umgeht. In *Haus mit Glasfenster* ist er ein positiver Anstoß zur Auseinandersetzung mit der Vergangenheit. Bei Tokarczuk beschäftigen sich die neuen Bewohner*innen fast nur mit der Schatzsuche, sie bauen die Felder nicht an, arbeiten nicht, sondern graben nur in der Erde.[34] Tokarczuk als ausgebildete Psychologin sucht nach den Ursachen dieses Wahnsinns und vergleicht die vor allem in der Erde vergrabenen deutschen Gegenstände mit Keimen einer fremden, gefährlichen Pflanze, die eines Tages emporwachsen und die neuen Bewohner verjagen könnte.[35] Ihre Keime lassen sich wenigstens im Erzählvorgang nicht entfernen; eine Lösung wäre, sie zu akzeptieren und das Fremde im Eigenen anzuerkennen – so wie die Ich-Erzählerin an einer anderen Stelle in *Taghaus, Nachthaus* hofft, dass die deutsche Sprache wegen der deutschen Kinderfrau in ihr steckt, verschüttet durch die unzähligen Gespräche und die auf Polnisch gelesenen Bücher, denn das Fremde sei im Eigenen ganz tief versteckt und müsse nur ausgegraben werden.[36]

31 Słoniowska: *Dom z witrażem*, S. 108.

32 Ebd.

33 Ebd.

34 Tokarczuk: *Taghaus, Nachthaus*, S. 263.

35 Ebd.

36 Ebd., S. 259.

Von der Schatzsuche angesteckt ist auch der Protagonist aus *Dunkel, fast Nacht* von Bator. Zwar hat er zwei Töchter, die er vor seiner psychisch kranken Frau schützen sollte, aber seine ganze Energie vergeudet er mit der Suche nach einem Schatz, der in der Nähe von Waldenburg versteckt sein soll. Nach dem Mordversuch seiner Frau an der jüngsten Tochter und dem Selbstmord seiner älteren Tochter verschanzt er sich ganz in der unterirdischen Welt. Das, was in der Erde versteckt ist, geheimnisvolle Gänge und Verstecke, die auch für das Fremde und Unbewusste im Menschen stehen, wird literarisch umgeformt. In *Dunkel, fast Nacht* gibt es unterirdische Gänge, die zu irgendwelchen Schätzen führen könnten (wenn man die Pressemeldungen berücksichtigt, die von dem geheimnisvollen Gold-Zug berichteten und für Aufregung in den Sommermonaten 2015 sorgten, ist dieser Stoff nicht nur literarisch attraktiv[37]), aber im literarischen Geschehen zum Schauplatz eines Verbrechens werden, wenn dort entführte Kinder misshandelt werden.[38]
Auch bei Słoniowska begeben sich die Protagonist*innen in die unterirdischen Gänge, deren Geschichte mit dem Tod verbunden ist. Der Architekt Zygmunt Gogolewski beging Selbstmord, nachdem das Theater, das er gebaut hatte, abgesunken war und Risse bekommen hatte. Das war eine Strafe dafür, dass er den Fluss Pełtew in Lemberg unter die Erde verbannt hatte.[39] Das Unterirdische, das jederzeit zu Tage treten kann, sorgt für ein Unheimliches, das ins Groteske mündet. Słoniowska lässt die Ich-Erzählerin und ihre Mutter in den unterirdischen Gängen wandern. Die Mutter macht so mit ihrem Geliebten und einer Inspizientin eine Wanderung in den Gängen unter der Oper; das Hineintauchen in das Unterirdische führt zu einem Liebesdreieck und zu Streit zwischen den Geliebten.[40] Die Tochter tritt schließlich in die Fußstapfen ihrer Mutter und versucht selbst,

37 Złoty pociąg. Jest już pierwszy wykop i niespodzianka. In: *Gazeta Wyborcza*, 16.08.2016. http://wroclaw.wyborcza.pl/wroclaw/1,35771,20554727,zloty-pociag-jest-juz-pierwszy-wykop-i-niespodzianka.html; Suche nach angeblichem Nazi-Goldzug soll weitergehen. In: *Tagesspiegel*, 31.08.2016. http://www.tagesspiegel.de/weltspiegel/polen-suche-nach-angeblichem-nazi-goldzug-soll-weitergehen/14480000.html (Zugriffe am 15.03.2017).

38 Joanna Bator: *Dunkel, fast Nacht*, aus d. Poln. v. Lisa Palmes. Berlin: Suhrkamp 2016, S. 404–411.

39 Słoniowska: *Dom z witrażem*, S. 49.

40 Ebd., S. 200–202.

das Innere von Lemberg zu ergründen. Nach dem Tod der Mutter entdeckt sie zufällig in den unterirdischen Gängen einen Eingang und unternimmt eine ähnliche Wanderung, die jedoch in phantastischen Visionen endet. Sie gelangt zu einem Mietshaus, das jenseits der Zeit liegt und in dem sie einen beleibten Schornsteinfeger trifft, der die multikulturelle Geschichte Lembergs zusammenfasst, die jedoch, wie die Ich-Erzählerin unterstreicht, nicht der Wahrheit entspricht.[41] Die Wahrheit besteht, so wäre meine These, aus einer solch großen Anzahl an Perspektiven, aus so vielen Stimmen in vielen Sprachen, dass sie sich in nur einer Geschichte nicht zusammenfassen lässt. Sogar hoch über den Dächern von Lemberg, wo sie mit einer Sängerin in einem Cabrio schweben soll, gewinnt sie keinen Überblick über die komplette Geschichte der Stadt, aber dann erwacht sie aus dieser Vision.[42] So wie die Protagonistin bei Bator erfährt sie eine Art mentale Überlappung der zeitlichen Schichten, die in Zuständen zwischen Traum und Wirklichkeit gipfelt. Die vergangene Zeit wird ausgegraben oder unter der Erde exploriert. Unter der Erde befinden sich auch die sterblichen Überreste der einst in Niederschlesien, aber auch in Lemberg lebenden Menschen.

Karl Schlögel stellt die These auf, dass sich im Umgang mit den Toten zeige, wie man es mit der Vergangenheit hält.[43] Mit den Friedhöfen wird unterschiedlich umgangen, wie Schlögel notiert: Sie werden unter neu angelegten Umgehungs- oder Durchgangsstraßen und Stadtautobahnen begraben, vermischen sich oft mit dem diffusen Niemandsland aus Parkplätzen, Tankstellen, Einkaufszentren. Sie werden ausradiert oder auch ausgeplündert. Es gibt einen Liebhabermarkt für schöne Grabsteine und für Devotionalien aus der Deutschen-Zeit.[44] Der letzte Fall wird in *Dunkel, fast Nacht* von Bator beschrieben, wo man es auf die Knochen abgesehen hat, aber nicht nur speziell die von Deutschen. Ein selbsternannter Prophet namens Łabędź (dt. Schwan) betreibt einen Knochenhandel, und die abergläubischen Einwohner von Wałbrzych bezahlen diese Knochen, die Gesundheit und Glück bringen sollen, mit hohen Geldsummen. Ein ganzes Netz organisierter

41 Słoniowska: *Dom z witrażem*, S. 203.

42 Ebd., S. 205.

43 Schlögel: *Im Raume lesen wir die Zeit*, S. 438.

44 Ebd., S. 438.

Sucher der Knochen wird im Kapitel *Die Knochenverkäufer* beschrieben.[45] Geplündert werden vor allem deutsche Gräber auf den alten Friedhöfen, aber auch jüdische Massengräber, die im Unwissen der Plünderer als urpolnisch und aus der Piastenzeit gelten. So werden die Abwesenheit der alten polnischen Gräber markiert und nationale Ressentiments ins Lächerliche gezogen.[46]
Eine andere literarische Form nimmt das Thema des Umgangs mit den Friedhöfen bei Słoniowska an. In einer Begräbnisszene gehen die Trauernden auf dem Łyczakowski-Friedhof an den polnischen und ukrainischen Gräbern und so auch am Grab von Maria Konopnicka, Iwan Franko und Salomea Kruszelnicka vorbei. Das geschilderte Begräbnis ist einzigartig: Begraben wird eine Opernsängerin, Tochter einer Polin und eines Russen, die sich selbst als „Wahl-Ukrainerin" bezeichnete und im Jahre 1988 durch eine Kugel, die für einen ukrainischen Oppositionellen bestimmt war, getötet wurde. Das Vorbeiziehen an den polnischen und ukrainischen Gräbern gewinnt hier eine versöhnliche Dimension. In einem ähnlichen Ton verläuft der Diskurs zum polnisch-ukrainischen Krieg von 1918, wenn in die Beschreibung der Kämpfe zwischen Polen und Ukrainern auch kurze, aber doch versöhnliche Szenen zwischen beiden kämpfenden Seiten eingeflochten werden. Die Ukrainer und Polen haben gemeinsam gefeiert, man hat viel Wodka getrunken und viele Fotos gemacht. Diese Fotos vom gemeinsamen Feiern passten jedoch in die schwarz-weiße Legende der polnischen Verteidiger von Lemberg nicht hinein, und die Ukrainer haben eine eigene Version der Geschichte noch nicht geschrieben.[47] Eine Versöhnung findet jedoch im Tod statt, die Knochen der Gefallenen wurden auf beiden Seiten vermischt, weil die Verwundeten in einem gemeinsamen Krankenhaus behandelt und die, die nicht überlebt haben, in der Nähe begraben wurden, ohne dass dabei die Nationalität eine Rolle gespielt hätte. Zwar hat es Exhumierungen gegeben, aber man konnte die sterblichen Überreste nicht mehr auseinanderhalten.[48]

45 Bator: *Dunkel, fast Nacht*, S. 363–417.
46 Ebd., S. 368–369 .
47 Słoniowska: *Dom z witrażem*, S. 238.
48 Ebd., S. 241.

Knochen fallen auch aus dem Inneren des abgerissenen Denkmals von Lenin. Es sind die Knochen der Lemberger, die vom kommunistischen Regime ermordet wurden. Sie werden in einer Vision der Ich-Erzählerin wieder lebendig und sprechen in vielen Sprachen.[49] Der Tod nivelliert Unterschiede und lässt diejenigen nebeneinander ruhen, die gegeneinander gekämpft haben, aber auch jene, die aus verschiedenen Europaregionen kamen. In *Letzte Geschichten* von Tokarczuk ist das die Tante Marynka, eine Ukrainerin, die mit der Familie ihrer Nichte in die ‚wiedergewonnenen' Gebiete auswandert und dort neben den Deutschen ihre Ruhestätte findet. Die Ich-Erzählerin, die ihrem polnischen Mann dorthin gefolgt ist, sieht die Ursachen dafür in der ungünstigen Umgebung: „Sie stirbt im Winter neunundvierzig an Lungenentzündung. Das ist kein Klima für uns, die aus den sonnigen Ebenen kommen. Allein die Luft bringt uns um."[50] Die ukrainische Ich-Erzählerin fühlt sich doppelt fremd, einerseits wegen der unvertrauten Umgebung, die einst von den Deutschen bewohnt wurde, und andererseits wegen der Leute, mit denen sie leben muss. Die polnischen Bewohner*innen bleiben für sie für immer fremd:

> Das sind Dummköpfe, allesamt, ohne Ausnahme. Ich mag sie nicht und sie mich auch nicht. Ein dämliches Sammelsurium aus der ganzen Welt, heimatlose Streuner. Die bekloppten Leute aus den Bergen und die Faulenzer aus den Städten, eingebildete Kakerlaken.[51]

Diese Menschen brauchen der Ich-Erzählerin zufolge zwei Generationen, um miteinander zu kommunizieren, obwohl sie dieselbe Sprache sprechen.[52] Gestört bleibt auch die Kommunikation mit ihrem polnischen Mann, den sie ungeachtet der polnischen Umgebung Petro anstatt Piotr nennt und der ihr verbietet, die eigene Tochter nach der geliebten ukrainischen Tante Marynka zu benennen. Und doch hat sie ihn in der Ukraine vor den russischen Deportationen und ihren

49 Słoniowska: *Dom z witrażem*, S. 154.

50 Olga Tokarczuk: *Letzte Geschichten*, aus d. Poln. v. Esther Kinsky. München: DVA 2006, S. 189.

51 Ebd., S. 153.

52 Ebd., S. 190.

eigenen Landsleuten gerettet. Sie ist und bleibt ein „Mensch des Grenzgebietes".[53]

Słoniowska schließlich lässt ihren ukrainischen Protagonisten die Menschen des Grenzgebiets folgendermaßen definieren:

> „Rechts liegt das Land der Kreise. Kreise heiraten Kreise und sie bekommen runde Kinder. Links herrschen Dreiecke. Hier heiraten die Dreiecke nur die Dreiecke und bekommen kleine Dreieckchen. Diese Linie hier ist Grenze und das Gebiet um sie herum ein Grenzgebiet. In diesem Gebiet kommen andere Kinder zur Welt." Er zeichnete Kreise in den Dreiecken und Quadrate in den Kreisen und auch – diese gefielen mir am besten – Vielecke, die aus den überlappten Kreisen und Quadraten gebildet wurden. „Die Menschen wollen, dass sich diese Kinder als diese oder jene Figuren definieren. Das Problem liegt darin, dass sie das nicht wollen. Sie sind das eine und das andere gleichzeitig, und darin liegt ihre Einzigartigkeit. Die Mehrheit akzeptiert solche Möglichkeiten: Hybriden, gemischte Formen nicht und will eindeutige Definitionen. So ist es einfacher."[54]

In diesem Zitat wird die Hybridität des postkolonialen Diskurses heraufbeschworen, die für Mannigfaltigkeit, aber auch für Spannungen sorgt. Das Leben in einem Grenzgebiet scheint von keinem ungestörten Nebeneinander gekennzeichnet zu sein. In den erzählten Geschichten kommen die komplizierten Beziehungen in den Blick, die in den untersuchten Werken meistens aus weiblicher Perspektive erzählt werden. In *Wolkenfern* und *Sandberg* von Bator entdeckt Jadzia Chmura, dass sie einen jüdischen Vater hat, obwohl sie bisher glaubte, dass ihr Vater ein polnischer Freiheitskämpfer gewesen sei.[55] In den polnischen Stereotypen gefangen, braucht sie viel Kraft, ihre neue Familiengeschichte zu akzeptieren. In *Dunkel, fast Nacht* entdeckt die Ich-Erzählerin, dass ihre psychisch kranke Mutter eine Deutsche war.[56] Bei Tokarczuk kennt die Tochter die ukrainische Vergangenheit ihrer Mutter nicht, was für Spannungen in der Mutter-Tochter-Beziehung sorgt. Bei Słoniowska ziehen sich diese

53 Ebd., S. 192.

54 Słoniowska: *Dom z witrażem*, S. 123–124 (Übers. J. P.).

55 Bator: *Wolkenfern*, S. 129–130; Bator: *Sandberg*, S. 21.

56 Bator: *Dunkel, fast Nacht*, S. 499.

Reibungen durch die Generationen hindurch. Die nach Kasachstan deportierte Urgroßmutter lässt dort ihre eigene Tochter allein und holt sie erst nach einem Jahr nach Lemberg. Diese erlaubt ihr später nicht, mit dem geliebten Mann nach Polen auszureisen.[57] In Bators *Wolkenfern* kann die Großmutter ihre Tochter nicht lieben, weil sie glaubt, dass deren Vater ein polnischer Vergewaltiger war und nicht ihr jüdischer Liebhaber. Erst nach Jahren, als sie die Züge ihres Geliebten in der Enkelin sieht, lernt sie ihre Tochter zu lieben.[58] In *Dunkel, fast Nacht* missbraucht die einst von den Rotarmisten vergewaltigte Mutter ihre ältere Tochter und versucht, die jüngere zu töten. Die äußere Gewalt des Krieges verwandelt sich in Lieblosigkeiten in den zwischenmenschlichen Beziehungen oder in Gewalt, die sich gegen die eigenen Kinder richtet. Das Erzählen über Grenzräume mündet nicht in eine Idylle, die alle Spannungen vergessen lässt und ein ‚schönes' Miteinander generiert, sondern in ein Erzählen, das das Fremde im Eigenen hervorhebt. Die fremden Dinge, die in den einst polnischen oder deutschen Gebieten nach vielen Jahren zu Tage gefördert werden, bilden den Ausgangspunkt für ein Zusammenstellen der Biografien der Menschen, die in den Grenzräumen geboren sind und sich ihrer eigenen Einzigartigkeit bewusst werden, die jenseits einfacher nationaler Muster zu situieren ist.

57 Słoniowska: *Dom z witrażem*, S. 180.
58 Bator: *Dunkel, fast Nacht*, S. 306.

Maryna Orlova (Tscherkassy)

Die Bukowina als Erinnerungsort in Maria Matios' Roman *Darina, die Süße*

> Die Bukowina, Du, die süße,
> in drei Teile geteilt,
> ljano [...]
> Auf die Bukowina, wie nach Palästina,
> Erhält deine Seele die Erlaubnis [...]
> Wie ins Schlaraffenland uns tragen hier
> Die Arme eingelullter Fichten.
> (Aus einem ukrainischen Volkslied)

Maria Matios ist eine der erfolgreichsten und prominentesten Schriftstellerinnen des modernen ukrainischen Literaturbetriebs. Ihre Werke sind in mehrere Sprachen, nämlich sowohl ins Russische, Polnische, Französische, Litauische, Kroatische als auch ins Chinesische und Japanische übersetzt. Zwei Romane sind auch bereits auf Deutsch erschienen – im Jahre 2013 *Darina, die Süße*, mittlerweile schon in zweiter Auflage, und 2015 *Mitternachtsblüte.* Außer der literarischen Tätigkeit nimmt die Schriftstellerin eine aktive gesellschaftliche Position ein. Sie ist als Vertreterin von Vitalij Klitschkos Partei UDAR Abgeordnete im ukrainischen Parlament. Während der Majdan-Ereignisse in Kiew im Winter 2013/14 war sie aktiv und hilft bis heute weiterhin den ukrainischen Soldaten als Mäzenatin, etwa indem sie sich an ihrer Rehabilitation beteiligt, Behandlungen in Kliniken im Ausland und andere materielle Hilfen organisiert.

Die Texte von Maria Matios gehören zur neueren ukrainischen Literatur, die unter anderem das Problem der ukrainischen Identität thematisiert. Als Schwerpunkt ihrer Werke gilt die Geschichte der Ukraine des 20. und 21. Jahrhunderts. Der Haupttopos in den Werken von Matios ist ihre Heimat – die Bukowina als Kultur- und Gedächtnislandschaft. Die Konzeptualisierung des Grenzraums Bukowina ist dabei stark mit der Konzeption des kulturellen Gedächtnisses der Ukrainer verbunden, welches Matios in ihren Texten umfassend entwirft. In ihren Werken stellt sie die tragischen Seiten der Geschichte der Bukowina als Grenzland des 20. Jahrhunderts mit ihren staatlichen, kulturellen und mentalen Veränderungen unter den Einflüssen verschiedener politischer Mächte – der österreichischen, der rumänischen und der sowjetischen Herrschaft – dar, die dieses Land abwechselnd besetzten.[1]

Matios beschreibt das Dasein und die Bewusstseinsformen des ukrainischen Volkes der Bukowina, die territorial, politisch und national geprägt waren. Ihre Texte beinhalten Geschichten über die Bukowina als einen Ort, der tragische geschichtliche Wandlungen und ständige politische Umbrüche erfahren hat. Als selbstständiges Kronland der Donaumonarchie unter der Regierung von Kaiser Franz Joseph wurde die Bukowina ab Anfang des 20. Jahrhunderts vielmals besetzt, geteilt und zerrissen. Als die Bukowina Bühne der Auseinandersetzung zwischen den österreichisch-ungarischen und den russischen Truppen während des Ersten Weltkriegs wurde, besetzte sie die zaristische Armee dreimal. Nach dem Ende dieses Krieges okkupierte die rumänische Regierung das Land. Obgleich 1919 ein Teil der Bukowina (nämlich fünf Dörfer des heutigen Zastavnizkyj-Bezirks – Babyn, Luka, Prylyptsche, Zvenjatschyn und Chreshtschatyk) Polen zugeschlagen wurde, ergriff Rumänien schon Ende 1919 erneut Besitz von dieser Region. Es war ein erfolgloser Versuch, die Nordbukowina am 3. November 1918 an die Ukrainische Volksrepublik anzugliedern, denn schon am 7. November 1918 scheiterte dieser Versuch. Ab 1939 wurde die Region zum Spielball zwischen der Sowjetunion und

1 Vgl. Christina Spinei: Erzählen unter Träumen, Tränen und Trauma: Ein Streifzug durch die Geschichte der Bukowina. In: Dies.: *Über die Zentralität der Peripherien: Auf den Spuren von Gregor Rezzori*. Berlin: Verlag für wissenschaftliche Literatur 2011, S. 210–220; Kurt Scharr: *Die Landschaft Bukowina: Das Werden einer Region an der Peripherie 1774–1918*. Wien / Köln / Weimar: Böhlau 2010.

Rumänien bzw. dem Deutschen Reich, was zu schweren Verwüstungen und Zerstörungen sowie zu signifikanten menschlichen Verlusten unter den JüdInnen, UkrainerInnen, RumänInnen, deutschen Frauen und Männern und anderen Nationalitäten führte, die hier lebten. Die Sowjets besetzten die Nordbukowina zum ersten Mal am 28. Juni 1940, nach dem Molotow-Ribbentrop-Pakt. Nach dieser ersten Zweiteilung wurden sie am 6. Juli 1941 von den deutschen und rumänischen Truppen verdrängt, kehrten aber im März 1944 wieder. Dies ist der Zeitpunkt der endgültigen Teilung. Ab 1945 ist die Bukowina zweigeteilt: Der Norden mit der ehemaligen Hauptstadt Czernowitz fiel an die Sowjetunion, der Süden blieb bei Rumänien. Die kommunistische Diktatur verursachte radikale Wandlungen in dieser Region, die eine tiefe Spur im kulturellen Gedächtnis der Bevölkerung hinterlassen haben. Diese komplexen und mehrdimensionalen Machtverhältnisse, deren Folge Vernichtung, Deportationen und ein mehrfacher Exodus waren, änderten die demographische, kulturelle und soziale Struktur der Bukowina wesentlich:

> Kaum ein Landstrich auf der Welt hat eine so dramatische Geschichte wie die Bukowina. Vielleicht hängt das damit zusammen, dass es sich um ein Grenzland handelt, ein Land am Rand also; vielleicht aber auch damit, dass dieses Land als sanft, ja beinahe ‚süß' galt und seine Bewohner als leicht zu regierende Untertanen. Womöglich aber gab es dafür andere Gründe, solche, die allenthalben nur die Obrigkeit kannte; Gründe, die nur die Machthaber kennen.[2]

Der 2004 veröffentlichte Roman *Darina, die Süße* ist eines der bekanntesten Werke der Schriftstellerin. Er gilt als Beststeller der modernen ukrainischen Literatur. Für diesen Roman wurde Matios im Jahr 2005 der höchste ukrainische Literaturpreis, der Schewtschenko-Preis, verliehen. Die Uraufführung des gleichnamigen Theaterstücks nach dem Roman von Matios fand am 14. März 2008 in Czernowitz statt, danach wurde das Stück in Iwano-Frankivsk aufgeführt. Seitdem steht das beim Publikum beliebte Stück auf dem Spielplan dieser zwei bekannten ukrainischen Theater. Des Weiteren

2 Andrej Kurkow: Nachwort. In: Maria Matios: *Darina, die Süße*. Innsbruck/Wien: Haymon 2013, S. 219–226, hier S. 219.

wird zum zehnjährigen Jubiläum der Veröffentlichung des Romans die Verfilmung des Werks durch den jungen ukrainischen Regisseur aus Lemberg Olexandr Denysenko, ein Schüler von Andrzej Wajda, erwartet.[3]

Der Roman *Darina, die Süße* stellt die Tragödie des unter der brutalen Willkür wechselnder Herrscher leidenden ukrainischen Volkes in einem zerrissenen Land dar. Die Autorin schildert das Schicksal einer Familie von den 1930ern bis in die 1970er Jahre des 20. Jahrhunderts in einem kleinen Grenzdorf der Bukowina, dessen dramatische Geschichte sich in ihrer Vergangenheit verbirgt. Es handelt sich dabei um eine Geschichte, die tief in die Kriegs- und Nachkriegswirren Osteuropas zurückführt. So wird der Versuch gewagt, im Roman den Zusammenhang von Nationen, Nationalitäten und ständig sich verschiebenden Grenzen zu veranschaulichen. Dazu meint Matios einmal selbst:

> In allen Zeiten schaffen Menschen Hymnen. Mit meinem Buch versuchte ich, die Hymne dem Menschen vor dem Hintergrund der tragischen geschichtlichen Ereignisse zu widmen. Mit Hilfe meiner „Darina" suchte ich nach dem gestohlenen Glück meiner Nation und nach dem gestohlenen Glück des einzelnen Menschen.[4]

Vor diesem historischen Hintergrund schildert Maria Matios das persönliche Drama eines ukrainischen Mädchens namens Darusja („Darina" in der deutschen Übersetzung), der Titelheldin des Romans. Darina wird von den Bewohnern des Dorfes als geistig behindert angesehen und mit dem Adjektiv ‚süß' benannt. Die ‚kranke' Darina erinnert sich an die Ereignisse aus ihrer Kindheit, die sowohl ihr weiteres Leben als auch das Schicksal ihres ganzen Volkes bestimmt haben. Einerseits rekonstruiert die Autorin mittels ihrer Protagonistin das vergangene dramatische Geschehen, andererseits schildert sie

3 Bereits im März 2015 wurde der Teaser des Films präsentiert. Zum Zeitpunkt der Drucklegung dieses Beitrags war der Film allerdings noch nicht erschienen.

4 Марія Матіос: *Вирвані сторінки з автобіографії*. Львів: Піраміда 2011 [M. Matios: *Ausgerissene Seiten aus einer Autobiographie*. Lviv: Piramida 2011 (Online-Ausgabe)], o. P. http://www.e-reading.club/bookreader.php/1013200/Matios_-_Virvani_storinki_z_avtobiografii.html (Zugriff am 27.06.2016; Übers. M.O.).

die faszinierende Welt der Bukowina im ‚Land an der Grenze'. Matios schickt die LeserInnen ihres Romans bewusst in eine Welt der Phantasie und der Fiktionalität. Zwei geographisch unter anderen Namen existierende Grenzdörfer – eines in der Bukowina und das zweite in Galizien – werden zu Schauplätzen der zwischen 1939 und 1941 sich abspielenden Geschehnisse. Der zeitliche Rahmen des Werks wird auf die Periode vom Ende der 1930er bis in die 1970er Jahre beschränkt.

Die Haupthandlung des Romans spielt in den grausamsten Zeiten der ukrainischen Geschichte – vom Ende der 1930er bis Anfang der 1950er Jahre –, in einer Zeit, in der auch nicht-ukrainische BewohnerInnen dieses Territoriums verfolgt und ermordet wurden. Deshalb bedingt die räumlich-geographische Verortung des Grenzraums der Bukowina die Art der kollektiven Erinnerung: Dieser Ort ist gleichsam so etwas wie ein transnationaler Erinnerungsort an traumatische Erfahrungen wie Zerstörung, Vertreibung, Deportation, Tod und Vernichtung – an den Holocaust:

> Eine Woche später bewahrheiteten sich die Träume der Alten aus Tscheremoschne, die in ihrer Jugend offenbar so viel Pulver geschnuppert hatten, dass sie über eine große Entfernung spürten, wie es sich von neuem in der großen Büchse zu regen begann.
> Einige Tage nachdem die zehn Familien aus Tscheremoschne bei Nacht und Nebel mit unbekanntem Ziel abtransportiert worden waren, brach in der Welt ein neuer Krieg aus.[5]

Die Bukowina dient als Erinnerungsort zwischen Geschichte und Gedächtnis sowohl für die Autorin selbst als auch für ihre Protagonistin Darina. Das Buch bezieht sich auf eine Gedächtnisgeschichte, welche die kollektive Erfahrung aller Nationalitäten betrifft, die auf diesem Territorium gelebt haben. Die Autorin richtet ihr Augenmerk speziell auf die Lebensumstände der Ukrainer in dieser Zeitwende. Sie beschreibt die individuelle Erfahrung ihrer eigenen Familie, der Matios, deren Vorfahren in der Bukowina, dem sogenannten ‚Buchenland', seit 1790 lebten und deren Leben in ihrer großen Familie auch weiterhin an diesem Ort stattfindet. Matios versteht die Bukowina

5 Matios: *Darina, die Süße*, S. 155–156.

als Erinnerungsort, dessen kollektive Aufarbeitung noch nicht abgeschlossen und dessen dramatische Vergangenheit noch nicht bewältigt ist.

Anhand von *Darina, die Süße* ist es möglich, verschiedene Dimensionen zu bestimmen, die Erinnerungsorte nach Pierre Nora aufweisen. Der französische Historiker definiert materielle, funktionale und symbolische Dimensionen als Eingrenzungskriterien von Erinnerungsorten, die parallel zueinander existieren, aber in ihrer konkreten Erscheinungsform unterschiedlich gewichtet sein können.[6]

So ist die Bukowina ein Erinnerungsort in zweifacher Hinsicht: einerseits im Sinne ihrer *materiellen* geographischen Verortung als ein tatsächlich existierender Ort, andererseits im Sinne ihres *materiellen* Bezugspunkts in der Gegenwart, in der sich kollektive Erinnerungen anlagern. Auf der *funktionalen* Ebene erhält ein solcher Ort eine bestimmte gesellschaftliche Relevanz. In diesem Fall ist das beispielsweise der Austausch von Erinnerungen innerhalb eines Kollektivs mit dem Ziel der nationalen Selbstvergewisserung innerhalb einer Gruppe. Die Bukowina ist schließlich auch ein *symbolischer* Ort dank ihrer Bedeutung für verschiedene Völker, oft als Erinnerungsort der Gewalttaten, als Folge des Schmerzes, Verlusts und des Leidens. Diese symbolische Ebene ist im Werk von Matios meines Erachtens besonders stark ausgeprägt. Das zeigt sich etwa in den beiden folgenden Szenen:

> Als die vom weiten Weg erschöpften Dörfler auf ihre Höfe zurückkehrten, hatten schon die nächsten Sowjets das Kommando im Dorf übernommen [...]. Wo vorher die siebzehn jüdischen Schenken gestanden hatten, waren jetzt entsetzliche Brandstätten, durch die ohne jede Scheu vor Menschen die Raben staksten und nach Kadavern wühlten, dass die noch heiße Asche bis in den Himmel stob.
>
> Manche Höfe waren bis zum Letzten geplündert, so dass ihre Besitzer heute bettelnd von Haus zu Haus ziehen mussten.[7]

6 Pierre Nora: *Zwischen Geschichte und Gedächtnis*, aus d. Franz. v. Wolfgang Kaiser. Frankfurt am Main: Fischer 1998, S. 32.

7 Matios: *Darina, die Süße*, S. 179–180.

> „Da", Diduschenko wies mit dem Revolver auf den Tisch mit dem einzelnen Blatt Papier, „hat sich ein Bauer für die Deportation eingetragen, für die Aussiedlung sozusagen. Das Klima sei ihm hier zu warm, hat er gesagt, da will er seinen Kopf etwas abkühlen und seiner kinderreichen Familie gleich was von der großen, weiten Welt zeigen. Und die anderen da", er richtete den Revolver auf den Stapel mit den beschriebenen Bögen, „haben freiwillig den Wusch geäußert, dem Kolchos beizutreten, ihr Vieh, ihre Gerätschaften und ihren ganzen anderen überflüssigen Krempel dem Kolchos zu übertragen [...]", sagte der Offizier lächelnd und zwinkerte Matronka irgendwie lüstern zu.[8]

Die Erinnerung an diesen Ort führt den/die LeserIn ebenfalls durch verschiedene Zeitschichten (im Sinne von Reinhart Koselleck).[9] Der Chronotopos des Werks ist sehr dynamisch – auf etwa 200 Seiten erfahren die LeserInnen etwas über das Leben von mehreren Generationen. Obwohl das Werk zum Prosagenre gehört, organisiert die Schriftstellerin die Textstruktur in drei, der dramatischen Kunst ähnelnde Teile, die eine umgekehrte Chronologie haben und vom Ergebnis zur Ursache zurückkehren. Dabei wird die Kausalkette unterbrochen: Der erste Teil heißt „Darina, das tägliche Drama", der zweite „Iwan Zwytschok, das Vordrama" und der letzte „Mychajlos Wunder. Das Hauptdrama". Im ersten Teil, dessen Schilderung ungefähr in die 1970er Jahre des 20. Jahrhunderts fällt, beschreibt Matios das Leben des sprachlosen Mädchens Darina, das schreckliche Kopfschmerzen peinigen; um sie zu stillen, muss sie zum Fluss gehen und ins Wasser steigen oder eingegraben in der Erde stehen, denn das Wasser und die Erde saugen ihre Schmerzen auf und geben ihr Saft.[10] Die Dorfbewohner halten sie für dumm und stumm. Darina bestätigt indes, dass sie nicht dumm ist. Sie denkt pausenlos über alles Mögliche nach, eben deswegen plagen sie immer Kopfschmerzen: „Darina hörte und wusste alles, sie redete nur mit niemandem. [...] Darina wollte

8 Ebd., S. 182.

9 Reinhart Koselleck: *Zeitschichten: Studien zur Historik.* Frankfurt am Main: Suhrkamp 2000.

10 Vgl. Matios: *Darina, die Süße*, S. 16.

einfach nicht reden. Auch Worte konnten Schaden anrichten. Sie konnte sich nicht erinnern, woher sie das wusste, aber es stimmte."[11]

Im Roman wird das Motiv der Sprachlosigkeit zur zentralen Achse der Geschichte. Die Schriftstellerin schafft eine Rahmenkonstruktion damit: Matios bringt das Motiv von Darinas Schweigen am Anfang und Ende ihres Werks. In ihrem tiefen Gedächtnis hat die gegenwärtige Darina ein für sie unverständliches Schuldgefühl. Das Mädchen fühlt nur, dass ihre Worte ihrer Familie Schaden zugefügt haben, aber sie hat keine Erklärung dafür. Deswegen hat sie Angst, wieder zu sprechen, was wiederum ihre Kopfschmerzen hervorruft.

Die Protagonistin hat aber nicht alles vergessen. Sie erinnert sich an den verstorbenen Vater, an ihre Gespräche. Um die Erinnerung an den Vater aus dem Gedächtnis hervorzurufen, geht das Mädchen zum Friedhof, zu „Vaters Häuschen"[12]. Nur hier kann sie sprechen: „Darina erzählte ihm alles und fragte nach allem, aber die längste Zeit lauschte sie seiner gedämpften, gemächlichen Rede."[13] Jedes Mal bringt Darina das lange gesammelte, oft von den Leuten geschenkte Essen für den Vater mit, damit er keinen Hunger hat. Warum der Vater aber immer Hunger hat, weiß sie nicht.

Im Text kommen hauptsächlich die Bewohner des Dorfes zu Worte. Der ganze Roman ist mit in den Text harmonisch inkorporierten Kommentaren in Form von Sagen, Gerüchten, Klatsch oder dem Gerede der Dorfbewohner verflochten. In diesen Inkorporierungen, die im Text kursiv hervorgehoben sind, wird die eigenartige Volksstimme der Bukowiner hörbar:

> *„Ich will Matronka nicht Unrecht tun, Gevatterin, aber sie ist mir nicht ganz geheuer, sie hat so was Unheimliches … Vielleicht ist sie eine Hexe, obwohl, sie sieht ja ganz sanft aus und ist auch sehr fleißig … Vielleicht hat sie sich in der Nacht in eine Hexe verwandelt und dann wieder in eine Frau, und jemand hat sie dabei erwischt, Gott bewahre, wenn sie jemand sieht, wie aus einer Hexe ein Mensch wird* […]."

11 Matios: *Darina, die Süße*, S. 18.
12 Ebd., S. 30.
13 Ebd., S. 26.

„Wahrscheinlich läuft Mychajlo deshalb rum wie angestochen. Wisst Ihr noch, wie Iwan aus Kinaschka so meschugge war? Aber der hatte Rauch vom Zwetschgenholz aus dem Kamin abgekriegt. Was Schlimmeres gibt's nicht [...]."

„Tja, Pajutka ... Ihr quatscht da Wunder was zusammen, drei Kippen und zwei Quersäcke voll [...]."[14]

Bemerkenswert ist, dass die Autorin gerade die Sprachpolyphonie der Bewohner betont. Ihre Sprache ist eine Mischung aus der ukrainischen, rumänischen und polnischen Sprache. In ihren Reden fühlt man noch die Mehrsprachigkeit des ehemaligen Kronlandes, die auf den Status der im Roman beschriebenen Bukowina als Grenzraum hinweist. Die Volksweisheiten, die Aphorismen, die Sprichwörter bereichern den Text wesentlich.

Im zweiten Teil des Romans, in der Periode ungefähr gegen Ende der 1960er Jahre, wird ein Protagonist namens Iwan Zwytschok eingeführt, der Maultrommelspieler und -meister ist. Sein Leben ist mit dem Darinas eng verbunden. Die beiden haben keine Familie mehr, sind allein, sprachlos und gleichermaßen Gegenstand des Spotts ihrer Nachbarn. Iwan „richtete [...] nur ungern das Wort an andere", „außerdem hatte er einen Geburtsfehler: Seine Zunge war am Gaumen angewachsen, und so hörte er sich an wie ein Fuhrwerk, das über die Dorfstraße rumpelt ..."[15] Er ist die einzige Person im Dorf, die davon überzeugt ist, dass Darina gesund, nicht dumm und nicht stumm ist. In diesem Kapitel konstruiert die Schriftstellerin mit Iwan eine andere Welt für Darina. Dank seiner Liebe zu Darina und seiner Sorge um sie wird sie von den ständigen Kopfschmerzen und unerträglichen Leiden geheilt, leider aber nur für kurze Zeit. Einmal verschwand Iwan für 15 Tage, denn er war inhaftiert worden. Als er zu Darina zurückkehrt, erleidet sie eine andauernde Schmerzattacke, die Iwan nicht heilen kann. Maria, die Nachbarin von Darina, sagte Zwytschok darauf, dass er wieder fortgehen solle, und auch Darina heißt ihn zu gehen:

14 Ebd., S. 141–142.
15 Ebd., S. 47.

> Am Tag nach Mariä Schutz und Fürbitte stand Darina auf [...]. Packte Iwans kümmerliche Habseligkeiten in einen Sack. Wickelte das Brot, das Maria gebracht hatte, in ein weißes Tuch, drückte ihm alles in die Hand und öffnete Iwan die Tür zur Veranda.
> Sie quälte sich lange, so lange, dass selbst eine Erstgebärende schneller niederkommt, und doch brachte sie in ihrer Kehle die Laute zusammen, denn ganz leise, dass nur Iwan es hören konnte und nicht einmal Marias Kater zu Darinas Füßen, sagte sie:
> „G-e-h-I-w-a-n."
> Sie zeigte mit der Hand auf die Straße und ging wieder ins Haus.[16]

Im dritten Abschnitt des Werks werden schließlich sowohl die historischen Ereignisse als auch das private Drama von Darinas Familie geschildert. Die (Re-)Konstruktion des vergangenen Geschehens vermittelt die Autorin durch einen Geschichtskommentar, der als Erklärung für die LeserInnen fungiert, und durch die Wahrnehmung von Darinas Vater, dessen Leben in diesem Kapitel, in dem er als Hauptprotagonist fungiert, beschrieben wird. Die Ereignisse finden Ende der 1930er und Anfang der 1950er Jahre statt:

> An dem Tag [...] gehörte [...] Tscheremoschne zu Rumänien, wo König Carol seinen Untergebenen als Gott und Zar diente, und hier, am äußersten Ende des România Mare, in dem Dorf zwischen den Hügeln über dem Tscheremosch verkörperten die Stellvertreter des Königs Zar und Gott: die hiesige Jandarmeria und die Grăniceri mit Leutnant Lupul an der Spitze sowie die örtlichen Gutsbesitzer. [...] Wer auf der anderen Seite wann und wie lange regierte, wusste Mychajlo nicht so genau, aber er wusste, dass dort, so lange er denken konnte, die polnischen Pans und irgendwelche Gendarmen oder Żołnierzy das Volk schikaniert hatten. [...] Seit letztem Herbst, seit die von den Deutschen geschlagenen Polen aus der Gegend abziehen mussten, genauer gesagt seit dem 17. September 1939, herrschten im Zwillingsdorf auf der anderen Flussseite die Sowjets.[17]

Die Semantik des Flusses gewinnt hier einen wichtigen, dem gesamten Werk zugrundeliegenden Stellenwert. Der schnellfließende

16 Matios: *Darina, die Süße*, S. 92.
17 Ebd., S. 118–119.

Fluss Tscheremosch dient nicht nur als natürliche Grenze zwischen den zwei umliegenden Bergdörfern mit dem identischen Namen Tscheremoschne, die „einander wie ein Gesicht seinem Spiegelbild ähnelten“[18], sondern auch als territoriale Grenze zwischen der Bukowina und Galizien. Die Orte um den Fluss, nämlich diese zwei Grenzdörfer und die damit verbundenen lokalen Assoziationen und räumlichen Konstellationen, bilden ein Grundgerüst, das alle Ebenen des Erzählens, des Erinnerungsvorgangs und der Erzählweise zusammenschließt. Die Sonderrolle des Flusses bestimmt so das Leben der Menschen:

> Immer wieder geriet ihr Land in den Besitz eines anderen Staates wie eine willenlose Frau in die Hände eines geschickten Mannes, und deswegen waren die Menschen an den Zwillingshügeln immer wieder und viele Jahre lang, aus denen manchmal Jahrhunderte wurden, durch eine Grenze mitten im Fluss getrennt. Den Fluss ließen solche Veränderungen unberührt.[19]

Gemeinhin wird als erste Eigenschaft von Flüssen ihre Fähigkeit gesehen, Menschen und Gebiete zu trennen oder voneinander abzugrenzen. Sie bilden *natürliche* Grenzen, die Territorien unterschiedlicher Nationen und Staaten voneinander trennen, oder *imaginäre* Grenzen, die dort Trennungen schaffen oder dokumentieren sollen, wo eigentlich gar keine sind. Das lässt sich oft in Zeiten von Krieg und Gewalt beobachten. Eine weitere, entgegengesetzte Eigenschaft ist die Verbindung: Flüsse trennen nicht nur, sondern verbinden auch die Gebiete links und rechts ihrer Ufer. Im Werk von Matios trennt einerseits Tscheremosch als Grenzfluss die Dörfer, und andererseits stellt der Fluss eine Art Kontaktzone zwischen den Menschen dar: „So ging das zwischen den zwei [...] Hofbauern über den Fluss hin und her, dass es gleich in zwei Dörfern, ach was, in zwei Staaten zu hören war.“[20]
Der Fluss Tscheremosch ist ein Element der Differenz und Grenze nur im Sinne der anderen politischen Macht (auf einer Seite Polen, dann seit dem 17. September 1939 die Sowjetunion, auf der anderen Seite Rumänien und dann wiederum die Sowjetunion), aber nicht

18 Ebd., S. 118.
19 Ebd.
20 Ebd., S. 127.

im Sinne der verschiedenen sozialen, kulturellen oder linguistischen Systeme. Matios stellt die zwei Dörfer als Orte mit wenigen Unterschieden dar:

> Seit jeher sprachen die Bewohner in den beiden Tscheremoschnes fast dieselbe Sprache und falteten die Hände in gleicher Weise zum Vaterunser, feierten am selben Tag Weihnachten und Ostern, und sogar ihre Kleidung, ihre Flüche, ihr Dank ähnelten einander, nur in ihren Begrüßungen unterschieden sich die Leute zu beiden Seiten des Flusses leicht, aber das war auch schon der ganze Unterschied.[21]

Außerdem wird die Textdynamik durch eine rhetorisch artikulierte Dynamik des Wassers dargestellt. Ins Wasser schauen die Protagonisten, wenn sie glücklich und auch wenn sie traurig sind. Am Flussufer geschah der tragische Fall mit Darinas Mutter. Noch eine stillende Mutter, war sie plötzlich verschwunden, als sie das Vieh zum Weiden auf die Wiese am Tscheremosch trieb. Nach drei Tagen fand sie ihr Mann unter einem Stein auf der Wiese am Fluss. Die Frau sah sehr schlecht aus: „Große blaue Flecke und Blutergüsse bedeckten ihren weißen Körper wie fauliges Fallobst."[22] Sie konnte nicht erklären, was mit ihr passiert war. Erst nach vielen Jahren erzählte Matrjonka die grausame Wahrheit: Am Tag ihres Verschwindens hatte sie einen Mann und eine Frau am Flussufer getroffen. Diese beiden waren aus dem galizischen Tscheremoschne und baten sie, sie vor den Sowjets, die im Nachbardorf „Säuberungen" betrieben und ganze Familien aus dem Dorf holten, zu verstecken. In diesem Moment wurden alle drei ergriffen und misshandelt. Dann wurde Matrjonka verhört, denn sie kannte die beiden Angehörigen der Organisation Ukrainischer Nationalisten (OUN), die die Grenze übertreten hatten. Matrjonka wusste nichts, doch gerade als unschuldige Person wurde sie, wie so oft in jener Zeit, beschuldigt.[23] Matios beschreibt bewusst naturalistisch das grausame Bild des Verhörs der Frau, die von einem sowjetischen Offizier misshandelt und vergewaltigt wurde.[24] In einem Interview hat

21 Matios: *Darina, die Süße*, S. 118.

22 Ebd., S. 142–143.

23 Vgl. ebd., S. 204–205.

24 Ebd., S. 207.

die Schriftstellerin erklärt: „Ich weiß, dass die von mir beschriebenen Geschichten nicht selten Präinfarkt-Geschichten genannt werden, aber ohne Leiden und Schmerzen kann die Lebenswahrheit den Menschen nicht entdeckt werden.“[25]

Nach mehreren Jahren kommt dieser Offizier in Matrjonkas Dorf und wird zum Auslöser ihrer Familientragödie. Um sich zu erkundigen, ob die Soldaten der OUN das von den Bauern gesammelte und im Haus von Iwan gelagerte Essen für den Kolchos geraubt haben oder ob Darinas Vater dieses freiwillig abgegeben hat, befragt der Offizier das kleine Mädchen. Die Weise der Befragung ist ‚raffiniert‘: Er leckt vor dem Mädchen einen Lutscher – einen grünen Hahn an einem langen Stiel.[26] Einen anderen hält er dem Kind vor den Mund, lässt es aber nicht an ihm lecken. Auf alle seine Fragen antwortet Darina aufrichtig, dass ihr Vater das Essen selbst abgegeben habe. Daraufhin beschuldigt die Mutter Matrjonka ihre Tochter des Verrats, verflucht sie und erhängt sich schließlich aus Trauer darüber. Die Tochter, die die erhängte Mutter sieht, „verlor ihre Stimme. Und mit der Zeit nannte man sie im Dorf ‚Darina, die Süße‘“.[27] Die quälende Vergangenheit, das Nicht-Erinnern-Wollen auf Grund der traumatischen Erfahrungen mit ihrer fortdauernden Wirkung bestimmen ihr weiteres Leben. Obwohl ihre Erinnerungen an die Vergangenheit unbewusst, sporadisch und oft chaotisch bleiben, prägen sie doch Darinas Leben.

Maria Matios beschreibt in ihrem Werk das Leben der Grenzbewohner unter den ständig wechselnden Mächten und zieht einen Vergleich, in dem sie zeigt, wie die gemeinsamen Erinnerungsbilder das Kollektivgedächtnis der dort lebenden Völker prägten. Jede Macht hinterließ verschiedene Spuren im kollektiven Gedächtnisbild einer zeitlich und räumlich begrenzten Gruppe von Menschen – im analysierten Roman die Dorfbevölkerung von Tscheremoschne.

In Matios’ Roman werden zwei Dimensionen der identitätsstiftenden Erinnerung skizziert – der privaten und der kollektiven –, die sich mit den persönlichen, individuellen traumatischen Erinnerungsbildern auseinandersetzen. Die individuellen Erinnerungen sind dabei Bestandteile des kollektiven Gedächtnisses. Der geschichtliche Raum

25 Матіос: Вирвані сторінки з біографії (Übers. M. O.).

26 Matios: *Darina, die Süße*, S. 196.

27 Ebd., S. 211.

‚Bukowina' bildet einen begrifflichen, für die kollektive Erinnerung der Bukowiner zentralen Topos, in welchem sich die gemeinsamen Assoziationen des Kollektivindividuums gleichsam verdichten. Im Roman kommt so eine kollektive Erinnerung zur Sprache, die nach Maurice Halbwachs aus dem Gedächtnis des Individuums als Teil des Kollektivs hervortritt, indem „die sozialen Rahmen dieses Gedächtnisses" bzw. „die soziale Bedingtheit"[28] hervorgehoben werden:

> Aber unsere Erinnerungen bleiben kollektiv und werden uns von anderen Menschen ins Gedächtnis zurückgerufen – selbst dann, wenn es sich um Ereignisse handelt, die allein wir durchlebt und um Gegenstände, die allein wir gesehen haben. Das bedeutet, dass wir in Wirklichkeit niemals allein sind. Es ist nicht notwendig, dass andere Menschen anwesend sind, die sich materiell von uns unterscheiden: denn wir tragen stets eine Anzahl unverwechselbarer Personen mit und in uns.[29]

Die Bukowina gehört in dieser Hinsicht zu den ukrainischen Erinnerungsorten, die noch einer vielseitigen und intensiven Rezeption bedürfen. Werke wie Matios' Roman *Darina, die Süße* liefern den Zugang zu den authentischen *lieux de mémoire* und geben den LeserInnen die Möglichkeit, sich ein anschauliches Bild davon zu machen, wie das kollektive Gedächtnis Spuren sichert.

28 Kathrin Schödel: *„Literarisches versus politisches Gedächtnis?" Martin Walsers Friedenspreisrede und sein Roman „Ein springender Brunnen"*. Würzburg: Königshausen & Neumann 2010, S. 20.

29 Maurice Halbwachs: *Das kollektive Gedächtnis*, aus d. Franz. v. Holde Lhoest-Offermann. Frankfurt am Main: Fischer 1991, S. 2.

Grenzräume, Konflikträume

Peter Varga (Budapest)

Die Literatur der multiethnischen ungarischen Provinz

Erinnerung an ein schweres Erbe

„Die Stadt der Moderne blieb […] ein Ort, der von Differenzen, von Mehrdeutigkeiten, von ‚Vielsprachigkeiten' in einem wörtlichen und metaphorischen Sinne geprägt war", schreibt Moritz Csáky in seiner grundlegenden Monographie *Das Gedächtnis der Städte*.[1] Die kulturwissenschaftliche Forschung der letzten Jahrzehnte lenkte die Aufmerksamkeit intensiv auf die Beschreibung von kulturell heterogenen urbanen Milieus als geballte und konzentrierte Räume von unterschiedlichen Kulturbegegnungen.[2] Dabei stellt sich immer wieder die Frage, ob sich die Rekonstruktion einer heterogenen, hybriden kulturellen Verfasstheit in den urbanen Milieus auch auf ländliche Regionen übertragen lässt. Es gibt zahlreiche Versuche, die Pluralität des mitteleuropäischen Raums zu erschließen, der „nicht nur polyzentral, sondern auch polyphon, polysem – und trotzdem polysynthetisch [ist], denn gerade in den verschiedenen historisch variablen Machtverhältnissen, der Vielstimmigkeit und Vieldeutigkeit liegt

1 Moritz Csáky: *Das Gedächtnis der Städte. Kulturelle Verflechtungen – Wien und die urbanen Milieus in Zentraleuropa*. Wien / Köln / Weimar: Böhlau 2010, S. 25.

2 András F. Balogh / Erhard Schütz (Hrsg.): *Regionalität und Fremde. Literarische Konstellationen, Visionen und Konzepte im deutschsprachigen Mitteleuropa*. Berlin: Weidler 2007; Wolfgang Kaschuba (Hrsg.): *Urbane Aushandlungen: die Stadt als Aktionsraum*. Berlin: Panama 2014; Csáky: *Das Gedächtnis der Städte*; Helga Mitterbauer: Konzepte der Hybridität. Ein Forschungsparadigma für den zentraleuropäischen Kommunikationsraum. In: Dies. / András F. Balogh (Hrsg.): *Zentraleuropa. Ein hybrider Kommunikationsraum*. Wien: Praesens 2006, S. 17–30.

die Polysynthese der Pluralität"[3]. Allein die Vielzahl der verschiedenen Raumdiskurse ist ein Zeugnis davon, wie groß die Herausforderung ist, das Flottieren, den ständigen Austausch von kulturellen Codes in einem „entgrenzten Kommunikationsraum"[4] zu rekonstruieren. Allerdings ist die Mehrheit dieser Konzepte darin einig, dass „Kultur als Kommunikation stets eine hybride Melange, eine Hybridbildung aus anderen, ebenfalls hybriden Kommunikationsformen"[5] bedeutet, insofern sie nie statisch und homogen, sondern stets dynamisch und heterogen ist. In diesem Sinne wird Kultur als offener, situativer und fluider Kommunikationsraum gleichzeitig auch als Erinnerungsraum verstanden, dessen Elemente unter den beteiligten Akteuren ebenfalls ständig ausgetauscht, mitgeteilt und gegebenenfalls ausgehandelt werden.

Betrachtet man unter diesen theoretischen Vorbedingungen die Literaturlandschaft Ungarns nach 1990, fällt vor allem die Thematisierung des ethnischen, religiösen und kulturellen Pluralismus, des Misch- und Konfliktzonen-Charakters der Region auf.[6] Auf Grund seiner historischen Entwicklung stand Ungarn beziehungsweise die ungarische Nationalkultur des 19. Jahrhunderts gewissermaßen in einem Konkurrenzverhältnis zur deutschen Nationalkultur der Habsburgermonarchie, deren Sprache zu einem „Synonym für die Überlegenheit von deutscher Kultur, Wissenschaft, Wirtschaft und Verwaltung wurde"[7]. Demgegenüber wurde in den östlichen Gebieten der Monarchie das Primat der ungarischen Sprache und Kultur vor allem nach dem Ausgleich im Jahre 1867 in ähnlicher Weise zur Norm erklärt.[8] Das bedeutete für Angehörige anderer Nationalitäten – und nicht nur in

3 Mitterbauer: Konzepte der Hybridität, S. 17.

4 Csáky: *Das Gedächtnis der Städte*, S. 26.

5 Ebd., S. 118.

6 Vgl. László Boka: Határ és háttér [Grenze und Hintergrund]. In: *Irodalomismeret* 2 (2014), S. 68–79, hier S. 72.

7 Vgl. Csáky: *Das Gedächtnis der Städte*, S. 123.

8 Diese Tendenz wurde vor allem durch das sogenannte Nationalitätengesetz, ausgearbeitet von Ferenc Deák, begünstigt, in dessen Sinne alle Bürger Ungarns, egal welcher Nationalität, in politischer Hinsicht die ungeteilte ungarische Nation bilden. Damit wurde die Nationalitätenfrage zu einem Sprachproblem ‚degradiert' und auf diese Weise der kulturelle Aufstieg der nationalen Minderheiten stark eingegrenzt. Vgl. dazu Gábor Gángó: Az 1868. évi nemzetiségi törvény

den mehrheitlich von Ungarinnen und Ungarn bewohnten Gebieten – das notwendige Erlernen der ungarischen Kultur- und Verwaltungssprache. Daraus entstand ein komplexes Gefüge von sprachlichem Mit- und Nebeneinander, in dem sowohl das Deutsche als auch das Ungarische ein „kulturelles, quasi-koloniales Überlegenheitsgefühl“[9] vermittelte, wobei das Ungarische gleichzeitig einen bestimmten untergeordneten Status dem Deutschen gegenüber einnahm. Umso größer war die historische Traumatisierung durch den Friedensvertrag von Trianon 1920, nach dem nun große, zuvor ungarische Gebiete anderen Nationalstaaten zugeteilt wurden und mit ihnen ungarisch-sprachige Einwohner in Millionenzahl auf einen Schlag zu Minderheiten in den Nachbarländern wurden.[10] Die Tatsache, dass Ungarn etwa zwei Drittel seines Territoriums und etwa ein Drittel seiner ungarisch-sprachigen Bevölkerung verloren hatte, bestimmte nachhaltig (eigentlich bis in die Gegenwart) die Identität und Erinnerungskultur der ungarischen Nation. Trauma, Verluste und Frustration wurden daher die festen Grundlagen einer ‚nationalen‘ Identität in der Zwischenkriegszeit, in der wenig Raum für Sensibilität dem Anderen, dem Fremden gegenüber übrig blieb. Eine weitere Traumatisierung erlitt Ungarn durch die höchst problematische Teilnahme am Zweiten Weltkrieg, einmal aufgrund der Mithilfe bei der Deportierung von etwa 600.000 ungarischen Juden, zum anderen durch Zwangsaussiedlung von etwa 200.000 Deutschen im Jahr 1947. Dementsprechend bedeuten Grenzräume in multiethnischen Regionen nicht nur unterschiedlich erlebte und wahrgenommene Lebensräume, sondern im erweiterten Sinne auch die Wahrnehmung des Fremden, des Anderen, der ausgegrenzten Gruppen und Gemeinschaften wie Juden, Sinti und Roma usw. In diesem Sinne

és következményei [Das Nationalitätengesetz von 1868 und seine Folgen]. In: *Korunk* 20,5 (2009). http://www.korunk.org/?q=node/8&ev=2009&honap=5&cikk=10569 (Zugriff am 23.11.2017).

9 Ebd.

10 Siehe für den Volltext des Trianon-Vertrags: http://www.versailler-vertrag.de/trianon/2.htm (Zugriff am 15.03.2017) sowie für eine umfangreiche, aktuelle historische Analyse: Ignác Romsics: *Der Friedensvertrag von Trianon*. Herne: Schäfer 2005.

stößt der Grenzraum-Diskurs zugleich an einen Xenologie-Diskurs, in dem Projektionen und Vorurteile auf unterschiedliche Weise ausgetragen werden.

Der Friedensvertrag von Trianon, die Teilnahme an Krieg und Holocaust sowie die Vertreibung der deutschen Minderheit hatten dermaßen große Schuld- und Schamgefühle auf die Mehrheit der ungarischen Bevölkerung geladen, dass diese Themen in der Nachkriegszeit aus der offiziellen Gedächtniskultur, Geschichtsschreibung und Literatur notwendigerweise verdrängt und tabuisiert wurden. Ähnlich wie auch in der DDR gab es in Ungarn bis 1989 eine zentralistische, uniformierte Erinnerungspolitik, die am Narrativ des heldenhaften antifaschistischen Kampfes und der Schuldlosigkeit von Ungarn an den Kriegsverbrechen festhielt. Vor allem die Mittäterschaft am Holocaust wurde in dieser Erinnerungsarbeit völlig ausgeklammert und die damalige ungarische Politik als hilfloses Opfer der deutschen Besatzung dargestellt.[11] Dieses Narrativ bildete zugleich die Legitimation eines kommunistisch-diktatorisch eingerichteten Staatsgebildes, in dem Ungarinnen und Ungarn, ethnische Minderheiten, Jüdinnen und Juden, frühere Nazihelfer, Adelige und Kulaken sich in einer aufgezwungenen Verbrüderung im Sinne der kommunistischen Internationale zusammenfinden sollten.[12]

Die in vielerlei Hinsicht als Umbruchsjahr betrachtete ‚Wende' um 1990 hätte auch in der Erinnerungsarbeit in Ungarn einen neuen Kurs einleiten können, der Mythos von der ‚Stunde Null' schien jedoch auch in Ungarn in jeder Hinsicht ein illusorisches Projekt zu sein. Die gesellschaftlichen und historiographischen Diskussionen zu Anfang des dritten Jahrtausends zeugen davon, dass die schwierigen Themen der Vergangenheit längst nicht ausdiskutiert, aufgearbeitet und ins kollektive Gedächtnis aufgenommen wurden. Demgegenüber schien die Literatur diese Aufgabe zum Teil übernommen zu haben, indem sie bereits Ende der 1980er Jahre eine gewisse Aufgeschlossenheit gegenüber verdrängten Themen der jüngsten Vergangenheit zeigte. Eine Buchbesprechung des Deutschlandfunks aus dem Jahr 1999 mit dem Titel „Einflüsse verschiedener Kulturräume auf die ungarische

11 Vgl. Gábor Gyáni: *Relatív történelem* [Relative Geschichte]. Budapest: Typotex 2007.

12 Vgl. Éva Standeisky: *Demokrácia negyvenötben* [Demokratie im Jahr 45]. Budapest: Napvilág 2015.

Gegenwartsliteratur"[13] behandelt sechs repräsentative Romane zum Thema: Ádám Bodors *Az érsek látogatása* (1999, *Der Besuch des Erzbischofs*, 1999), Nándor Gions *Virágos katona* (1973, *Der Soldat mit der Blume*, 1993), Róbert Hász' *Diogenész kertje* (1997, *Der Garten des Diogenes*, 1999), Márton Kalász' *Téli bárány* (1986, *Winterlamm*, 1992), Menyhért Lakatos' *Hosszú éjszakák meséi* (1995, *Märchen der langen Nächte*, 1999), und Pál Závadas *Jadviga párnája* (1997, *Das Kissen der Jadwiga*, 2006).[14]

Auf jeden Fall erscheinen die erwähnten Werke als repräsentativ und paradigmatisch für den Grenzraumcharakter der ungarischen Regionalliteraturen sowie für die existenziellen Grenzerfahrungen ihrer Protagonisten. Gion stammt aus der ungarisch-sprachigen Batschka, heute Serbien. Seine mit großer erzählerischer Kraft geschriebene Trilogie schildert das leidvolle Leben einfacher Menschen in der ersten Hälfte des 20. Jahrhunderts in der weiten Tiefebene der Batschka. Bodor kommt aus dem ungarisch-sprachigen Siebenbürgen und thematisiert das Schicksal der dort miteinander lebenden Nationalitäten wie Ungarinnen und Ungarn, Rumäninnen und Rumänen, Deutsche sowie Jüdinnen und Juden unter der Ceaușescu-Diktatur. Seine Bücher handeln überwiegend von Ängsten, Resignation und hauptsächlich von der Diktatur, an die man sich in dieser Region so gewöhnen musste und die sich hier in tausend Jahren so einnistete, dass sie schließlich nicht mehr auf plumpe Grobheit angewiesen war – wie er es im Interview mit dem Deutschlandfunk formuliert.[15] Bodor gehört zu der sogenannten dritten ‚Forrás [Quellen]-Generation', die ihre ersten Publikationen in den 1970er Jahren noch im rumänisch-siebenbürgischen

13 Zsuzsa Jörres: Einflüsse verschiedener Kulturräume auf die ungarische Gegenwartsliteratur. In: *Deutschlandfunk*, 12.10.1999. http://www.deutschlandfunk.de/einfluesse-verschiedener-kulturraeume-auf-die-ungarische.700.de.html?dram:article_id=79579 (Zugriff am 21.10.2015).

14 Ádám Bodor: *Der Besuch des Erzbischofs*, aus d. Ungar. v. Hans Skirecki. Zürich: Amman 1999; Nándor Gion: *Der Soldat mit der Blume*, aus d. Ungar. v. Hans Skirecki. Berlin: Quintessenz 1993; Róbert Hász: *Der Garten des Diogenes*, aus d. Ungar. v. Irene Rübberdt. Berlin: Rowohlt 1999; Márton Kalász: *Winterlamm*, aus d. Ungar. v. Paul Kárpáti. Graz: Styria 1992; Menyhért Lakatos: *Märchen der langen Nächte*, aus d. Ungar. v. György Buda. Klagenfurt / Celovec: Wieser 1999; Pál Závada: *Das Kissen der Jadviga*, aus d. Ungar. v. Ernö Zeltner. München: Luchterhand 2006.

15 Vgl. Jörres: Einflüsse verschiedener Kulturräume.

Cluj (Klausenburg) in der Buchreihe „Forrás" [Quelle] herausgegeben hatte, später aber die ungarisch-sprachige Literaturszene sowohl in Ungarn als auch in Rumänien maßgeblich mitbestimmte. Neben Bodor waren dies z. B. Sándor Zsigmond Papp, Géza Szöcs, später György Dragomán, Zsolt Láng, Gábor Vida, Péter Demény und Andrea Tompa. Ihre Themenwahl richtete sich überwiegend auf die Aufarbeitung der Ceaușescu-Diktatur sowie auf Fragen der Minderheitenexistenz im Rumänien der 1970er, 80er und 90er Jahre mit ihren komplizierten und komplexen Verhältnis-Systemen. Der performative Charakter dieser Verhältnis-Systeme artikuliert sich am auffallendsten in den bereits beschriebenen offenen Kommunikationsräumen, in denen Menschen dauernd Grenzen erleiden, überschreiten oder eben aufheben. In diesem Sinne wird der Raum – auch und gerade der Grenzraum – nicht nur zum geschlossenen Rahmen, in dem Dinge geordnet werden, sondern er wird selbst zum Medium, durch das die Dinge geordnet und differenziert werden.[16]

Aus der thematischen und gattungsbedingten Vielfalt sollen im Folgenden zwei groß angelegte Prosa-Werke ausgewählt werden, die einerseits die literarischen Darstellungsmöglichkeiten dieser entgrenzten Grenzräume, andererseits aber auch die Entwicklung der Erzählweisen im Zeitraum zwischen ihren Erscheinungsjahren repräsentieren: Márton Kalász' *Winterlamm* und der (noch nicht ins Deutsche übersetzte) Roman des – auch in der obigen Liste aufgeführten – Autors Pál Závada mit dem Titel *Természetes fény* (Natürliches Licht) aus dem Jahr 2014.[17] Der Schauplatz beider Werke ist die ungarische Provinz, die den Kommunikationsrahmen in einer historisch schwer beladenen Zeit für beinahe sämtliche damals in Ungarn lebende Minderheiten bildet. Die zwei Romane halten einerseits der Zeit während und nach dem Zweiten Weltkrieg einen Spiegel vor, andererseits stehen sie für jene literarischen Aufarbeitungsprozesse, welche die Erinnerungsarbeit im Ungarn der frühen 1990er Jahre bzw. des angehenden 21. Jahrhunderts markieren.

16 Vgl. Maurice Merleau-Pontys *Le visible et l'invisible* (1988, *Das Sichtbare und das Unsichtbare*, 1994) und Gábor Gyánis Aufsatz „‚Térbeli fordulat' és a várostörténet" (2007, „Topographical turn" und Stadtgeschichte), zit. n. Boka: Határ és háttér, S. 77.

17 Pál Závada: *Természetes fény* [Natürliches Licht]. Budapest: Magvető 2014.

In der Tradition des Heimatbuchs und des Familienromans erzählt Kalász die Geschichte von zwei deutschen Familien: der Familie Mess und der Familie Probst, die in vielfältiger Weise miteinander verbunden sind (Freundschaft, Verwandtschaft), jedoch unterschiedliche Schicksale erleben. Die Konstruktion einer Doppelhandlung deutet von vornherein auf die Variabilität von Identitäten innerhalb der deutschen Minderheit:

> Es gibt keine *die* ungarndeutsche Identität, sondern unterschiedliche Identitätskonstrukte, die kontextabhängig so ausgeformt werden, dass Instanzen der Politik und der Sozialisation (unter ihnen die Literatur) stets unterschiedliche oder sogar konkurrierende Identitätsentwürfe anbieten.[18]

Der Schauplatz wird in eine Gegend der sogenannten schwäbischen Türkei verlegt, die traditionell von Deutschen, Ungarn, Serben und Juden bewohnt war (und zugleich Geburtsort des Autors ist): die Hügellandschaft zwischen der Komitatsstadt Pécs (Fünfkirchen) und der Kreisstadt Mohács. Die Wohnstätte der Familie Mess befindet sich auf dem Weinberg, einem quasi Nicht-Ort, „gleich weit entfernt vom Dorf und von der Stadt, ja auch vom Kirchdorf, wo die Gemeindeverwaltung ihren Sitz hatte“[19]. In diesem abgelegenen Weinberghaus wohnen der Ich-Erzähler Andreas Mess und seine (deutsche) Familie: der ältere Bruder Paul („ungarisch Pál, oder Pali, der für uns, als wir noch Kinder waren, Pauli hieß“, W 11) sowie der jüngere Bruder Lorenz oder Larenzili. Der Vater war Tagelöhner und half in benachbarten Weingärten aus. Die erzählte Zeit beginnt etwa Mitte der 1930er Jahre und endet in den späten 1950er Jahren. Als Kontrastgruppe zur Familie Mess werden Paul Probst, seine Frau Vroni, seine Schwester Resi und der jüngere Bruder Franz aufgestellt. Gleichzeitig wechselt die Ich-Erzählform zur Außenperspektive und zum Erzählerbericht. Darüber hinaus werden Repräsentanten der in der Umgebung lebenden Minderheiten angeführt – wie die verwitwete ungarische Besitzerin der Wassermühle im Tal, Frau Ignácz, oder

18 Eszter Propszt: *Zur interdiskursiven Konstruktion ungarndeutscher Identität in der ungarndeutschen Gegenwartsliteratur.* Würzburg: Königshausen & Neumann 2007, S. 51.

19 Kalász: *Winterlamm*, S. 11. Im Folgenden zitiert als W mit Angabe der Seitenzahl.

Savo Urosevics, der serbische Schäfer, sowie der jüdische Rechtsanwalt Kincses in der naheliegenden Stadt.
Sehr plastisch wird der erwähnte Pluralismus innerhalb der deutschen Minderheit dargestellt, ausführlich beispielsweise Unterschiede in der Tracht, Tradition und Sprache beschrieben:

> [Vroni] ging auch als Jungvermählte in ihren mitgebrachten Kleidern, zog die Volkstracht ihres neuen Heimatdorfs nicht an. Die Trachten in den umliegenden Dörfern glichen sich weitgehend; ganz kleine Unterschiede konnte es geben, die ein nicht Sachkundiger freilich überhaupt nicht wahrnahm. Allein im Kirchdorf war die Tracht ziemlich anders. Dort trugen die Frauen kürzere Röcke, selbst in der Kälte lugten ihre blau gezwickten Knie hervor, mit dem gemusterten Strumpfband darunter. An Feiertagen banden sie sich weinrote und himmelblaue Kaschmirtücher um die Schultern, und auch der Stoff des in viele feine Falten gelegten Überrocks war in lebhaften Grundfarben gehalten, mit silbrigen Blumenmustern darauf. Unter dem Überrock trugen die Mädchen bei festlichen Anlässen acht bis zehn gestärkte Unterröcke, so daß daheim das Hoftor aufgemacht werden mußte, wenn sie zur Messe, zur Litanei und danach zum Tanz gingen – die Pforte wäre zu schmal gewesen, wirklich wahr, und nicht bloß von bösen Zungen verbreitet. Des öfteren hieß es, die Kirchdorfbewohner stammten aus einer anderen Gegend Deutschlands als die ‚Schwaben' der übrigen Dörfer, eigentlich seien sie gar keine ‚Schwowe', wer weiß, andere halt, die sich auch der Mundart nach von den übrigen Dorfleuten unterschieden. (W 34–35)

Besonders mutig ist die Thematisierung der Teilnahme der Ungarndeutschen an den Ereignissen des Zweiten Weltkriegs, nicht nur, weil dieses Thema bislang als Tabu galt, sondern auch, weil es in der deutschen Geschichtsschreibung wenig Beachtung erfahren hatte. Franz Probst ist der erste im Roman, der für die Nazi-Ideologie Sympathie zeigt und sich sogar mit einem Freund illegal der SS anschließt. In einem Brief schreibt er an seine Familie: „Bald wird sich auch bei Euch vieles ändern, Vater. [...] Wir werden die rückständige Welt bei Euch daheim ebenfalls ein bißchen umkrempeln." (W 51) Zu dieser Zeit – Ende der 1930er Jahre – war die deutsche Minderheit in Ungarn politisch-ideologisch bereits zutiefst gespalten. Die sich um Franz Basch versammelnde Volksdeutsche Kameradschaft geriet immer mehr unter nationalsozialistischen Einfluss und gründete schließlich am 26. November 1938 den Volksbund der Deutschen in Ungarn mit der Absicht, „die kulturellen Belange der ungarischen Staatsbürger deutscher Volkszugehörigkeit auf allen Gebieten völklicher Lebensäußerung zu fördern und zu schützen, die Anhänglichkeit an das Vaterland zu pflegen und zu stärken“[20], wie es in der Satzung heißt. Sehr anschaulich zeigt Kalász, wie diese Agitationspropaganda in den Dörfern vor Ort aussah und wie der bereits assimilierte „Schwabe“ mit dem ungarisch klingenden Namen Vadkerti als Opfer dieser Massenpsychose mit einem Schlag zum Vertreter von nationalsozialistischen Ideen wird.

> Mit dem Eintritt in den Volksbund ging es zum Winteranfang [1938, P. V.] los. Vadkerti kam in die Häuser und mit ihm sein Gehilfe, ein Häusler namens Waldmann. [...] Im neuen Jahr fand auch eine Gründungsversammlung in Scheurers hinterer Gaststube statt. In der Rede des Ortsgruppenleiters war ebenfalls jedes dritte Wort der Name von Franz. (W 90)

Die Begeisterung der deutschen Minderheit in Ungarn – aber auch im rumänischen Siebenbürgen – lässt sich mit mehreren Ursachen erklären. Zum einen handelt es sich dabei mehrheitlich um die unterste Schicht innerhalb der deutschen Bevölkerung, die – mit Jean Améry gesagt – „diesem mythischen Ungetüm [Hitler, P. V.] verfallen waren“[21]. Das in Deutschland durch die Propaganda erfolgreich installierte mythische Konstrukt[22] traf außerhalb des deutschen Sprachgebiets unter den sogenannten Volksdeutschen auf die projizierten Erwartungen und Hoffnungen einer neuen Weltordnung. Zum anderen spielte sicherlich der Kollektivdruck eine wichtige Rolle, dem sich wiederum die einfachen Bauern nur schwer entziehen konnten. Im

20 Satzung des Volksbundes der Deutschen in Ungarn, 1939, § 2, zit. n. Georg Richter: *Geliebtes NADWAR*. Horb am Neckar: Geiger 1997. http://www.sulinet.hu/oroksegtar/data/magyarorszagi_nemzetisegek/nemetek/geliebtes_nadwar/pages/038_die_warheit_uber.html (Zugriff am 16.01.2017).

21 Jean Amery: Hitler und wir. In: *Merkur* 32 (1978), S. 838–841, hier S. 840.

22 Vgl. Marcel Atze: *„Unser Hitler“. Der Hitler-Mythos im Spiegel der deutschsprachigen Literatur nach 1945*. Göttingen: Wallstein 2003, S. 16.

sogenannten Kirchdorf, dem eigentlichen Dorfzentrum, wo die vermögenden deutschen Bauern leben, ist die Werbung für den Volksbund weniger erfolgreich, denn diese sind zumeist loyal gegenüber dem ungarischen nationalen Gedanken oder zum Teil bereits assimiliert (vgl. W 91).

Als Gegenbewegung gründeten Ungarndeutsche die sogenannte Treuebewegung (Hűséggel a Hazához), die unter führender Mitarbeit des Geistlichen Josef Pehm (Kardinal Mindszenty) versuchte, diejenigen Ungarndeutschen für sich zu gewinnen, die nicht mit den Zielsetzungen des Volksbunds einverstanden waren. Dazu zählten vor allem das reiche Bauerntum und die sozialdemokratisch eingestellte deutsche Arbeiterschaft Budapests und der Industriebezirke. Die Treuebewegung verlangte ein uneingeschränktes Bekenntnis zum Magyarentum mit dem nach außen sichtbar geführten Beweis der Namens-Magyarisierung. Sie war das Sammelbecken der gesellschaftlich und sozial höhergestellten und bedingungslos magyarisierungswilligen Ungarndeutschen. Für sie warben vor allem Geistliche, die meist selbst aus magyarisierten deutschen Familien stammten. So argumentiert der Kaplan in Kalász' Roman, dass

> Franz bereits mitten drin in der Fallgrube [sei], und es sei zu befürchten, daß fortan viele hineintappen würden. [...] Sie nähmen die Politik nicht ernst; sie meinen, darauf brauchten sie nicht zu achten, die ginge sie nichts an. [...] „Wißt Ihr, Bauer Probst, mein Großvater ist ebenfalls Landwirt gewesen, und wir haben früher Urbauer geheißen. Mein Vater wurde nach dem Krieg in den Heldenorden aufgenommen, so kamen wir zu dem Namen Uray. Ich denke darum, die hier allenthalben sich mausig machen, sollten eins wissen: Dies hier ist Ungarn." (W 56)

Die Lage verschärfte sich mit dem Einmarsch deutscher Truppen in Ungarn am 19. März 1944, nachdem die Einberufung aller deutschen Männer über 40 bzw. die Zwangsrekrutierung in die Waffen-SS auf Grund einer Vereinbarung mit der neu ernannten ungarischen Regierung im April 1944 erfolgte.[23] Kurz darauf begann auch die systematische Ghettoisierung und Deportierung der jüdischen Bevölkerung,

23 Siehe dazu die neueren Forschungen von Krisztián Ungváry, insbesondere seine Monographie: *Magyarország a második világháborúban* [Ungarn im Zweiten Weltkrieg]. Budapest: Kossuth 2013, S. 80.

die in der kollektiven Erinnerung der ländlichen Bevölkerung doch auch als „schrecklich“ empfunden wurde:

> „Schrecklich“ sagte er, „schrecklich. So, wie sie grad dagestanden sind, wurden sie weggeholt und auf den Wagen geladen. Die kamen herein ins Geschäft und zerrten den Chef einfach vom Tisch weg.“ Unsere Mutter schwieg. „Den Kincses, den, wo mein Mann arbeitet, haben sie auch abgeholt“, sagte sie leise. Der Mann wiederholte immer nur „schrecklich“. (W 162)

Nach dem Krieg kam es wiederum zu neuen Deportationen, diesmal aber wurde die deutsche Bevölkerung kollektiv bestraft, vor allem die Volksbund-Mitglieder mit ihren Familien waren davon betroffen. Ebenso wurden die ungarischen Bewohner der Slowakei nach Ungarn zwangsübersiedelt, zumeist in die leer gewordenen Häuser der Deutschen:

> Die Menschen trugen auch eine andere Kleidung als in unserer Gegend üblich. Ihre Worte waren, wenn sie in verhaltenem Ton etwas sagten, ungarisch, und doch klangen sie irgendwie fremd. Die Menschen schauten uns an, und wir fanden ihre Blicke seltsam, aber nicht feindselig. (W 227)

Insgesamt bietet der historisierende Familienroman von Kalász ein Bild des multiethnischen Komitats Baranya als ein Abbild der größeren Region und schließlich des ganzen Karpatenbeckens. Nicht nur die innere Migration und der ständige Ortswechsel der Akteure bestimmen das aktuelle kulturelle Milieu dieser Region, sondern das Flottieren, der Austausch von kulturellen Codes verändert von innen heraus von Neuem den Mikrokosmos eines Ortes. Kalász' Erzählstil bietet allerdings wenig Innovatives im Vergleich zum traditionellen Familienroman oder zur Dorfgeschichte. Die zwei Parallelgeschichten ereignen sich auf einer diagonal angelegten Zeitschiene retrospektiv. Insbesondere die Familiengeschichte des Ich-Erzählers Andreas Mess zeigt autobiographische Züge, welche im Epilog nochmals bestätigt werden, in dem das spätere Schicksal von András Mess – bereits in Er-Form – erzählt wird, seine ersten Erfolge als Journalist in einer Zeitung der naheliegenden Komitatsstadt, mit kleineren Schriften und in einer seltsamen Sprache, die von niemandem sonst gesprochen wird:

> Erst Monate danach wagte er auszusprechen, daß er bis zu seinem zehnten Lebensjahr ungarisch gar nicht konnte. Dann sei der Umsturz gekommen, deutsch, das heißt schwäbisch sollte man nicht sprechen, es sind die Kinder zusammen gewesen: Sekler, Schwaben, Ungarn von überall her, und da habe ein jeder vom anderen angenommen was er eben konnte. (W 421)

Kalász setzt seine Figuren ständig in Grenzsituationen des menschlichen Daseins, in denen ihre Selbstwahrnehmung und Identität immer wieder in Frage gestellt, herausgefordert oder neu definiert werden. Insbesondere in Krisensituationen wie Krieg, Vertreibung, Flucht oder Deportation erleidet das Individuum Traumatisierungen, die eine nachhaltige Deformation der Persönlichkeit verursachen. István Székács, Analytiker der Ferenczi-Schule, beschrieb diese Deformationen bereits 1948 in einer der späteren Traumaforschung weit vorausgehenden Studie als Depersonalisation, in deren Folge das ‚Ich' der Friedenszeiten verloren ginge.[24] Er meint, dass die Anpassung an die Kriegsumstände ein sogenanntes ‚Kriegs-Ich' entwickelt, das durch das Erleben der unermesslichen Zerstörung die zeitliche Kontinuität und die Identifikationspunkte verliere. Durch die verzerrte Wahrnehmung der Realität sowie die Hyperempfindlichkeit aller Sinnesorgane entstehe ein Gefühl von Unwahrscheinlichkeit und Verzauberung, wobei die Traumhaftigkeit der Wirklichkeit zu einem Alltäglichen, Gewohnten wird. Zwar sei die Konstruktion eines neuen ‚Friedens-Ich' möglich, dieses neue Gleichgewicht sei aber mit dem früheren keineswegs vergleichbar, denn „keinerlei Rekonstruktion kann ein Trauma nichtig machen"[25]. Dem Trauma folgt nämlich die Depersonalisation, dann die Verdrängung (Amnesie), welche schließlich zur Neurose führen kann.[26] Das gemeinsame Trauma und das kollektive Heilen erzeugen neue ‚Ichs', die sich notwendigerweise von jenen unterscheiden werden, die keine Traumata erlitten.

24 István Székács: Én-rendellenességek háború idején [Ich-Anomalien im Krieg]. In: Ders.: *Pszichoanalízis és természettudomány*. Budapest: Párbeszéd 1991, S. 181–190, hier S. 190. Erstveröffentlichung als: Disorders of the Ego in Wartime. In: *The British Journal of Medical Psychology* 21,4 (1948), S. 248–253.

25 Székács: Én-rendellenességek háború idején, S. 190.

26 Vgl. ebd., S. 188.

Ähnlich argumentiert Ágnes Heller, wenn sie schreibt, es sei unbedingt wichtig und notwendig, Traumatisierungen zu bewahren, denn diese müssten von der Nachwelt erlebt werden können, damit sie als universal und gültig anerkannt werden.[27] Heller weitet den Begriff des Traumas von den Opfern auf die Täter aus und bezeichnet die Depersonalisation des ‚Kriegs-Ichs' bei den Tätern als pervertierte Vernunft:

> Damals erkannte ich, [...] dass Böses stets auf bösen Maximen beruht. [...] Millionen aus bösen Instinkten zu morden, das ist unmöglich. Millionen bringt man um, wenn die pervertierte Vernunft suggeriert, dass das, was man da tut, nicht böse, sondern gut ist. Die totalitären Systeme der Nazis und der Bolschewiken konnten Millionen von Menschen vernichten, weil [...] ihre Prinzipien Ausgeburten einer pervertierten Vernunft waren.[28]

Die Schicksale in Kalász' Roman beweisen, dass auf gewisse Weise alle Beteiligten ausnahmslos Traumatisierungen erlitten, die nur sehr mühsam geheilt werden können – wie z. B. mittels ihrer Literarisierung.

In ganz ähnlicher Weise entsprechen auch die Figuren von Pál Závada diesem Verhaltensmuster der Depersonalisation und der Kriegsneurose. Doch in seinem historischen Großroman *Natürliches Licht*[29] (2014) wählt Závada eine völlig andere erzählerische Konzeption als Kalász. Bei ihm gibt es einen koordinierenden, organisierenden und aufzeichnenden Erzähler im Hintergrund, die Figuren erzählen aber in einer polyphonen Erzählweise selbst in Form von Briefen, Tagebüchern und Berichten ihre Geschichten. Auch bei Závada geht es um Familiengeschichten, hier um die drei Familien Semetka, Koleszár und Weisz der meist von Slowaken (und Juden) bewohnten kleinen Stadt „T.", die als Tótkomlós, die Geburtsstadt des Autors,

27 Ágnes Heller: *Trauma*. Budapest: Múlt és jövő 2006, S. 61.

28 Ágnes Heller: *Auschwitz és Gulág* [Auschwitz und Gulag]. Budapest: Múlt és Jövö 2002, S. 100; dt. Fassung: Dies.: *Der Affe auf dem Fahrrad. Eine Lebensgeschichte bearbeitet von János Köbányai*. Berlin / Wien: Philo 1999, S. 67. Die Interviews, auf deren Grundlage Hellers Erkenntnisse beruhen, wurden 1996 geführt.

29 Pál Závada: *Természetes fény* [Natürliches Licht]. Budapest: Magvető 2014. Im Folgenden zitiert als TF mit Angabe der Seitenzahl, Übers. der zitierten Passagen P. V.

identifiziert werden könnte. Die Rahmengeschichte beginnt in der Gegenwart, in der eine Delegation aus T. auf der Suche nach ausgesiedelten Slowaken den ehemaligen Dorfrichter János Semetka und seine Tochter Mária in einem kleinen slowakischen Dorf besucht. Hier stößt der Erzähler auf die Fotosammlung von Mária Semetka, welche die Familiengeschichte seit den 1930er Jahren dokumentiert. So wird die Fotoreihe neben dem Erzähler (bzw. den Erzählern) zu einem zusätzlichen strukturbildenden Erzählprinzip, auch wenn deren Ordnung und Reihenfolge vom Erzähler selbst konzipiert wurde. Diese Collagetechnik, die zuerst von W. G. Sebald in den 1990er Jahren eingesetzt wurde (vgl. etwa *Schwindel. Gefühle*, 1990, oder *Die Ausgewanderten*, 1992), nutzt die erinnerungskonstitutive Funktion der Fotografie und die gedächtnisaffine Struktur des Mediums und eröffnet damit einen memorialen Tiefenraum hinter dem Text.[30] In Silke Horstkottes Verständnis können solche Texte – wie auch die von Závada – als „metahistorische Gedächtnisliteratur" bezeichnet werden, indem sie „die Erinnerungen an den Zweiten Weltkrieg und Holocaust und deren Weitergabe im Rahmen eines kommunikativen Gedächtnisses ästhetisch inszenieren, reflektieren und problematisieren".[31]
Die einzelnen Bilder und die dazugehörenden Erzählungen eröffnen eine Flut von Geschichten, die in einer chorartigen Multiperspektivität die Ereignisse bis in die Nachkriegszeit dokumentieren. Die Fotos sind nicht nur bloße Illustrationen. Auch wenn die Figuren darauf erklärtermaßen nicht identisch sind mit den Romanhelden, sollen sie den Eindruck vermitteln, sie könnten es sein. Der Text referiert trotzdem oft direkt auf das Bild, z. B. wenn es einmal heißt: „[I]ch selbst bin neben dem Mann im Zivilkleid zu entdecken" (TF 343).
Gegebenenfalls tritt aber neben dem gerade sprechenden Ich-Erzähler mit einem unmarkierten Perspektivenwechsel ein anderer Ich-Erzähler auf, der gerade das erzählt, was der vorherige Erzähler verschwiegen, verdrängt oder verheimlicht hat. In der Tagebucheintragung von István Semetka über die Grausamkeiten der ungarischen Soldaten an der ukrainischen Front (die später auszulöschenden

30 Vgl. Silke Horstkotte: *Nachbilder. Fotografie und Gedächtnis in der deutschen Gegenwartsliteratur*. Köln / Weimar / Wien: Böhlau 2009, S. 11.
31 Ebd., S. 13.

Berichte markiert er mit einem „X") beschreibt er ausführlich, wie sie die in einer Scheune eingesperrten, angeblich mit den Partisanen kollaborierenden 104 Einwohner liquidierten, d. h. die Scheune über ihnen anzündeten, in der sie lebendig verbrannten. Dasselbe Ereignis wiederholte sich am nächsten Tag im Nachbardorf, wo weitere 90 – unschuldige – Menschen dem Brand lebendig zum Opfer fielen. Plötzlich und nahtlos wechselt die Erzählperspektive, und der (neue) Erzähler, der überlebende Pope, setzt fort:

> Am 25. und 26. Mai 1943 fahre ich als Geistlicher nach Staraja Guta zum Trauergottesdienst. Es ist eine menschenherausfordernde Aufgabe, gleichzeitig mehr als zweihundert Toten die letzte Ehre zu erweisen, solchen Menschen, die verdächtigt wurden, mit den Partisanen zu kollaborieren, weshalb sie lebendig angezündet wurden, alle starben, wurden aber nicht völlig verbrannt. Die Körper liegen in einem totalen Durcheinander, mehrmals entdecke ich verbrannte Skelette von Müttern, die an der Seite ihrer toten Kinder liegen. (TF 201)

Mit der Enthüllung sowie der naturalistischen Beschreibung der von ungarischen Soldaten und Offizieren begangenen Brutalitäten differenziert Závada das Bild über die ungarische Armee an der Seite der Wehrmacht und leistet damit eine ähnliche Entmystifizierung wie die durch die Wehrmachtausstellung über den Mythos der ‚sauberen Wehrmacht' bereits 1995 unternommene. Die von Závada herangezogenen Bilder aus Familienarchiven zeigen ungarische Soldaten bei der Hinrichtung angeblicher Partisanen oder bei der Demütigung ungarisch-jüdischer Frontarbeiter.

Ebenso grausam und naturalistisch berichtet der Offizier Josef Hlinka in einem Brief an Maria Semetka über die Vorgänge der Deportation jüdischer Bürgerinnen und Bürger. Im Kontrast aber zum mitleidigen Verhalten der schwäbischen Einwohner bei Kalász stellt Závada die schaulustigen christlichen Ungarn als ein teilnahmsloses, schadenfreudiges und rachsüchtiges Gesindel dar (vgl. TF 347).

Auf der anderen Seite berichtet Jakab Weisz in einem bitter-ironischen Ton seiner imaginären Leserschaft aus dem jüdischen Arbeitsdienst, wobei auch seine Texte auf die visuelle Darstellung der Kriegsrealität im Hinterland rekurrieren. Seine Berichte beziehen sich jedoch gerade auf die fehlenden Bilder, denn alle Instrumente des ehemaligen Fotografen wurden ihm mit dem Einzug in den Arbeitsdienst weggenommen.[32]

> Meine Damen und Herren, meine lieben Abonnenten, Jakab Weisz, Arbeitsdienst-Leistender, grüßt Sie am 6. Juli '43, an diesem kristallklaren Morgen – noch immer aus dem Kalksteinbruch in Várpalota. [...] Wir versuchen uns auf verschiedene Weise zu beschäftigen. Was mich betrifft, am häufigsten mit Fotografieren, oder indem ich Berichte zusammenbastle, aber ohne – vielleicht lachen Sie mich deswegen nicht aus –, dass ich einen Fotoapparat noch eine Schreibmaschine, Telefon oder Telegraf besitze. (TF 255)

Mithilfe der Bilder, die den Textfluss auch optisch auflockern und ergänzen, wird nach und nach ein großes Tableau mosaikhaft zusammengestellt. Die Darstellung der Lebenswelten der kleinen Menschen aus ihrer Eigenperspektive, die Privatsphäre im Rahmen der großen Geschichte wird zum thematischen und poetischen Organisierungsprinzip des Romans. Die Konzeption des Brief- bzw. Tagebuchromans erscheint bereits in Závadas erstem Roman *Das Kissen der Jadviga* (ungar. 1997), zu dem sich der Autor folgendermaßen äußerte:

> Da ich keine geeignete erzählerische Form gefunden habe, versuchte ich aus der Not eine Tugend zu machen. Ich entschloss mich nämlich, meine Romanhelden nicht nur sprechen, sondern auch schreiben zu

32 Die jüdischen Arbeitsdienst-Einheiten waren spezifisch ungarische militärische Verbände. Mit einem im März 1939 in Kraft tretenden Militärgesetz wurde die rechtliche Grundlage zur Bildung von unbewaffneten militärischen Einheiten geschaffen, um politische Gegner, Kommunisten, aber vor allem Juden aus dem Weg zu räumen und bei Feld- und Straßenbauarbeiten, später an der Front einzusetzen. Zwar starben Zehntausende aufgrund der unmenschlichen Bedingungen und durch die Misshandlung von sadistischen Offizieren, doch können diese Arbeitseinheiten nicht als systematische Vernichtungslager betrachtet werden. Unter bestimmten Umständen waren die Überlebenschancen sogar größer als in den Konzentrationslagern. Siehe dazu ausführlich: Randolph L. Braham: *The Politics of Genocide. The Holocaust in Hungary*, 2 Bde. New York: Columbia UP 1981, Kap. 10 „Military Labor Service", S. 238–294, sowie László Csősz: The Origins of the Military Labor Service System in Hungary. In: Randolph L. Braham / András Kovács (Hrsg.): *The Holocaust in Hungary. Seventy Years Later*. Budapest / New York: Central European UP 2016, S. 75–104.

lassen. So entstand der Gedanke, den Roman in Form eines Tagebuchs zu konzipieren.[33]

Gerade diese Konzeption galt 2014, im Erscheinungsjahr von *Természetes fény*, als etwas völlig Neues: die Einengung des Kameraobjektivs auf die mikrokosmische (und mikroskopische) Lebenswelt einfacher Bauer, jüdischer Händler, Frontsoldaten, Männer und Frauen, Slowaken, Ungarn und Juden, um damit die große Welt zu erzählen. Durch die Authentizität der Selbstreflexion gelingt es Závada, die oft völlig entgegengesetzten Perspektiven und Texte zu einem großen Gewebe zusammenzuflechten. Wie er in mehreren Interviews betont hat,[34] geht es ihm dabei vor allem darum, bewusst gegen die verfälschenden Tendenzen der aktuellen (offiziellen) Historiographie zu wirken und zu einer systematischen Erinnerungsarbeit sowohl in der Öffentlichkeit als auch in den verschiedenen Medien des kollektiven Gedächtnisses aufzufordern.

Die dargestellten Grenz-Räume sind von vornherein abgeschlossene, gesperrte Räume, in denen es entweder um eine selbstentwickelte Hermeneutik einer Sprach- und/oder Dorfgemeinschaft geht oder um eine von außen aufgezwungene Sperre, die sich aus Ablehnung, Vorurteilen und Fremdenhass speist, bis hin zu abgesperrten Räumen wie Häftlings- oder Konzentrationslagern. Ihre Akteure sind als jeweils Andere, Fremde meistens einsam, Einzelgänger, Devianten, die von den herrschenden Ideologien an den Rand der Gesellschaft gedrängt wurden und denen lediglich die Wahl zwischen Flucht oder Auflehnung bleibt. Kalász' Roman ist signifikant für ein vorsichtiges, aber mit dem kommunistischen Erbe brechendes Erinnerungsnarrativ der angehenden 1990er Jahre, während Závada bereits eine mutigere Erinnerungsarbeit im Stil der 2010er Jahre aufzeigt. Das Verdienst beider Autoren besteht darin, dass sie historische Themen als Erinnerungsorte in die kollektive Erinnerung der ungarischen Gesellschaft einbinden, die früher als Tabu-Themen galten, wie etwa das

33 Jörres: Einflüsse verschiedener Kulturräume auf die ungarische Gegenwartsliteratur.

34 U. a. zuletzt am 02.03.2017 in einem Interview für die Zeitschrift *HVG*: Závada Pál: „Fontos, hogy az egész igaz legyen". In: *HVG*, 02.03.2017. http://hvg.hu/ kultura/20170302_Zavada_Pal_Fontos_hogy_az_egesz_igaz_legyen (Zugriff am 23.11.2017).

Verhältnis der Ungarndeutschen zum Nationalsozialismus und zum Holocaust, die Rolle der ungarischen Armee an der Ostfront im Zweiten Weltkrieg sowie der erwachende slowakische Nationalismus und die ‚freiwillige Repatriierung' in die Slowakei. Im Kanon der ungarischen Gegenwartsliteratur nehmen sie sowohl mit ihren Themen als auch mit ihrer Erzählkunst eine beachtenswerte Position neben anderen, viel übersetzten und oft bekannteren Autoren ein und vermitteln eine authentische Reflexion der während und nach den Wendejahren verlaufenden gesellschaftlichen Prozesse in Ungarn.

Alexander Chertenko (Frankfurt an der Oder / Sankt Petersburg)

„Namenlose Schanze"

Das Grenzland Belarus zwischen Europa und Russland in Artur Klinaus Roman *Der Helm*

1. „Diesen Ort gibt es sogar nicht auf euren Landkarten!"[1]

Wenn man von Osteuropa sprechen will, so muss man wohl nicht nur die in der Kultur und in der Forschung mehr oder wenig etablierten und als eine gewisse ‚Einheit' imaginierten Territorien in Betracht ziehen, die schon seit einiger Zeit als Polen, Tschechien, Ungarn oder Russland (das Letztere mit massiven Einsprüchen seinerseits[2]) auf der *mental map* Osteuropas firmieren. Darüber hinaus sollte man auch an jene Territorien denken, die im westeuropäischen literarischen, kulturellen, publizistischen und politischen Diskurs als unsichtbare, unbewohnte, geografisch und kulturell verschwommene Grenzräume am Rande von West-, aber auch von Osteuropa konstruiert bzw. übersehen werden. In diesem Kontext ist der Topos ‚Belarus' ein höchst willkommenes, ja unumgängliches Forschungsobjekt. Als Bestandteil größerer geopolitischer Formationen wie dem Großfürstentum Litauen, Polen-Litauen, dem Russischen Imperium oder der Sowjetunion und nach 1991 als unabhängiger Staat, der sich schnell für eine

1 Hier und im Weiteren werden in den Zwischentiteln Zitate aus Artur Klinaus Roman *Der Helm* verwendet.

2 Vgl. z. B. Alexej Miller: Die Erfindung der Konzepte Mittel- und Osteuropa. In: *Wieser Enzyklopädie des europäischen Ostens*, Bd. 11, hrsg. v. Karl Kaser / Dagmar Gramshammer / Robert Pichler. Klagenfurt: Wieser 2003, S. 139–163.

'Back-in-the-USSR'-Strategie entschied,[3] konnte die Republik Belarus bislang keinen eigenen Platz auf der mentalen und kulturellen Karte Europas (partout auch Osteuropas) finden. Versucht man heutzutage, vom westeuropäischen Standpunkt aus auf das belarussische Terrain einen Blick zu werfen, so schwankt man in aller Regel zwischen differenzlosen und vagen Feststellungen der Diktatur einerseits und einer diskursiven Löschung des Territoriums andererseits. Eines der vielen Symptome dieser Situation beschreibt der belarussische Romancier Alhierd Bacharewitsch in seinem Essay *Калекцыйная рэч* (2014, *Das Sammelobjekt*). In ihm lässt er die gar nicht so zahlreichen Repräsentationen von Minsk in der Weltliteratur Revue passieren und kommt am Ende zu dem trostlosen Schluss, der genauso andere Städte und Territorien von Belarus, ja das ganze Land betreffen könnte:

> Wenn irgendein Autor aus dem Ausland *Mensk*[4] schreibt, meint er in aller Regel nichts Konkretes. Es handelt sich weder um die Straßen noch um die Leute noch um die Gerüche, auch um keine Hotelabenteuer. Ihn kann ich mir gut vorstellen: Dieser schnöselige Trottel ist sogar außerstande, auf seinem Weg von Frankfurt in ein Nowosibirsker Paradies, wo irgendein unnötiges literarisches Event stattfinden soll, über Mensk ordentlich zu fliegen, ohne mit seiner Patschhand Buchstaben zu kritzeln: M-e-e ... Oft ist Mensk in den Texten der Weltliteratur genauso irreal wie Avalon; ebenso gut hätte es Nemsk heißen können, denn sein Name bedeutet für die Schreibenden zumeist rein gar nichts. [...] Seine Existenz verdankt es dem Zweifel an seiner Existenz. Sein Dasein erwächst aus der Unmöglichkeit, den Wahrheitsgehalt zu überprüfen. Die Hälfte der westlichen Leserschaft kann sehr wohl denken, der Toponym *Mensk* sei eine Erfindung des Autors, zudem keine besonders gut gelungene: denn drei Konsonanten am Ende des Wortes erzeugen ja keinen Wohlklang.[5]

3 Vgl. z. B. Ales Antsipenka / Valer Bulgakau: А. Лукашэнка — партрэт ўлады і чалавека [A. Lukaschenko – das Porträt der Macht und des Menschen]. In: Valyantsin Akudowich / Ales Antsipenka (Hrsg.): *Невядомая Беларусь* [*Das unbekannte Belarus*]. Minsk: o. V. 2008, S. 126–150, insb. das Unterkapitel „Back in the USSR", S. 133–134.

4 Mensk – alte Schreibweise von Minsk (bis 1939), die in der von Branislau Taraschkewitsch entwickelten und von aktiven Belarussischsprechern sowie in den oppositionellen Medien bevorzugten Rechtschreibung immer noch benutzt wird.

5 Alhierd Baharewitsch: Калекцыйная рэч [Das Sammelobjekt]. In: *Ніякай літасьці Альгерду Б.* [*Kein Mitleid mit Alhierd B.*]. Minsk: Halijafy 2014, S. 7–8 (Übers. A. C.): „Калі хтосьці з замежных пісьменьнікаў піша: "Менск" – ён

Auch vom russischen Standpunkt sieht die Situation nicht viel anders aus. Wie entschieden Belarus von dort aus als ein Territorium eigenen Rechts nach wie vor übersehen wird, zeigt die Kontinuität des russischen Diskurses der „Sammlung russischer Erde" („собирание исконно русских земель"). Eine der wohl interessantesten und aufschlussreichsten akademischen Sublimationen dieses Diskurses ist Alexander Etkinds These über die „innere Kolonisierung" Russlands. In seinem Buch *Internal Colonization. Russia's Imperial Experience* sowie in mehreren einschlägigen Beiträgen stellt Etkind die These auf, Russland habe zwar als Kolonialmacht gewirkt, diese Wirkung sei aber nicht mit der von Seeimperien praktizierten Kolonisierung identisch,[6] sondern es handle sich vor allem um die Erschließung *eigener* Territorien, die dem Staatskörper im Laufe der Zeit zugewachsen seien.[7] Auch wenn die von Etkind angeführten Unterschiede zwischen einer Kolonisierung der Überseeländer und der ins Reich inkorporierten Territorien im Detail stimmen, ist doch der wichtigste Befund seiner Theorie ein anderer: Da Etkind die Eroberung vor allem der osteuropäischen Grenzländer (u. a. auch von Belarus und der Ukraine, die, wie Vitaly Chernetsky bemerkt, als zentraler „frame of reference"

звычайна не мае на ўвазе нічога пэўнага. Ні вуліц, ні людзей, ні пахаў, ні нават дробнае гатэльнае прыгоды. Уяўляю яго: ён нават праляцець над Менскам не можа як след, накіроўваючыся па неабавязковай літпатрэбе з Франкфурту ў які-небудзь новасібірскі вырай, гэты самаўпэўнены дурань, а ручонка, бач ты, ужо выводзіць: М-е-е… Менск на старонках замежнай літаратуры пачасту – не больш рэальны за Авалон; з гэткім самым посьпехам ён мог бы звацца Немскам, бо ён нікому нічога не гаворыць. […] Ён трымаецца на сумневе ў сваім існаванні. Ён трымаецца на адсутнасці кантролю за праўдай. Магчыма, палова заходніх чытачоў, сустракаючы ў тэксце назву ‚Менск', лічыць, што гэта прыдумка аўтара. Прычым не самая ўдалая, усё ж тры зычныя на канцы — гэта perabor."

6 Wie Jürgen Osterhammel zeigt, sind diese Unterschiede wie die ganze Vorstellung von der „Exzeptionalität des Zarenreiches" weitgehend relativ. Vgl. ders.: Russland und der Vergleich zwischen Imperien. Einige Anknüpfungspunkte. In: *Comparativ* 18,2 (2008), S. 18–20.

7 Vgl. Alexander Etkind: *Internal Colonization. Russia's Imperial Experience*. Cambridge: Polity 2011; ders.: Фуко и тезис внутренней колонизации: постколониальный взгляд на советское прошлое [Foucault und die These der inneren Kolonisierung: Der postkoloniale Blick auf die sowjetische Vergangenheit]. In: *Nowoje Literaturnoje Obosrenije* 49 (2001), S. 50–74.

für seine faktografischen Exkurse dienen[8]) durch den Kunstgriff von ihrer kulturellen Homogenisierung und Unterwerfung trennt, verleiht er diesen Territorien eine auch dem europäischen/westlichen Blick nicht fremde Semantik der Rückständigkeit, die erst durch eine kolonialistische ‚Modernisierung' beseitigt werden konnte.

Im postkolonialen Kontext lässt sich die paradoxe ‚Unsichtbarkeit' von Belarus wohl als Symptom eines weitgreifenden Problems lesen, das nicht nur Belarus selbst, sondern auch alle europäischen Nachfolgestaaten der UdSSR (mit Ausnahme Russlands) betrifft und vor allen Dingen darin besteht, dass dieser Teil der ehemaligen ‚Zweiten Welt' von den Diskussionen über die Verhältnisse zwischen kolonialer Peripherie und imperialer Metropole, die im Rahmen des *postcolonial turn* vielfach geführt wurden, zumeist ausgeklammert wurde und wird. Dieses Problem wurde unter anderem von Vitaly Chernetsky in seiner Monografie *Mapping Postcommunist Cultures. Russia and Ukraine in the Context of Globalization* eingehend behandelt, deren Ergebnisse vor allem auf Beispielen aus der ukrainischen Literatur basieren und doch genauso gut auf andere ‚kleine Kulturen' aus der ehemaligen ‚Zweiten Welt' übertragen werden können. In ihr zeigt Chernetsky, dass im Unterschied zu den Zeiten des Kalten Krieges, als in der geopolitischen, politikwissenschaftlichen und ökonomischen Forschung, obwohl zumeist auf diskriminierende Art und Weise, alle drei ‚Welten' berücksichtigt und thematisiert wurden, mit der Verbreitung des Postmoderne-Theorems einerseits und der Postcolonial Studies andererseits Ausschlussmechanismen forciert wurden:

> When direct challenges came to this continuing privileging of the First World as a synecdoche for the universal, they were formulated from the perspective of the Third World; and important and laudable as they have been, they perpetuated the exclusion of the Second World from global cultural models, now recast in the oxymoronic binary of the First vs. the Third World, which can be found even in the work of otherwise forward-looking scholars.[9]

8 Vitaly Chernetsky: *Mapping Postcommunist Cultures. Russia and Ukraine in the Context of Globalization*. Quebec: McGill-Queen's UP 2007, S. 43.
9 Ebd., S. 7.

Erwähnenswert erscheint mir hier vor allem ein im Kontext dieses Beitrags äußerst wichtiger Punkt, der den Ausführungen Chernetskys innewohnt, ohne je explizit genannt zu werden: Dass nämlich die sogenannte ‚Zweite Welt' im postmodernen wie auch im postkolonialen Paradigma in verschiedenem Maße und auf unterschiedlichen Ebenen verdrängt wird. Im ersten Fall handelt es sich üblicherweise um eine beinahe vollkommene Nichtbeachtung; im zweiten Fall um die Beseitigung ihres subalternen Segments, hauptsächlich der ehemaligen sowjetischen Kolonien in Osteuropa,[10] in geringerem Maße auch der ehemaligen Warschauer-Pakt-Staaten. Entscheidend ist allerdings nicht die wie auch immer geartete diskursive Diskriminierung an sich, sondern die Tatsache, dass durch Unterschiede in ihrer Anwendung die osteuropäischen Nachfolgestaaten der UdSSR als eine spezifische Gruppe sichtbar werden, die unter anderen diskursiven Bedingungen nur zu gerne in die größeren Kategorien, etwa Osteuropa, ‚ehemalige UdSSR' oder gar Russland, integriert wird. Mit Rückblick auf postkoloniale Diskurse lässt dies mit einiger Sicherheit von einem imperialen oder, wenn man so will, neokolonialen Hintergrund der postkolonialen Theorie sprechen. Dieser Hintergrund wird besonders da spürbar, wo die Länder der ehemaligen ‚Zweiten Welt' wie die Ukraine oder Belarus, die bis vor Kurzem

10 Den Begriff „Kolonie" benutze ich angesichts der Beweglichkeit der russisch-ukrainischen und russisch-belarussischen soziokulturellen Grenzen und der Zweideutigkeit der imperialen Inkorporierung von ‚kolonisierten' Territorien im Anschluss an Alexander Ossipjan als Bezeichnung vor allem für die durch imperiale Verhältnisse bedingte Unmöglichkeit, das eigene Territorium nach eigenen Ansätzen zu verwalten und eine eigene kulturelle Agenda selbstständig zu definieren: „Ukraine [dies könnte genauso gut die Situation in Belarus betreffen, A. C.] war eine Kolonie im Sinne der Unrealisierbarkeit des Projekts des nationalen Staates im Rahmen des Imperiums, nicht aber in Bezug auf wirtschaftliche oder soziale Zustände. Ihr kolonialer Status schlug sich im psychologischen Unbehagen jener nieder, die dieses Projekt realisieren wollten …" („Украина была колонией в смысле невозможности реализации проекта национального государства в рамках империи, но не в экономическом или социальном отношении. Она была колонией в осознании психологического дискомфорта тех, кто этот проект хотел реализовать …"). (Alexander Ossipjan: Образ империи в исторических гранд-нарративах и политике памяти Украины: прошлое в контексте национального строительства [Das Bild des Imperiums in historischen Metanarrationen und in der Gedächtnispolitik der Ukraine: Die Vergangenheit im Umfeld des nationalen Aufbaus]. In: *Perekrjostki* 3–4 (2010), S. 22–70, hier S. 60 (Übers. A. C.).)

keine Erfahrung eigener Staatlichkeit hatten, auf der Ebene des ‚Postkolonialen' betrachtet werden, und zeugt auf indirekte Weise von der impliziten Erhaltung der im Kalten Krieg üblichen Hierarchien und Polarisierungen in den Begrifflichkeiten der ‚Postcolonial Studies'. Bei ihrer Verortung in solchen Hierarchien wird den osteuropäischen Nachfolgestaaten der UdSSR häufig der Status von entsemantisierten, aus der Außenperspektive zu beschreibenden Territorien aufoktroyiert, der vor dem Niedergang der Sowjetunion in erster Linie den fernliegenden ‚orientalischen' Kolonien (‚Dritte Welt') und erst in zweiter Linie und unter erheblichen Vorbehalten den osteuropäischen, vor allem unter russischer Obhut stehenden Territorien zugewiesen wurde.[11]

2. „... mit der ganzen Welt Krieg führen ..."

In diesem Kontext gewinnen jene fiktionalen Texte besonders an Bedeutung, die von Vertretern der verschwiegenen Grenzräume Osteuropas geschrieben wurden, sozusagen aus dem entsemantisierten ‚Nicht-Ort' sprechen und die Taktiken dieser Entsemantisierung artikulieren. Im Großen und Ganzen spielen solche Texte eine ähnliche Rolle, wie sie die Texte aus der ‚Dritten Welt', die üblicherweise als „postkoloniale Literatur" bezeichnet werden, für die ‚klassische' postkoloniale Theorie gespielt haben: Sie beweisen (oder: möchten beweisen), dass auch die schweigende bzw. zum Schweigen gebrachte subalterne Peripherie ihre eigene Stimme und eigene Perspektive auf die jeweilige Metropole hat und dass sie, indem sie ein verfremdetes Bild des hegemonialen Zentrums zeichnet, ein ‚Re-imagining' der eigenen Identität als eines eigenständigen Akteurs auf der globalen Kulturbühne leistet (oder: leisten soll). Diese Rolle wird allerdings von mindestens drei lokalen historisch-kulturellen Faktoren beeinflusst, die eine unkritische Übernahme des Terminus „postkoloniale Literatur" in Frage stellen. Erstens sind die Texte aus dem postsowjetischen Osteuropa geschichtsbedingt gegen zwei Pole des hegemonialen Zwangs

11 So spricht Larry Wolff in seiner klassischen Untersuchung zum Konzept „Osteuropa" in diesem Zusammenhang von „demi-Orientalization". Vgl. ders.: *Inventing Eastern Europe: The Map of Civilization on the Mind of the Enlightenment.* Stanford: Stanford UP 1994, S. 7.

gerichtet: gegen die Ausklammerung seitens der ‚Ersten Welt' des Westens (inkl. Polen als Grenzfall)[12] genauso wie gegen die appropriierenden Praktiken des (Neo-)Kolonialismus in Russland, das, im Sinne Etkinds als ‚Imperium ohne Kolonien' verstanden, sich zum vollberechtigten, ja einzig möglichen Vertreter der ‚Zweiten Welt' erklärt hat und als solcher oft wahrgenommen wird. Dabei werden diese hegemonialen Pole nicht selten als alternative zivilisatorische Projekte wahrgenommen, die gegeneinander ausgespielt und zu den Idealbildern des nicht realisierten Eigenen stilisiert werden können – je nachdem, welchen ideologischen Standpunkt das postkoloniale Subjekt vertritt.[13] Zweitens verfügen die postsowjetischen Nachfolgestaaten der UdSSR in Osteuropa, im Unterschied zu den Ländern aus der ‚Dritten Welt', über gemeinsame Grenzen mit ihren imperialen Widersachern und fungieren somit als eindeutige ‚Grenzländer'. Dies schafft mit Notwendigkeit jene soziokulturellen „contact zones",[14] die, wie Madlena Tlostanowa aufzeigt, „die Dichotomie von Kolonisatoren und Kolonisierten [...] in unscharfer, gemischter Form" erscheinen lassen.[15]

12 Zur Verwandlung des westlichen wie östlichen Europa vom Anbetungsobjekt zum Objekt der kritischen Reflexion, die vor allem europäische Überheblichkeit und Ignoranz in Bezug auf ein ‚Nicht-Europa' (z. B. das postsowjetische Osteuropa) anprangert und Europa dabei trotzdem als das ‚Eigene' klassifiziert, vgl. Tamara Hundorovas Überlegungen zur ukrainischen Literatur der 1990er Jahre: *Післячорнобильська бібліотека: Український літературний постмодерн* [Nachtschernobyle Bibliothek: Die ukrainische literarische Postmoderne]. Kiew: Krytyka 2005, S. 137–149.

13 Vgl. unter den Untersuchungen am ukrainischen Material vor allem die aufschlussreiche Abhandlung von Halyna Jaworska / Oleksandr Bohomolow: *Непевний об'єкт бажання: Європа в українському політичному дискурсі* [Dieses obskure Objekt der Begierde: Europa im ukrainischen politischen Diskurs]. Kiew: Burago 2010. Eine interessante Interpretation des belarussischen Europäismus als Folge des Traumas des Zweiten Weltkriegs, gepaart mit dem Plädoyer für die russische Kultur in Belarus, entwickelt Andrej Dynko: Между братской Россией и мирной Европой [Zwischen dem brüderlichen Russland und dem friedlichen Europa]. In: *Perekrjostki* 1–2 (2006), S. 182–195.

14 Der Begriff stammt von Mary Louise Pratt. Vgl. das Einführungskapitel „Criticism in the Contact Zone" in dies.: *Imperial Eyes. Travel Writing and Transculturation*. London / New York: Routledge 1992, S. 1–11.

15 Madlena Tlostanowa: Жить никогда, писать ниоткуда. Постсоветская литература и эстетика транскультурации [Niemals leben, von nirgendwo schreiben. Die postsowjetische Literatur und die Ästhetik der Transkulturation]. Moskau: URSS 2004, S. 386 (Übers. A. C.): „дихотомия колонизатора и колонизированного [...] выступает нередко и в смазанной и нечеткой форме".

Solches Zusammengewachsensein, das den Bruch der ehemaligen Kolonien mit den jeweiligen Imperien erheblich erschwert bzw. relativiert, begünstigt die Exzesse des imperialen Revanchismus (hier sei nur auf die jüngste Landnahme der Krim oder auf die in der deutschsprachigen Literatur gerne kultivierte Sentimentalität gegenüber dem multikulturellen und multilingualen Galizien hingewiesen), setzt aber auf Seiten der ehemals Kolonisierten auch eine quasiimperiale virtuelle Appropriation jener Territorien in Gang, die früher als die ‚ihrigen' galten – man denke an die in der heutigen belarussischen Literatur allgegenwärtige Sehnsucht nach Wilna (Vilnius)[16] oder an die zweite Strophe der ukrainischen Hymne, die die Ukraine „von San bis Don" („від Сяну до Дону") besingt. Drittens spielen im postsowjetischen Segment der ehemaligen ‚Zweiten Welt' auch die vorzeitig unterbrochenen national(istisch)en Projekte eine wesentliche Rolle. Diese Projekte fanden nach der Oktoberrevolution in der kurzlebigen staatlichen Unabhängigkeit der jeweiligen Länder, in der Ukraine auch späterhin in der Tätigkeit der UPA (Ukrainische Aufständische Armee) ihren Niederschlag, wurden aber ab den 1920er Jahren, spätestens ab 1945 auf Eis gelegt und konsequent verdrängt.[17] Erst nach 1991 wurden sie allgemein (auch offiziell) als historischer Präzedenzfall für

16 Diese Sehnsucht, die spätestens 1923 bei einem der Begründer der belarussischen Literatur, Jakub Kolas, artikuliert wurde (vgl. das Poem *Новая зямля — Die neue Erde,* in dem Wilna kurz nach seiner Polonisierung zum Wallfahrtsort der Belarussen erklärt wird), bleibt in der Literatur wie in den Geisteswissenschaften und z. T. auch in der Politik von Belarus immer noch aktuell. So erklärt z. B. der Historiker Zachar Schybeka in seinem Buch *Urbane Zivilisation: Belarus und die Welt* aus dem Jahre 2009, das in Vilnius (!) publiziert wurde (auf dem Titelblatt wird Vilnius, wie übrigens in anderen Veröffentlichungen der belarussischen European Humanitarian University [EHU], dazu noch mit seinem alten Namen Wilna [!] bezeichnet), die litauische Stadt zur „geistigen Hauptstadt der Belarussen" („духоўная сталіца беларусаў"), somit auch zum Symbol der Nation. Vgl. ders.: *Гарадская цывілізацыя: Беларусь і свет. Курс лекцый* [Urbane Zivilisation: Belarus und die Welt. Vorlesungen]. Vilnius: EHU 2009, S. 193 (Übers. A. C.). Vgl. auch Ales Smaljantschuk: Беларускія сімвалы Вільні [Belarussische Symbole von Wilna]. In: *Homo historicus 2009. Гадавік антрапалагічнай гісторыі* [Jahrbuch für anthropologische Geschichte]. Vilnius: EHU 2010, S. 327–341.

17 Vgl. z. B. Sergej Bogdan: БССР и белорусский национализм [BSSR und der belarussische Nationalismus]. In: *Perekrjostki* 1–2 (2009), S. 101–133. Allerdings vertritt Bogdan – wohl mit Recht – die These, dass in der Sowjetunion einige Elemente des Nationalen trotzdem kultiviert wurden und gerade dadurch nach 1991 die Situation geschaffen wurde, in der Belarus seine Wahl zwischen einer „unabhängigen modernen Nation" („самостоятельной модерной нацией") und der

die neugewonnene Selbstständigkeit anerkannt[18] und in Gestalt des unterschiedlich narrativierten und orientierten national(istisch)en Ressentiments, das oft mit den Versuchen der postkolonialen Selbstdefinierung einherging, auch von verschiedenen Literat*innen, am aussagekräftigsten wohl von Juri Andruchowytsch in der ukrainischen[19] und von Uladzimir Arlou in der belarussischen Literatur, übernommen. Die drei genannten Faktoren, die auf der literarischen Ebene fast zwangsläufig auf das National(istisch)e hinauslaufen, haben in Kombination mit der postkolonialen Situation in den jeweiligen Ländern einen interessanten Effekt zur Folge. Dieser Effekt tritt im Vergleich mit den ehemaligen Kolonien aus der ‚Dritten Welt', in denen die (verspätete) Nationenbildung nur eine der Optionen für die postkoloniale Selbstidentifikation darstellte und daher mehrere literarische Beispiele für die von Homi K. Bhabha beschworene „Hybridisierung"[20] bzw. für das subversive postkoloniale „re-play" des Kolonialen im Sinne von Anuradha Dingwaney Needham[21] vorgelegt wurden, besonders deutlich zum Vorschein. Denn in den postsowjetischen Literaturen (und Kulturen) Osteuropas werden die schon gut ausgearbeiteten Apparaturen der „postcolonial novel" vor allem dazu verwendet, das Nationale zu etablieren, die Nationsbildung zu legitimieren und den Kampf gegen die Imperien weniger auf der konstruktiven „postkolonialen" als

„stabilen belarussischen politischen Nation sowjetischen Typs" („устойчивой белорусской советской политической нацией") treffen konnte (ebd., S. 129–130; Übers. A. C.).

18 Die dieser Anerkennung innewohnende Tendenz des integralen Nationalismus, der „the prehistory of the independent Ukrainian state as the teleological triumph of an essentialist, primordial Ukrainian nation" feiert, wurde noch 1995 von Mark von Hagen erkannt und scharf kritisiert. (Mark von Hagen: Does Ukraine Have a History? In: *Slavic Review* 54,3 (1995), S. 658–673, hier S. 665–667.) Eine ähnliche Tendenz lässt sich auch in der belarussischen Kultur und Politik bis 1995 nachweisen.

19 Vgl. dazu den Beitrag von Ievgeniia Voloshchuk in diesem Band.

20 Vgl. Homi K. Bhabha: The Commitment to Theory. In: Ders.: *The Location of Culture*. London / New York: Routledge 1994, S. 19–39.

21 Vgl. Anuradha Dingwaney Needham: Using the Master's Tool: Resistance and the Literature of the African and South-Asian Diasporas. Basingstoke: Macmillan 2000, insb. S. 53.

vielmehr auf der destruktiven „antikolonialen" Ebene fortzuführen, um sich hier der Unterscheidung Marko Pavlyshyns zu bedienen.[22] Diese paradoxe Engführung von Postkolonialem und Nationalem ist ausgerechnet in der belarussischen Literatur besonders markant, da man es im Falle von Belarus mit einem Land zu tun hat, das, im Gegenteil etwa zu dem ihm geopolitisch nahe stehenden Nachbarstaat Ukraine, seit spätestens 1995 keine staatlich gesteuerte nationale Identitätspolitik betreibt und das Nationale konsistent aus allen Sphären des öffentlichen Lebens ausmerzt. Dennoch wurden auch hier mehrere Texte publiziert – mangels eines passenden Terminus werde ich sie weiterhin als *postsowjetische postkoloniale Literatur* bezeichnen –, die Belarus als eine Grenzzone zwischen den russischen (östlichen) und den westlichen Entsemantisierungsstrategien darstellen, die „subaltern speaks"-Situation inszenieren und dabei postkoloniale (z. B. in Form von „postkolonialen Reisen"[23]) und nationale Gesichtspunkte verknüpfen. Der schon erwähnte Alhierd Bacharewitsch nennt in diesem Zusammenhang sein umfangreiches Nachwort zur eigenen Übersetzung von Wilhelm Hauffs Erzählung *Das kalte Herz* und Zmitser Wischnjows Blogroman *Замак пабудаваны з крапівы* (2009, *Das Schloss aus Brennnesseln*).[24] Diese knappe Liste kann aber erweitert werden, u. a. durch Bacharewitschs Roman *Сарока на шыбеніцы* (2009, *Die Elster auf dem Galgen*) oder Artur Klinaus *Шалом* (2011, *Der Helm / Schalom*; das belarussische „шалом" bedeutet sowohl „der Helm" als auch die jüdische Grußformel). Gerade am Beispiel dieses Letzteren lassen sich formale Merkmale und narrative Strategien, Einschränkungen und manipulatives Potential des postkolonialen Schreibens in der Gegenwartsliteratur von Belarus sowie des gesamten postsowjetischen Teils Osteuropas wohl am besten untersuchen. Dies aus zwei Gründen: Zum ersten, weil in Klinaus Roman, im Unterschied zu den meisten anderen einschlägigen Texten, „die Suche Belarus' nach seinem Platz in Europa, die Wahrnehmung der Belarussen aus europäischer Perspektive [...]

22 Vgl. Marko Pavlyshyn: *Канон та іконостас* [*Kanon und Ikonostasis*]. Kiew: Tschas 1997, S. 227.

23 Vgl. Sara Upstone: *Spatial Politics in the Postcolonial Novel*. Farnham / Burlington: Ashgate 2009.

24 Vgl. Alhierd Bacharewitsch: Miensk, 8–11 Feb. In: *Livejournal*, 13.02.2011. http://bacharevic.livejournal.com/2011/02/13 (Zugriff am 15.06.2016).

und die literarische Aufarbeitung der Ost-West-Opposition sowie andere geopolitische Fragen", wie der Kritiker Sjargej Kawaljow zu Recht bemerkt, kein Thema unter anderen sind, sondern eine zentrale Stellung einnehmen.[25] Zum zweiten, weil die kulturelle Identitätssuche des postsowjetischen postkolonialen Subjekts in *Der Helm* auf zwei auseinanderlaufenden Ebenen vorgeführt wird, die zwei grundsätzliche Einstellungen einschlägiger Literatur widerspiegeln. Auf der Ebene der Romanhandlung wird das Scheitern des zwischen Ost und West zerrissenen Protagonisten nicht ohne Sympathie – wenn nicht der Hauptfigur oder seiner Vorgehensweise, so doch seinem Vorhaben gegenüber – dem/der Leser*in vor Augen geführt. Auf der Ebene der auktorialen Stimme, die die Seelenqualen des Protagonisten und seine Unfähigkeit, aus dem Teufelskreis der Ost-West-Dichotomie auszubrechen, ironisch darstellt und kommentiert, wird diesem Scheitern das andere, hybride Identitätsangebot performativ, d. h. durch die Art und Weise des Erzählens, entgegengesetzt.

3. „Warum zum Teufel hast du diesen Feuerwehrhelm aufgestülpt?"

Wichtig ist in diesem Sinne vor allem die in *Der Helm* dominierende *militärische Semantik*. Sie wohnt schon der Titelmetapher des Romans – dem Bild des preußischen Helms aus der Zeit des Ersten Weltkriegs – inne, den der Künstlerprotagonist André in Bonn anzieht und bis hin zu den letzten Seiten, die sich im belarussischen Mahiljou abspielen, hartnäckig durch die Welt trägt. Mehr noch: Sie begründet die Genrebezeichnung „Kriegsroman", obwohl Klinaus Text gattungsspezifisch viel mehr dem Typ des „Reiseromans" entspricht. (Eigentlich wird in *Der Helm* eine relativ friedliche Reise des Protagonisten von Bonn, wo er an einer Kunstausstellung teilnimmt, über Hannover und Berlin, Warschau, Brest und Minsk bis in seine Heimatstadt Mahiljou beschrieben.) Zur Beantwortung

25 Sjargej Kawaljow: На лініі фронту: раман Артура Клінава *Шалом* [An der Frontlinie: Artur Klinaus Roman *Der Helm*]. In: *Dzejaslou* 61,6 (2012), S. 303–310, hier S. 304 (Übers. A. C.): „... пошукі Беларусі свайго месца ў Еўропе, успрымання беларусаў іншымі еўрапейскімі народамі [...] мастацкае адлюстравання апазіцыі ‚Усход – Захад' і іншыя праявы сучаснай геапалітыкі".

der Frage, „was dieser geheimnisvolle Krieg eigentlich bedeutet, warum zieht der belarussische Künstler ins Feld und gegen wen will er Kampf führen", schlägt der bereits zitierte Sjargej Kawaljow vier Antworten vor: der Feldzug nach Ruhm, die Verteidigung der künstlerischen Freiheit, der Kampf mit Spirituosen, die in der Tat eine nicht unerhebliche Rolle spielen, schließlich der geopolitische Krieg zwischen Ost und West. Mögen alle diese Erklärungen auch zutreffen, so sprengt doch die im Roman beschriebene, ja geführte Konfrontation den von Kawaljow entworfenen Interpretationsrahmen. Ein Beweis dafür ist unter anderem eine fast überflüssige Anhäufung von geografischen und historischen Projektionen des „Krieges". So wird der Protagonist dank des von ihm getragenen preußischen Helms in einen Zusammenhang mit den Soldaten des Ersten Weltkriegs gebracht. Das Gebäude der Künstlerkolonie Tacheles, das „nach dem Krieg aus unbekannten Gründen nicht saniert wurde",[26] und der deutsche Schutzhelm aus dem Theaterdepot in Mahiljou, der als Gegenstück zum preußischen Helm fungiert, verweisen auf den Zweiten Weltkrieg. In den Reden, die André, zum Krüppel aus Otto Dix-Bildern stilisiert, vor Passanten auf dem Alexanderplatz hält, erwähnt er außerdem Waterloo, Monte Cassino und Austerlitz (SVR 124), die Schlacht um Verdun (SVR 123) und Pskow (SVR 144), die Katastrophe von Tschernobyl und die Oktoberrevolution (SVR 144). Und im Dialog mit einer Babuschka vor der Kirche in Mahiljou wird die Liste historischer Präzedenzen noch um die Schlacht um Smolensk erweitert (SVR 273). Indem der ‚Krieg' seine konkreten Grenzen einbüßt, oder, anders gesagt, indem er mit allzu viel konkreten Grenzen versehen wird, verwandelt er sich zum

26 „... пасьля вайны зь нейкіх прычынаў ня сталі парадкаваць ..." Artur Klinau: *Шалом: Ваенны раман* [Der Helm: Kriegsroman]. Minsk: Lohvinau 2011, S. 87. Im Folgenden zitiert als SVR mit Angabe der Seitenzahl; Übers. aller zitierten Passagen A. C. Dass ich mich hier nicht auf die hervorragende deutsche Übersetzung des Romans beziehe (Artur Klinau: *Schalom: Ein Schelmenroman* [*sic!*]. Berlin: fotoTAPETA 2015), hat vor allem damit zu tun, dass diese, wie der Übersetzer Thomas Weiler angibt, auf der „aktuellere[n] russische[n] Version" (ebd., S. 4) aus dem Jahr 2013 basiert, welche von der belarussischen Vorlage an manchen Stellen erheblich abweicht und in diesem Sinne in der Tat eine Version des Originals darstellt und nicht seine Übersetzung. Somit gilt auch Weilers Text als eine Übersetzung der ‚Moskauer' und nicht der ‚Minsker' Fassung des Romans, die der nachfolgenden Analyse zugrunde liegt.

narrativen Prinzip, zum Dispositiv, das mit der zentralen Figur von *Der Helm* assoziiert wird, zumal keine alternativen Fokalisierungsinstanzen im Roman vorhanden sind. Auch da, wo er seine Rolle als „Soldat der Kunst“[27] (z. B. SVR 88, 172) abschüttelt, kein Tropfen Alkohol mehr anrührt und sich aus dem Ost-West-Konflikt heraushält, erfasst André die Welt durch das Prisma der Militärrhetorik. So sucht er in verschiedenen Ländern mit manischer Fixierung nach den architektonischen Widerspiegelungen seines Helms – etwa im Funkturm am Alexanderplatz, in den Stalin-Hochhäusern in Warschau und Minsk oder auch im Bahnhofsgebäude in Brest. Militarisiert werden überdies die belarussischen Grenzbeamten, die André „dumme Schleifer“[28] (SVR 181) nennt, und sein Atelier in Mahiljou, in dem er wie in einem „Luftschutzkeller“[29] (SVR 236) sitzt. Später, als André in seinem prächtig schimmernden Helm vor den Student*innen in Mahiljou erscheint, führt dies zur „Kontusion“[30] (SVR 237). Noch später tritt er als Heerführer auf, der die „Truppen“[31] (SVR 311) aus leeren oder mit Tritruol gefüllten Drei-Liter-Gläsern inspiziert. Überwiegend als latenter Prozess dargestellt, materialisiert sich der ‚Krieg‘ zweimal in ernsthaften Schlachten: In Deutschland rauft sich der Protagonist mit den Neonazis, und in Belarus wird er von beinamputierten Afghanistan-Veteranen angegriffen. In beiden Fällen vertreten die Angreifer jene soziokulturellen Gruppen, die wie André, wenn auch aus anderen Erwägungen, ein Leben in militärischen Zusammenhängen wählen – in dem „an der Frontlinie”[32] liegenden (SVR 62) Belarus wie im „Sanatorium“[33] (SVR 20, 240) namens Deutschland. Dabei ist es substanziell, das der „Mann im Helm“[34] (z. B. SVR 33, 173), der zum Zentrum der (Re-)Produktion des militärischen Narrativs im Roman wird, sich weder mit dem hegemonialen Osten noch mit dem hegemonialen Westen identifizieren will.

27 „Жаўнер мастацтва“.
28 „Тупое салдафонства“.
29 „Бомбасховішча“.
30 „Кантузіўшы“.
31 „Войска“.
32 „На лініі фронту“.
33 „Санаторый“.
34 „Чалавек у шаломе“.

Stattdessen insistiert er auf seiner Zugehörigkeit zur „namenlosen Schanze“[35] (SVR 275), dem „kleinen, gottverlassenen Land irgendwo vor dem Zaun Europas“[36] (SVR 10), wie z. B. im Gespräch mit seiner deutschen Begleiterin Ingrid: „Woher kommst du? [...] – Aus Belarus. – Und wo ist das? – Im Osten. Gleich hinter Polen. – In Russland? – Dazwischen. An der Frontlinie“[37] (SVR 62). Solche Selbstidentifizierung des zentralen, ja einzigen Subjekts der Kriegsführung drängt den globalen Ost-West-Konflikt in den Hintergrund und ersetzt ihn durch einen für die postsowjetische postkoloniale Literatur grundlegenden lokalen Identitätskrieg des osteuropäischen Grenzlandes an zwei Fronten – *gegen* den Westen und *gegen* den Osten.

Dieser ungewollte und doch scheinbar unabwendbare Krieg hat zwei Ebenen. Auf der *faktualen* Ebene muss sich das postkoloniale belarussische Subjekt, das aus der von Bhabha beschriebenen „In-betweenness“[38] spricht, ob es das will oder nicht, hybrider Strategien der Selbstrepräsentation bedienen, die zwischen der Identifikation mit dem jeweiligen Gegner und der Abgrenzung von ihm oszillieren und die postkoloniale Schicht des Romans konstituieren. In Europa (Deutschland, z. T. auch Polen), das er mehrmals als seine „historische Heimat“[39], sein „Faterland“ (in belarussischer Transkription „фатэрлянд“) (SVR 44, 130, 276) bezeichnet, betont André, wie viele andere Figuren aus der postsowjetischen postkolonialen Literatur, die *ideale historische Zugehörigkeit* seiner faktischen Heimat zur europäischen Ökumene. Hier kommen die Verwendung des frankophonen Namens („Andrejka“ bezeichnet die provinziell-alltägliche Natur der Hauptfigur, „André“ ihre künstlerische Hypostase), die Lokalisierung von Belarus „vor dem Zaun Europas“ (und nicht etwa vor dem Zaun Russlands), das Tragen des preußischen Helms, der auf jene Zeiten deutet, als Belarus tatsächlich

35 „Безыменны акоп“.

36 „Маленькая, забытая Богам краіна, што прытулілася дзесьці пад плотам Эўропы“. Das belarussische Idiom „жыць пад плотам“, wortwörtlich „am / vor dem Zaun leben“, bedeutet auch „in der Gosse leben“.

37 „Ты адкуль?.. — Зь Беларусі. — А дзе гэта? — На ўсходзе. Адразу за Польшай. — У Расеі? — Паміж. На лініі фронту“.

38 Vgl. Bhabha: The Location of Culture; ders.: Aura and Agora: On Negotiating Rapture and Speaking Between. In: Richard Francis (Hrsg.): *Negotiating Rapture: The Power of Art to Transform Lives*. Chicago: Museum of Contemporary Art 1996, S. 8–17.

39 „Гістарычная радзіма“.

ein Teil des europäischen Raums war,[40] und eine Menge realer und fiktiver historischer Parallelen ins Spiel – von der Privatisierung der baltischen Prußen („Prußen sind doch […] wir“[41], SVR 13) bis hin zur Behauptung, der Name des belarussischen fuseligen Fruchtweins „Kryschatschok“ sei auf die „verflixten oder besoffenen Teutonen“[42] (SVR 12) zurückzuführen. Da, wo der Protagonist aber mit dem europäischen Othering zu tun hat, welches das fremde Belarus entweder als „Leprosorium“[43] (SVR 171), „Schonrevier für Versager“[44] (SVR 167) von der Karte tilgt oder ihm die Züge des orientalisierten Russlands verleiht – von den wohlfeilen Assoziationen mit Tschernobyl (SVR 62), „dem schwummerigen Mordor aus Tolkiens Fabeln“[45] (SVR 10) und „Dyktazür“ („дыктацюр“!) (SVR 169) bis hin zu den unentrinnbaren russischen Bären und der durcheinandergebrachten Geografie –, bevorzugt er eine ironische Bejahung seines ‚Russentums‘. So nennt André, der den Beinlosen aus dem Ersten Weltkrieg spielt, in einem Atemzug Tschernobyl als die Ursache seiner vermeintlichen Verstümmelung – als ob es immer vorhanden gewesen wäre. „Dyktazür“ wird zum orientalischen Kitsch, in dessen Alltag die Bären auf Minsker Plätzen herumlaufen. Als belarussische Folklore verkauft der Protagonist den Deutschen russische und jüdische Lieder, etwa *Otschi tschornyje*, *Tumbalalaika* oder *Smelo my w boj pojdjom* (SVR 17), und das „Leprosorium“ erweist sich als unvollständige Kopie, die dem verführerischen europäischen Original ebenso wenig ähnlich ist wie das Erntefest (sog. дажынкі) in Mahiljou dem bayerischen Oktoberfest (SVR 63). Doch auch wenn beide Taktiken in der ‚klassischen‘ postkolonialen Situation (und in der ‚klassischen‘ postkolonialen Literatur) ihren Effekt erzielen

40 Symptomatisch ist in diesem Sinne, dass der preußische Helm ausgerechnet mit dem Feldzug nach Osten assoziiert wird, dessen Ziel darin besteht, „das arme, in den Sümpfen und Jahrhunderten verirrte Volk in seine historische Heimat zurückzuführen“ („вярнуць на гістарычную радзіму свой бедны, заблукалы ў багнах і стагодзьдзях народ“) (SVR 44). Dagegen dient der „Helm des russischen Befreiers“ (“каска ваяра-вызваліцеля“) (SVR 34, 44), der vom fiktiven Antipoden Andrés getragen wird, dazu, „seine Volksgenossen an das Ufer von Mutter Wolga zu locken“ (“заманіць ягоны люд на берагі матухны Волгі“) (SVR 44).

41 „Прусы гэта ж […] мы!“

42 „Вальтануты або п'яны тэўтонец“.

43 „Лепразорый“.

44 „Запаведнік для лузэраў“.

45 „Страшным Мордарам з казак Толкіна“.

konnten, laufen sie im heutigen Westeuropa, das seine postsowjetische Peripherie weniger umschreiben, vielmehr wie einen Alptraum vergessen möchte, eindeutig ins Leere: Alle Hinweise auf die gemeinsame Vergangenheit werden mit einem Achselzucken abgetan, die zugespitzten Exotismen dagegen als Bestätigung der europäischen *mental map* wahrgenommen.
Da, wo von Russland die Rede ist, sieht diese ambivalente Identifikations- und Abgrenzungs-Strategie etwas anders aus, zumal Russland, im Gegensatz zu Europa, im Roman kein Reiseziel darstellt und daher nur indirekt, vor allem in Form der kolonisatorischen Spuren präsent ist, die im Sog der kulturellen Politik Lukaschenkos konserviert werden und daher den heutigen Zustand von Belarus als eine perpetuierende russische/sowjetische „Okkupation"[46] (SVR 130, 198, 262) bezeichnen lassen. In den Koordinaten dieses „feindlichen Territoriums"[47] (SVR 130) wird die in Europa praktizierte rücksichtslose Identifizierung mit dem ‚Gegner' aufgrund der ‚gemeinsamen' Geschichte durch eine ironisch gefärbte Appropriation von ausgewählten Teilen der russischen imperialen Vergangenheit ersetzt, welche dann ins belarussische nationale Narrativ integriert werden. Im Horizont des 19. Jahrhunderts ordnet der Protagonist unter anderem die Figur des Schriftstellers Fjodor Dostojewski dem belarussischen Raum zu und interpretiert dessen russisch-imperiale Einstellung als Folge der Verdrängung seiner belarussischen Wurzeln:

> Was sind Sie denn selbst für ein Mensch? Ein Sumpfmensch![48] Denken können Sie auch nur als Sumpfmensch! Und Ihre ganze Literatur ist mit Sümpfen durchtränkt! Und Ihre Familie kommt aus den belarussischen Sümpfen! Ihr ganzes Leben lang haben Sie versucht, russischer zu sein als ein Dorfkerl aus Nischni Nowgorod [...], und sind trotzdem ein Sumpfmensch geblieben.[49] (SVR 313)

46 „Акупацыя".

47 „Варожая тэрыторыя".

48 Eine in der belarussischen Literatur verbreitete Selbstbezeichnung der Belarussen. Dieses Paradigma wurde unter anderem von Iwan Melezh in seinem Roman *Людзі на балоце* (1962, *Menschen im Sumpf*) literarisch aufgearbeitet.

49 „А самі вы хто? Балотны чалавек! І мысьліце вы па-балотнаму! І літаратура ўся ваша балотная! І ўвесь ваш род зь беларускіх балотаў паходзіць! Хоць вы ўсё жыцьцё і імкнуліся стаць больш рускім, чым ніжагародзкі мужык [...] а ўсё адно балотным чалавекам засталіся!"

Im Horizont der neusten Geschichte belarussifiziert André das sowjetische Minsk, das vom Imperium „im Zustand der Geistesverwirrung gebaut wurde"[50] (SVR 201) und nun dank des deutschen Helms zurückerobert werden kann – wohl weil beide Arten des Wahnsinns so ähnlich sind. In Mahiljou stellt der Protagonist seinen preußischen (europäischen) Helm den postkolonialen (postsowjetischen, russischen) Realien im Belarus der Gegenwart gegenüber, unter anderem als Instrument der spöttischen Bejahung des vor Ort herrschenden regionalen Isolationismus (im Belarussischen als ‚тутэйшасьць' – das Hiesigsein – bezeichnet). Diese Bejahung schlägt sich z. B. in dem von André vorgeschlagenen Projekt von „Fucking-Helmen" („факінгшалом") nieder, die, wie er dem Rektor der Universität in Mahiljou darlegt, en masse hergestellt und vom ganzen Volk getragen werden müssten, um zu zeigen, dass „alle Ränkespiele der feindlichen Entente, die Weltverschwörung und die Bedrohungen durch Naphtalinkartelle ihm [dem Volk] scheißegal sind"[51] (SVR 256–257). Die Ergebnisse, die der „Mann im Helm" in Lukaschenkos Belarus erzielt, fallen allerdings noch trostloser aus als in Europa. Der „Sumpfmensch" Dostojewski lässt Andrés Invektiven unbeantwortet und trennt schweigend die Zeitzündschnur von dem Sprengkörper, den André unter der Dnjepr-Brücke in Mahiljou angebracht hat.[52] Das ‚nationalisierte' Minsk schickt dem Protagonisten zwei Spitzel-Figuren in grauen Anzügen entgegen. Und der Raum, in dem Klinaus „Soldat der Kunst" sein postkoloniales Belarus baute, schrumpft bis auf den Schrank unter der Brücke in Mahiljou, der vom einbeinigen und einäugigen Gott, der wie Lew Tolstoi aussieht, und dem eine Baseballkappe mit US-amerikanischer Fahne tragenden Teufel in den Dnjepr gestürzt wird.

Die hier umrissene Niederlage des postkolonialen Subjekts in seinem Kampf mit mentalen Karten und kulturellen Stereotypen im Westen und im Osten illustriert den wichtigsten *expliziten* Ansatz, den Klinaus Roman mit vielen anderen Texten der postsowjetischen postkolonialen Literatur teilt: So unterschiedlich die geopolitischen

50 „Будавала гэты горад у момант памутненьня сьвядомасьці".

51 „Яму глыбока насраць на інтрыгі непрыязнай Антанты, на сусьветную змову і пагрозы нафталінавых картэляў".

52 Andrés (fiktiver) Versuch, die Brücke über den Dnjepr zu sprengen, interpretiert Sjargej Kawaljow als symbolische Trennung von Ost und West. Vgl. Kawaljow: *An der Frontlinie*, S. 310.

Hegemonien unter einander auch sind, so verblüffend ähnlich, ja identisch reagieren sie auf die Existenz eines osteuropäischen (belarussischen) Grenzlandes, insbesondere wenn dieses Grenzland eine autonome Identität beansprucht. Diesen Ansatz präsentiert Klinau schon auf der Ebene der Titelmetapher im Bild zweier im Helm eingeprägter Reichslöwen, eines russischen mit dem Namen Swjatopolk und eines deutschen mit dem Namen Wallenrod, die aber beide spiegelbildähnlich (SVR 40) sind und den zwischen ihnen liegenden Fisch (lies: Belarus) gleich unerbittlich zerfleischen. Darüber hinaus findet er in mehreren Bildern, Raumkonstellationen und Handlungskollisionen des Romans seinen Niederschlag. Die Letzteren kulminieren in der oben erwähnten Attacke beider geopolitischer Antipoden auf das „letzte Bollwerk"[53] (SVR 326) des belarussischen Widerstands, die den Absturz des heidnischen Idols um 988 in Kiew im Sog der Christianisierung der Rus durch den Großfürsten Wladimir den Großen travestiert und dadurch dem/der Leser*in jene Kombination von „zivilisiertem Hochmut"[54] und Gewalt vor Augen führt, die für beide ‚Gegner' charakteristisch ist. Da dieses Finale aber im Grunde die Ausgangsprämisse des Romans bestätigt, mildert es zugleich die Bitternis der Niederlage, die damit als *notwendiges* Ergebnis des aussichtslosen „Krieges gegen die ganze Welt"[55] (SVR 245) verklärt wird.

4. „Der Krieg ist längst vorbei"

Gar nicht „notwendig" und daher viel schwerwiegender fällt dagegen die *performative ideologische Niederlage* des Textes aus bzw. des im Roman unternommenen Versuchs, den hegemonialen Narrativen und Denkschemata aus Ost und West das belarussische nationale Projekt entgegenzustellen und Belarus in postkolonialen Koordinaten neu zu erfinden. Diese ‚Neuerfindung', die von Anfang an als ideelle Gefechtsentscheidung mitgedacht wurde, gewinnt in *Der Helm* keine klaren Konturen. Im Gegenteil: Je tiefer sich der Protagonist in den Kampf gegen die aktuellen oder in der postkolonialen

53 „Апошні бастыён".

54 Joseph Roth: Reise durch Galizien. In: Ders.: *Werke*, Bd. 2: Das journalistische Werk, 1924–1928. Köln: Kiepenheuer & Witsch 1990, S. 281.

55 „З усім сьветам ваяваць".

Abhängigkeit sublimierten Imperien involviert („шалом" als „der Krieg um uns",[56] SVR 94), umso auffälliger wird seine Dependenz von Identitätsmodellen und Ideologemen, kulturellen Orientierungen und Bildern des ‚Anderen', die von diesen Imperien produziert wurden und werden. In diesem Sinne wundert es nicht, dass das Projekt der nationalen belarussischen Identität, wie das Polen-Kapitel beweist, sich im Endeffekt als Nostalgie nach dem misslungenen *eigenen* Imperium entpuppt. Je weniger der Protagonist und der Romanautor imstande sind, die Projekte des Großfürstentums Litauen, des Polen-Litauen oder „des honigsüßen goldenen Zeitalters der sarmatischen Kultur"[57] (SVR 166) durch eine sinnvolle Alternative zu ersetzen („шалом" als „der Frieden in uns",[58] SVR 94), umso beharrlicher legen sie die Schuld für die eigene imperiale Impotenz auf die Schultern des Anderen:

> Auch wir hätten ein Imperium sein können! Doch die Demokratie und das Saufen richteten uns zugrunde! Während wir Bier tranken und im Sejm unsere Spiele trieben, kam der preußische Soldat und nahm uns unsere Kuh ab! Und dann kam der russische Soldat und nahm uns den Rest ab, sogar die leeren Bierflaschen![59] (SVR 125)

Genauso konsequent werden im Roman die Namen belarussischer Künstler, Schriftsteller und Philosophen vermieden, obwohl sein Protagonist sich mit der Ignoranz des Ostens und des Westens ausdrücklich unzufrieden zeigt. Angeführt werden stattdessen zahlreiche imperiale Prätexte, die zusätzlich durch das Sieb eines wenig reflektierten postmodernen Spiels gebeutelt und dadurch radikal vereinfacht werden. Nach dieser Logik werden die Texte von Goethe, Kant und den deutschen Romantikern, die der Protagonist, wie er selbst zugibt, seinen Vorstellungen vom ‚Preußischen' oder vom ‚Deutschen' zugrunde legt, in recht anspruchslose Bilder des ‚Fremden'

56 „Вайна наўкола".

57 „Смачны, як мёд, залаты век сармацкай культуры".

58 „Мір унутры нас".

59 „Мы ж таксама маглі стацца імпэрыяй! Але нас загубілі дэмакратыя і п'янства! Пакуль мы пілі піва і балявалі ў сэйме, прыйшоў прускі жаўнер ды забраў карову! Потым прыйшоў рускі жаўнер ды забраў усё, нават пустыя піўныя пляшкі!"

umgewandelt, deren Quintessenz wohl die von André angeführte Liste der Ortsnamen zwischen Bonn und Hannover bildet: „Hinter dem Rücken lagen Zuckerwaffel, Dönermitselz, Abendkaputt, Hamm. In der Ferne zeichnete sich schon Zumteufelnachosten ab“[60] (SVR 51). Auf ähnliche Art und Weise geht Klinau mit einem seiner wichtigsten russischen Prätexte, Wenedikt Jerofejews Erzählung *Die Reise nach Petuschki*, um. Indem er den Text des russischen Autors seiner metaphysischen Dimension beraubt, ihn als literal zu verstehendes Loblied auf den Alkoholgenuss umschreibt und die deutsche Reise des belarussischen Künstlers zum Pendant von Wenitschkas Schnellbahn-Reise durch die Moskauer Oblast stilisiert, wird die Figur des „Heiligen Trinkers“ zur Verkörperung des überdrüssig gewordenen westeuropäisches Klischees.

Die östliche und die westliche Version desselben hegemonialen Stereotyps finden sich im ‚belarussischen‘ Teil des Romans zusammen. In ihm wird Lukaschenkos Belarus als ein Land dargestellt, in dem jene „Dyktazür“ herrscht, die im ‚europäischen‘ Segment verhöhnt wurde; als „Provinzloch“[61] (SVR 47), in dem es von allerlei Verlierern, Xenophoben, KGB-Agenten, morschen Bürokraten, Konjunkturrittern, chronischen Alkoholikern, „beduselten Hunnen“[62] (SVR 210), „verlotterten Wilden“[63] (SVR 289), „Barbaren“, ja von „Pflanzenfressern“, „Zweihufern“[64] (SVR 291, 293) und „Marsianern“[65] (SVR 229) wimmelt. Eine interpretatorische, identifikatorische und ideologische Leere, die hinter allen Facetten dieses belarussischen Imperialismus ohne Imperium und dieses Fremdenhasses ohne Fremde spürbar ist, mündet erwartungsgemäß in die schwer übersetzbare Orgie der reinen Negation, die am Schluss des Romans den Künstler André an den Anfang seines Identitätskriegs „mit der ganzen Welt“ zurückversetzt und die endlose Perpetuierung des Kriegs andeutet:

60 „За сьпінаю былі Цукервафэль, Дзёнармітзэльц, Абэндкапут, Хам. Недзе наперадзе ўжо маячыў Нахрэннахостэн“.

61 „Правінцыйная дзірка“.

62 „П’янаватыя гуны“.

63 „Убогія тубыльцы“.

64 „Барбары, парнакапытныя, траваядныя“.

65 „Марсыяне“.

Ich Kehrte Zurück!!!!!!!!!!!!! Den Helm!!!!!! NEHME ICH NICHT AB!!!!! Neeehme Ich Niicht Aaaaaaaaab!!!! LECKT Ihr Mich Aaaaaaaaaalleeeee!!!! ALLEEE, ALEEE, ALLEEEeeeeee AAAM AAAARSCHSCHSCHSCHSCHSCHSCH!!!!! SCHSCHSCHSCHSCHSCHSCHSCHSCH!!!!!!!!!!!SCHSCHSCHSCH!!!!!!!!!!!!!!!!!!!!![66] (SVR 332)

Diese zweite Niederlage Andrés – und Klinaus, der ihn zum Protagonisten seines „Kriegsromans" erkor – vermittelt eine nicht auf der Hand liegende, aber auch nicht von der Hand zu weisende kulturelle (und kulturtheoretische) Botschaft. Sicherlich kann und muss die oben skizzierte performative Kapitulation des Romans auch als Hinweis auf die Antiquität jeglicher Nationenbildung in der Zeit der Postmoderne wahrgenommen werden – eine Hypothese, die auch durch den antiquierten preußischen Helm des Helden bekräftigt wird. Vielmehr veranschaulicht diese Kapitulation aber eine gewisse *Unzulänglichkeit der Postmoderne* als eines Schreibmodells und einer Denkweise im Kontext der postsowjetischen postkolonialen Literatur, die sich zwischen den postkolonialen und den national(istisch)en Zielsetzungen bewegt. Mag die Postmoderne auch ideal zur ‚klassischen' postkolonialen Dekonstruktion passen, wie Vitaly Chernetsky behauptet:[67] Sie wird in den Ländern des postsowjetischen Osteuropa nur zu oft zum Spielzeug in den Händen des national(istisch)en Diskurses, der bei der Konstruktion von ‚alternativen' lokalen Identitäten kultur- und geschichtsbedingt reaktiviert wird. Dieser instrumentalisiert die im Schmelztiegel des postmodernen Misstrauens gegenüber den Metanarrationen diskreditierten Imperien als das feindliche ‚Fremde' und nimmt das Leiden der kolonisierten Völker als

66 „Я Вярнуўся!!!!!!!!!!!!! Шалом!!!!!! НЕ ЗДыМУ!!!!! НЕeee ЗДымууууууууу!!!! ПАйШЛІііі Выыыыыыыыыы ўсееее!!!! УСЕЕЕ, УСЕЕЕ, УСЕЕЕеееееее НАааа ХУуууйййййй!!!!!!ййййй йййй!!!!!!!!!!! йййй!!!!!!!!!!!!!!!!!!!!!“

67 Indem er die Ideologeme, Begrifflichkeiten und diskursiven Strategien von Postmoderne und Postkolonialismus eingehend vergleicht, kommt Chernetsky unter anderem zu dem Schluss, dass „postcolonialism can be seen as a development of the paradigm that Hal Foster has termed the 'postmodernism of resistance', projecting a number of the latter's concerns in the context of interaction with and subversion of imperialism and its legacies" (Chernetsky: *Mapping Postcommunist Cultures*, S. 41).

Legitimation eines unkritisch verstandenen ‚Eigenen' in Anspruch. Dadurch kann die in postmodernen Koordinaten angesiedelte postkoloniale Literatur, wie Klinaus Roman zeigt, unter Umständen auch zum Medium werden, in dem eine wiederholte Infiltrierung des imperialen Diskurses – entweder als ‚Wahl zwischen Imperien' oder als Trauer über das gescheiterte bzw. unverwirklichte Projekt des eigenen Reichs – in die Projekte und Narrative der Nationenbildung von osteuropäischen Grenzländern stattfindet. Ein Ausgang aus dieser Sackgasse ist in der Republik Belarus, deren ‚oppositionelle' Kultur, genauso wie eine der Figuren Klinaus, die Postmoderne zumeist immer noch für „den in der Welt von heute herrschenden Stil"[68] (SVR 302) hält und das Großfürstentum Litauen bzw. Polen-Litauen oft nostalgisch glorifiziert, leider nicht in Sicht (von der ‚offiziellen' Kultur ganz zu schweigen). Eine Spur von Hoffnung könnte man vielleicht den letzten Worten des Romans abgewinnen – „Fortsetzung folgt"[69] (SVR 332). Doch bislang blieb die versprochene Fortsetzung, soweit ich absehen kann, ungeschrieben – weder von Klinau selbst noch von seinen belarussischen Kollegen.

68 „Пануючы сёньня ў сьвеце стыль".
69 „Працяг будзе".

Ana-Maria Schlupp (Berlin)

Von Schwaben und Walachen

Zum Inselglück bei Herta Müller

Vom Banat

„Unser Wetter kommt aus Österreich und nicht aus Bukarest“[1] – so die dürre Wilma über das Banat beim Begräbnis der alten Kroner in Herta Müllers *Der Mensch ist ein großer Fasan auf der Welt*. Die historische Region Banat, begrenzt von der Donau im Süden, der Theiß im Westen, der Marosch im Norden und den Karpaten im Osten, ist heute auf das Gebiet dreier Länder verteilt: Rumänien, Ungarn und Serbien. Hier lebten seit der Ansiedlung in drei Kolonisierungswellen unter der Kaiserin Maria Theresia und ihrem Sohn Joseph II. deutsche Siedler, die mit dem Sammelbegriff Donauschwaben zusammengefasst werden, gemeinsam mit Angehörigen bereits ansässiger Nationalitäten zusammen: Ungarn, Serben, Roma, Kroaten, Slowaken und auch Rumänen, die im 18. Jahrhundert noch als Walachen bezeichnet wurden. Die Region ist bereits seit der Antike eine Schnittstelle verschiedenster Grenzen: Hier kämpften die Römer gegen die Daker oder Geten, im frühen Mittelalter befand sich die Hauptstadt des kurzlebigen Hunnenreichs unter Attila/Etzel auf dem Gebiet des Banats und zur Zeit der Türkenkriege war die Region Austragungsort blutiger Kämpfe zwischen Habsburg-Ungarn und dem Osmanischen Reich.

1 Herta Müller: *Der Mensch ist ein großer Fasan auf der Welt*. Berlin: Rotbuch 1986, S. 55.

Von den Schwaben

Mit der Ansiedlung der Donauschwaben im 18. Jahrhundert begann unter den Habsburgern der wirtschaftliche Aufschwung der Region und mit den deutschen Kolonisten nahm auch die donauschwäbische Literatur ihren Anfang. Ein Hauptmerkmal dieser Literatur war zu ihren Anfängen, dass die Schriftsteller versuchten, den deutschsprachigen Kolonisten eine kollektive Identität zu erschreiben, die sich auf die gemeinsame Erfahrung der Ansiedlung und Urbarmachung des Bodens gründete, selbst Generationen später. Neben dem Rückbezug auf die mythisch verklärte Ansiedlungszeit wurde zu einem weiteren Merkmal dieser Literatur die Überlegenheitsbehauptung des deutschen Kulturguts angesichts des politischen Drucks von ungarischer Seite nach 1867, so etwa in den Texten Adam Müller-Guttenbrunns (1852–1923), und später, nach dem Zweiten Weltkrieg, von rumänischer Seite.[2]

So ist die eingangs zitierte Aussage der dürren Wilma in Herta Müllers Text in Bezug (allerdings parodistisch) auf genau diese literarische Tradition zu lesen, die, stets nach Habsburg und Westen blickend, sich gegen die Vereinnahmung durch die hier lebenden *Anderen* wendet, bis sie groteske Züge annimmt: Sogar das Wetter wird zum Beleg der kulturellen Differenz. Vor allem nach dem Zweiten Weltkrieg und dessen Folgen scheint jene Literaturtradition für die jüngeren deutschsprachigen Autorinnen und Autoren in Rumänien ab Mitte der 1960er Jahre nicht nur kein Anknüpfungspunkt mehr zu sein, sondern, mehr noch, auf absolute Ablehnung zu stoßen. Olivia Spiridon spricht diesbezüglich von einer doppelten Abkopplung: einerseits von den literarischen Traditionen der deutschen Minderheit, andererseits von den formellen und inhaltlichen Präskriptionen der sozialistischen Literaturvorstellungen.[3] Denn der Überlegenheitsdiskurs der etablierten Heimatliteratur wird von den jungen Schriftstellerinnen und Schriftstellern, etwa im Werk Herta Müllers, als Wegbereiter für die auch unter den Schwaben ihrer Elterngeneration

2 Es gibt natürlich Ausnahmen. Und auch die Texte Müller-Guttenbrunns müssen in ihrem Entstehungskontext gelesen werden. Vgl. dazu detailliert Olivia Spiridon: *Untersuchungen zur rumäniendeutschen Erzählliteratur der Nachkriegszeit*. Oldenburg: Igel 2002.

3 Ebd., S. 126.

grassierende nazistische Verhetzung und die Verbrechen des Krieges entlarvt; es waren ungefähr 60.000 Deutsche aus Rumänien am Krieg, auch in der Waffen-SS, beteiligt.[4] Schließlich ist es auch eine Heimatliteratur, die nach dem Krieg jede Auseinandersetzung mit dem Nationalsozialismus ausklammerte. Entlarvt wird somit auch die Unbelehrbarkeit über die eigene Schuld, die den eigenen kulturellen Untergang der Donauschwaben und aller Rumäniendeutschen mit eingeleitet hatte. Denn nach Ende des Zweiten Weltkriegs wurden die Rumäniendeutschen mit der Begründung einer Kollektivschuld an den Kriegsverbrechen zu Wiederaufbauarbeiten in die Sowjetunion und in die ostrumänische Bărăgan-Steppe verschleppt, was den Tod vieler und die Auswanderung der meisten Überlebenden aus Rumänien zur Folge hatte. Dieses auch der Zivilbevölkerung zweifelsohne zu Unrecht widerfahrene Schicksal wurde schließlich zum Vorwand für die Nicht-Anerkennung der eigenen Verfehlungen im Krieg. Es wurde auch zum Vorwand für das Ausbleiben einer Revision der eigenen Positionierung den anderen mit ihnen im Land lebenden Nationalitäten gegenüber, die für ein erfolgreiches Zusammenleben unabdingbar gewesen wäre. Diese ausstehende Revision des Selbst- und Fremdbildes versuchen nun, wie ich zeigen möchte, die Texte Herta Müllers durch literarische Verfahren.

Das üblicherweise als fruchtbare Vielvölkerregion gepriesene Banat wird in Folge der Ablehnung gängiger Mentalitätsstrukturen und pathetischer Geschichtsschreibung bei Herta Müller als Untergangslandschaft entworfen; als Landschaft mit durch die historischen Beschädigungen gezeichneten Bewohnerinnen und Bewohnern, die so keinen Fortbestand haben kann. Hier, im Banat, „im einsamen, windigen Dreck der Felder, an den Fransen der Welt"[5], leben Angehörige unterschiedlicher Nationalitäten nur scheinbar harmonisch zusammen. In der Aufsatzsammlung *Der König verneigt sich und tötet* aus dem Jahr 2003 schreibt Müller:

4 Olivia Spiridon: Deutsche Literatur aus Rumänien nach 1945. Einleitung. In: Dies. (Hrsg.): *Deutsche Erzähler aus Rumänien nach 1945. Eine Prosaanthologie.* Bukarest: Curtea Veche 2012, S. 7–36, hier S. 10.

5 Herta Müller: Der Reim weiß bescheid. In: Dies.: *Mein Vaterland war ein Apfelkern*. München: Hanser 2014, S. 31–60, hier S. 49.

> Ich kenne aus der Kindheit das Inselunglück. Alle bestehen daraus: die im Haus, die im Dorf. Die Nachbardörfer waren zwei rumänische Dörfer, ein slowakisches und ein ungarisches Dorf. Jedes für sich mit seiner anderen Sprache, seinen Feiertagen, seiner Religion, seiner Kleidung.[6]

Das Zitat macht deutlich, dass das vermeintliche Zusammenleben in der Vielvölkerregion kein wirkliches Zusammenleben, sondern ein Nebeneinanderleben ist. „So wie in unserem Dorf nur Deutsche wohnten, wohnten im Nachbardorf nur Ungarn."[7] Die unterschiedlichen Dorfgemeinschaften werden in den literarischen Texten Müllers im Kleinen, so wie der rumänische Staat auf übergeordneter Ebene, als gleichzeitig ein- und ausschließende Entitäten entworfen, als für sich abgeschlossene Inseln. Diese sind an zwei Mechanismen geknüpft: erstens die obsessive Selbstbehauptung der kulturellen oder moralischen Überlegenheit der Schwaben und, damit verbunden, die vorrangige Daseinsberechtigung im Banat wie auch zweitens die systematische Abwertung aller Anderen. Ich gehe hier nicht ausführlich auf das in den Texten Müllers thematisierte Selbstbild der Donauschwaben ein. In ihrem Buch *Schwarze Schwester – Teufelsjunge* weist Iulia-Karin Pătruţ auf diesen wichtigen Themenkomplex im Werk Herta Müllers hin,[8] die mit der deutschsprachigen Banater Literaturtradition von den Anfängen bis in die 1960er Jahre bricht. Im selben Zusammenhang steht aber auch die erwähnte Abwertung der anderen Nationalitäten im Banat. Um Müllers Perspektive hierauf nachzuvollziehen, wird im Weiteren die Darstellung der rumänischen Figuren in ihren Texten beispielhaft untersucht.

Von den Walachen

Rumänische Figuren sind in der Banater Dorfwelt der Müller'schen Texte immer Außenseiter und üben niedere Tätigkeiten aus, was auf ihre soziale Stellung in der schwäbischen Gesellschaft verweist. Sie sind Totengräber, Melker, umherziehende Tagelöhner und

6 Herta Müller: Die Insel liegt innen – die Grenze liegt außen. In: Dies.: *Der König verneigt sich und tötet*. München: Hanser 2003, S. 160–175, hier S. 161.

7 Ebd., S. 43.

8 Vgl. Iulia-Karin Pătruţ: *Schwarze Schwester – Teufelsjunge. Ethnizität und Geschlecht bei Herta Müller*. Wien / Köln / Weimar: Böhlau 2006.

Traktoristen, wohnen am Dorfrand oder gehen überhaupt keiner für die Leserinnen und Leser sichtbaren Beschäftigung nach. Sie kommen selbst fast nie zu Wort und werden nur aus der Perspektive der Schwaben dargestellt, die sich durch ihre abwertende Haltung selbst als unzugängliche und ausschließende Gemeinschaft verraten. Handlungen und Gesten der Rumänen werden so dargestellt, dass sie den Ekel des schwäbischen Beobachters deutlich machen: Der Totengräber „spuckt in die Hände“[9] und „steht barfuß und allein im Friedhof. Er putzt mit der Grabschaufel seine Gummistiefel“[10]. Im Wirtshaus riecht es nach „Schweiß vom Nebentisch“[11], die Zigarette des Rumänen „ist naß von seinem Speichel“[12]. Sie trinken alle aus einer Flasche, „in der Flasche schaukeln weiße Flocken aus Brot“[13]. Ihre Kleidungsart wird abfällig als unhygienisch dargestellt. Die Rumänen werden auch nicht innerhalb des katholischen Friedhofs begraben, sondern im sumpfigen Gelände außerhalb. Dies besiegelt eine Exklusion, die auch über den Tod hinausreicht:

> Um den Tümpel liegen die Gräber der Rumänen. Sie sind flach. Das Wasser zieht sie unter die Erde [...]. Der Pfarrer sagt, daß die Gräber der Rumänen nicht zum Friedhof gehören. Daß die Gräber der Rumänen anders riechen als die Gräber der Deutschen.[14]

Die als typisch rumänisch geltenden Blumen, wilde Narzissen und Chrysanthemen, „stinken, dass es einem übel wird“[15], sogar die gefleckten Schweine der Rumänen, die nicht so weiß sind wie die schwäbischen, belegen für die Schwaben deren Minderwertigkeit.[16]
Am ausführlichsten thematisiert die Autorin das schwäbisch-rumänische Zusammenleben in der Erzählung *Der Mensch ist ein großer Fasan auf der Welt*. Der Müller Windisch wartet gemeinsam

9 Müller: *Der Mensch ist ein großer Fasan*, S. 75.

10 Ebd., S. 85.

11 Ebd., S. 63.

12 Ebd.

13 Ebd., S. 64.

14 Ebd., S. 43.

15 Herta Müller: Der Überlandbus. In: Dies.: *Niederungen*. München: Hanser 2010, S. 142–146, hier S. 142.

16 Müller: *Der Mensch ist ein großer Fasan*, S. 52.

mit seiner Frau und der Tochter Amalie seit zwei Jahren auf die ersehnte Ausreisegenehmigung in die Bundesrepublik. Es ist ein zermürbendes Warten, abhängig von dem Wohlwollen der Beamten, bedingt durch Kriecherei, Bestechung, Gefügigkeit. Noch dazu ist es, wie der Text subtil deutlich macht, ein Warten auf eine Ausreise, die nicht wirklich erstrebt wird, sondern als scheinbar einziger Ausweg vor der Drangsalierung durch das kommunistische Regime bleibt. Dies schlägt sich auch im Roman *Herztier* nieder: „Wir wollten das Land nicht verlassen. Nicht in die Donau, nicht in die Luft, nicht in Güterzüge steigen. [...] Wenn der Richtige gehen müßte, könnten alle anderen im Land bleiben."[17] Dies ist auch ein Verweis auf Ceaușescu und dessen nationale Assimilierungspolitik (sprich: Politik der ‚Homogenisierung'). Die zahlreichen Umsiedlungen und Zwangsenteignungen im Kommunismus[18] hatten zur Folge, dass die auf ihr Bauerndasein und den Grundbesitz stolzen Schwaben sich ihrer Existenzgrundlage beraubt sahen; selbst die Häuser mussten sie mit rumänischen Zuzüglern aus dem armen Osten des Landes teilen[19] und gemeinsam mit ihnen in den LPGs arbeiten. Ihr über Jahrhunderte aufgebautes Selbstbildnis kultureller Überlegenheit geriet angesichts des veränderten Daseinsraums nach dem Krieg, in dem keine autarke Lebensweise mehr möglich war,[20] ins Wanken. Sie waren nun im zentralistisch organisierten Rumänien eine Minderheit, ihrer Besitztümer enteignet, Kriegsverlierer und ehemalige Russlanddeportierte. Dies wird zu Beginn der Erzählung durch die Beschreibung des Kriegerdenkmals angedeutet. In einem weiteren Aufsatz erklärt die Autorin:

> Es gab [für die Schwaben] sogar einen ursächlichen Zusammenhang zwischen der banatschwäbischen Überlegenheit und der staatlichen Schikane: weil wir die Besseren sind, werden wir drangsaliert – genauso hatte ich es zu Hause erklärt bekommen.[21]

17 Herta Müller: *Herztier*. Reinbek: Rowohlt 1994, S. 69.

18 Vgl. Ingomar Senz: *Die Donauschwaben*. München: Langen Müller 1994, S. 138.

19 Ebd.

20 Vgl. Spiridon: *Deutsche Literatur aus Rumänien nach 1945*, S. 18.

21 Müller: Die Insel liegt innen, S. 163.

Im Interview mit Philip Boehm sagt Herta Müller, die Securitate-Beamten hätten bei den Verhören das Regime den Menschen gleichgesetzt: „And they'd tell me that if I didn't like the Romanian people – they always said 'people' and not 'regime' – then I should go to the West, to my fascist friends."[22] So wie die Beamten den Staat und die Menschen gleichsetzten, machen es in Müllers Texten umgekehrt auch die schwäbischen Bauern. Weil das Regime und seine Vertreter, die Beamten der LPGs, verhasst sind, werden die Rumänen als Gruppe gehasst. Regimekritik wird somit zum ethnisch codierten Konflikt auf der Basis vereinfachender Gruppenzuschreibungen – ein erstes Spannungsverhältnis im Zusammenleben der schwäbischen Bauern mit den Rumänen in Müllers Erzähltexten. Ein damit zusammenhängendes Stereotyp, das die Schwaben in Hinblick auf ihr Bild von den Rumänen pflegten, lautet, sie seien korrupt und bestechlich. Deswegen werden sie als dem ehrlichen deutschen Bauern moralisch unterlegen betrachtet. So wird bereits in Müllers Debütband, den *Niederungen*, der rumänische Veterinärbeauftragte der Staatsfarm vom Vater der Ich-Erzählerin mit 100 Lei bestochen, um die Schlachtung eines Kalbs zu genehmigen.[23]
Wenn ich auch bisher immer von „Rumänen", gesprochen habe, einer Bezeichnung, unter der sie in allen erzählenden Passagen der Müller'schen Texte erscheinen, werden sie doch von allen schwäbischen Figuren „Walachen" genannt. Dies ist an sich schon eine (Ab-)Wertung, da in der banatschwäbischen Mundart noch heute der Ausdruck ‚walachische Wirtschaft' für einen unordentlichen, schlecht organisierten Haushalt steht. Zudem wird deutlich, dass seit der Ansiedlung der Schwaben im 18. Jahrhundert, als die Bezeichnung noch allgemein üblich war, in der gegenseitigen Wahrnehmung und Annäherung dieser beiden Volkgruppen kein bemerkenswerter Fortschritt stattgefunden hat. Windisch beschwert sich beispielsweise über die Rumänen im Nachbarhaus: „Die geben diesen Schweinen nichts zum Fressen, [...] Walachisches Gesindel. Die wissen nicht mal,

22 Herta Müller, The Art of Fiction No. 225. Interviewed by Philip Boehm. In: *The Paris Review* 210 (Herbst 2014). https://www.theparisreview.org/interviews/6328/herta-muller-the-art-of-fiction-no-225-herta-muller (Zugriff am 30.01.2017).

23 Herta Müller: Niederungen. In: Dies.: *Niederungen*. München: Hanser 2010, S. 17–103, hier 62.

wie man Schweine füttert."[24] Misswirtschaft und Faulheit genügen nicht als bloße Zuschreibungen, unweigerlich müssen diese Eigenschaften in den Augen der Schwaben auch zur Bedrohung der eigenen Existenz führen. Windischs Frau ergänzt, die Schweine „bräuchten Ringe in die Nasen [...]. Die wühlen noch das Haus um, bis der Winter kommt."[25] Damit in Verbindung steht auch die Wahrnehmung der Walachen als unmäßig, besonders im Trinken, als verschwenderisch und sorglos. Vom Lohntag in der LPG sagt Windisch: „Drei Tage trinken sie. Dann haben sie wieder nichts."[26] Selbst die rumänischen Frauen werden als diesem Laster verfallen dargestellt: Die Postbotin „hat gerülpst und nach Schnaps gestunken"[27]. Im Wirtshaus sitzen Rumänen beiden Geschlechts: „Die eine Melkerin mit dem blauen Kopftuch singt und erbricht an die Wand."[28] In den Texten wird aber immer wieder das Heuchlerische dieser Anschuldigungen enttarnt, zumal die an Andere, speziell an die Rumänen herangetragenen Vorwürfe auf die Schwaben gleichermaßen zutreffen. So ist auch der Vater in den *Niederungen,* wie zahlreiche andere schwäbische Bauern des Dorfes, ebenso dem Alkoholismus verfallen wie die Rumänen.
Am Ende der Erzählung ist es aber gerade die ‚walachische Melkerin' mit dem blauen Kopftuch, die vom schwäbischen Nachtwächter der Mühle geheiratet wird. Denn trotz aller Abwertung werden die Rumäninnen (bzw. Walachinnen) von den schwäbischen Männern erotisiert, genau wie die Zigeunerinnen, und folglich gerade deswegen von den Schwäbinnen verleumdet und für schmutzig, im körperlichen und im moralischen Sinne, befunden. Der Kürschner sagt zu Windisch: „Nur Weiber, Windisch, ich sag dir, Weiber gibt's dort. Die haben einen Schritt. Die mähen rascher als die Männer. [...] Leider Gottes [...] sind es Walachinnen. Im Bett sind sie gut, aber kochen können sie nicht wie unsere Fraun."[29] Die imaginierte vitale Erotik der Rumäninnen erscheint hier als Bestandteil ihrer moralischen Verderbtheit und im Gegensatz zu schwäbischen Tugenden wie Häuslichkeit und Ordnung.

24 Müller: *Der Mensch ist ein großer Fasan*, S. 73.
25 Ebd.
26 Ebd., S. 65.
27 Ebd., S. 73.
28 Ebd., S. 22.
29 Ebd.

Als übel riechend und schmutzig gelten die Rumänen auch, da sie sich mit Schafzucht beschäftigen, im Winter wie im Sommer Pelzleibchen tragen und barfuß gehen. Als der Kürschner von einer Reise in ein rumänisches Dorf zurückkehrt, meint seine Frau: „Ich hab zwei Hemden gewaschen [...]. Das Wasser ist schwarz geworden. So ein Dreck ist dort."[30] Die im Werk Müllers bewanderte Leserin sieht natürlich in dem Bild des vom Schmutz der Rumänen schwarz gefärbten Wassers sofort die Analogie zum *Schwäbischen Bad*, einem kurzen Prosatext aus dem Erzählband *Niederungen*. Hier baden die geizigen Figuren der prototypischen Schwabenfamilie der Reihe nach im selben Badewasser, das sich allmählich schwarz färbt, bis es am Ende überschwappt und die Figuren verschluckt; bis Geiz, Engstirnigkeit und Selbstbehauptung sie von allen Anderen isolieren und den eigenen Untergang einleiten.

In einem späteren Aufsatz greift die Autorin dieses gängige Narrativ von der vermeintlichen Unterscheidung der Schwaben von den anderen Nationalitäten, mit denen sie zusammenleben, wieder auf und entblößt es als Konstrukt, dessen sich die Ich-Erzählerin erst beim Verlassen der schwäbischen Dorfgemeinschaft bewusst wird: Die Schülerinnen und Schüler in Temeswar/Timişoara „waren Rumänen, aber sauberer gewaschen als ich und fleißiger im Lernen. Warum also hatte man mir zu Hause gesagt: die Rumänen sind dreckig und faul."[31]

Auch die folgende Passage aus *Der Mensch ist ein großer Fasan auf der Welt* vereinigt sexuelle Phantasien und die Faszination für rumänische Frauen mit einer Selbstzügelung durch Abwertungsstrategien, indem die Rumänen als triebgesteuert, vulgär und in einem für Tiere gebräuchlichen Vokabular dargestellt werden:

> „Das Haus des Kürschners soll ein Bethaus werden für die walachischen Baptisten", sagt der Nachtwächter zu Windisch vor der Mühle. [...] „Sie jaulen, wenn sie beten. Und ihre Frauen stöhnen, wenn sie Kirchenlieder singen, als wären sie im Bett. Sie kriegen dicke Augen wie mein Hund." [...] „Bei denen gibt's nur Brüder und Schwestern", sagt er. „An ihren Feiertagen paaren sie sich. Jeder mit jedem, den er im Dunkeln erwischt."

30 Ebd.

31 Müller: Die Insel liegt innen, S. 164–165.

> Der Nachtwächter schaut einer Wasserratte nach. Die Ratte schreit mit der Stimme eines Kindes und wirft sich ins Schilf. Der Hund hört das Flüstern des Nachtwächters nicht. Er steht am Ufer und bellt der Ratte nach. „Im Bethaus auf dem Teppich treiben sie's", sagt der Nachtwächter. „Darum haben sie so viele Kinder." [...]
> „Diese Religion kommt aus Amerika", sagt der Nachtwächter. Windisch atmet durch den salzigen Schnupfen. „Das liegt überm Wasser."
> „Der Teufel geht auch übers Wasser", sagt der Nachtwächter. „Die haben den Teufel im Leib. Auch mein Hund kann sie nicht leiden. Er bellt ihnen nach. Die Hunde riechen den Teufel."
> Das Loch auf Windischs Zunge füllt sich langsam. „Der Kürschner hat immer gesagt", sagt Windisch, „in Amerika sind die Juden am Ruder." „Ja", sagt der Nachtwächter. „Die Juden verderben die Welt. Die Juden und die Weiber."[32]

Die Passage ist bemerkenswert, weil sie so konstruiert ist, dass in ihr sichtbar wird, wie Stereotype funktionieren: durch unhinterfragte, bruchstückhafte Informationen, die assoziativ zu einprägsamen Bildern verknüpft werden. Im Dialog streuen der Müller Windisch und der Nachtwächter abwechselnd Reizwörter in ihre Aussagen ein. Diese werden später vom Gesprächspartner aufgenommen und weitergesponnen. So wird der Vergleich mit den Hunden oder Hündinnen in einer Aussage etwas später um das damit assoziierte Detail der Paarung ergänzt. Der negative Einfluss muss natürlich von Außerhalb, aus der Fremde kommen. Hier bietet sich das entfernte Amerika an, das im sozialistischen Rumänien natürlich auch eine Verlockung darstellt, genau wie die Erotik der rumänischen Frauen. Man schützt sich vor der Verlockung durch Abwertung. An die Freiheit einer kontinentalen Überquerung ist freilich für das in Rumänien eingesperrte Volk nicht zu denken, daher haftet ihrer Vorstellung etwas Unheimliches an, sie wird zum Teufelswerk erklärt. Außerdem verweist der Dialog auf die Nazi-Vergangenheit der beiden Figuren, die zur Generation der Kriegsbeteiligten gehören, wenn es heißt, in Amerika seien die Juden am Werk.

Doch nicht nur die rumänischen Frauen, sondern auch die Männer werden erotisiert. So erzählt beispielsweise in *Herztier* die Schneiderin

32 Müller: *Der Mensch ist ein großer Fasan*, S. 67–68.

von dem ultrapotenten Mann einer Kundin, „der bis zur Zimmerdecke spritzt“[33] und „einen halbvollen Wassereimer am Schwanz tragen“[34] kann. Schließlich gleitet die Passage ins Groteske, als sich herausstellt, dass es sich bei dem Betreffenden um Ceaușescu selbst handeln könnte, wobei der Name nicht fällt, sondern die Identifizierung über dessen Herkunft aus dem südlichen Scornicești in der ehemaligen Walachei erfolgt. Im *Barfüßigen Februar* geht Leni mit einem Rumänen ein Verhältnis ein. Ihre Tante sagt, Leni sei „dumm wie Stroh, weil sie sich mit dem Traktoristen eingelassen hat. Der versäuft sein Geld, und um die Leni kümmert der sich einen Dreck.“[35] Die Dorfgesellschaft reagiert mit der Ahndung solcher Regungen, da sie der kulturellen Selbstbehauptung zuwider laufen. Wenn ich zuvor erwähnt habe, dass der schwäbische Nachtwächter in Müllers Geschichte eine walachische Melkerin heiratet, so ist dies in der schwäbischen Gesellschaft keinesfalls gängig. Der Nachtwächter ist eine Randfigur und auch bei den Schwaben ein Außenseiter, schon durch seine berufliche Tätigkeit, denn nur ein Bauer gilt als vollwertiger Schwabe. Sexuelle Attraktion oder gar eine eheliche Verbindung zu einem Rumänen oder einer Rumänin sind im Dorf verboten.

Vom Inselglück

In *Niederungen* stellt die Ich-Erzählerin aus naiv-kindlicher Perspektive die Dreiecksbeziehung eines mythischen Urgroßvaters dar, der gerade durch seine zeitliche Entrückung ein Männerbild verkörpert, das so in jeder Schwabenfamilie denkbar wäre:

> Mein Urgroßvater fuhr jahraus, jahrein jeden Samstag in eine kleine Stadt, die ein Kurort war. Die Leute sagen, dass er sich in dieser kleinen Stadt mit einer anderen Frau abgab. Man sah ihn sogar in der Öffentlichkeit mit einem anderen Kind an der Hand, mit dem er sogar eine andere Sprache sprach.[36]

33 Müller: *Herztier*, S. 121.

34 Ebd., S. 122.

35 Herta Müller: Die große schwarze Achse. In: Dies.: *Barfüßiger Februar*. Berlin: Rotbuch 1987, S. 7–18, hier S. 12.

36 Herta Müller: Meine Familie. In: Dies.: *Niederungen*, S. 15–16, hier S. 16.

Die Passage birgt eine Steigerung: Es ist im Dorf schon verdammenswert, dass der Urgroßvater ein uneheliches Verhältnis, noch dazu in einer anderen Ortschaft hat, aber dass er sich sogar öffentlich mit einem Kind zeigt, also das Verhältnis nicht zu verbergen sucht und sogar eine andere Sprache mit diesem Kind spricht (wahrscheinlich Rumänisch), macht das Verhältnis erst skandalös. Das Vergehen liegt also besonders darin, dass es sich um ein Verhältnis außerhalb der schwäbischen Dorfgemeinschaft handelt, das dem obsessiven Selbsterhaltungszwang einer Insel des Deutschtums inmitten der Rumänen widerspricht: „Die Leute sagen, dass man einen Mann, der außerhalb des Dorfes noch eine andere Frau und ein anderes Kind hat, verachten muss und dass das nichts besseres als Inzucht, dass das die reinste Schande ist."[37] Die in Müllers Texten immer wieder thematisierte Abwertung der Anderen wird in der schwäbischen Dorfwelt also vor allem durch den Zweck der Selbsterhaltung legitimiert, was sich gleichermaßen als falsch wie auch als tragisch erweist, da die selbst auferlegte Isolation einen Beitrag zum Untergang dieser Gemeinschaft leistet. In *Atemschaukel* stellt der Ich-Erzähler seine Homosexualität schon von sich aus als in den Augen der Rumäniendeutschen „höchste Abscheulichkeit dar. Mit einem Rumänen kam noch Rassenschande dazu"[38].

Schande ist in der Müller'schen Dorfwelt das höchste Vergehen, schlimmer als „die reinste Inzucht"[39]. Denn die ohnehin isolierte Position als sprachliche Insel, als Minderheit, als Gruppe, wird durch die Bedrohung der Schande auf individual-psychologischer Ebene noch ergänzt. Es kommt auch noch zur Isolation des Einzelnen innerhalb einer zu strikt wertenden Gemeinschaft mit allzu starren Regeln. Dieser gängige Themenkomplex des nahezu inzestuösen Verhaltens der Dorfgemeinschaft in den Texten Müllers hat die schwäbische Gemeinschaft besonders stark gegen die Autorin aufgebracht. In einem Aufsatz spricht sie das Problem des Unter-Sich-Bleibens der Banater Schwaben direkt an:

37 Müller: Meine Familie, S. 16.

38 Herta Müller: *Atemschaukel*. München: Hanser 2009, S. 11.

39 Müller: Meine Familie, S. 16.

> Das Dorf bedeutete dreihundert Jahre stehen gebliebene Zeit mit schrecklichen Traditionen [...]. Das war das Festhalten an der sogenannten Identität. Es war schon schlimm, einen Deutschen aus einem anderen Dorf zu heiraten. Ein Rumäne als Schwiegersohn war undenkbar. Also wurde immer untereinander geheiratet bis zur Inzucht. Hauptsache wir bleiben wir selber.[40]

Als es aber im *Fasan* nötig wird, die Ausreisepapiere beim Pfarrer und beim Polizeibeamten durch eine ‚Audienz' Amaliens zu erkaufen, sagt Windischs Frau: „Jetzt geht's nicht um die Schande, jetzt geht es um den Paß."[41] So wird das Selbstbild der Schwaben gleich doppelt als Heuchelei entlarvt: Einerseits ist ein Freikaufen nicht nur beim rumänischen Polizisten, sondern auch beim vermeintlich moralisch überlegenen schwäbischen Pfarrer nötig, andererseits unterliegt das Prinzip, die Schande um jeden Preis zu vermeiden, dem Eigennutz. Diese Verfahren, Vorwürfe den Rumänen gegenüber als willkürlich zu entlarven, da sie gleichermaßen auf die Schwaben zutreffen, ist ein wiederkehrendes poetisches Mittel in den Texten Herta Müllers. Denn korrupt und bestechlich sind eben nicht nur die rumänischen Figuren, sondern, wie gezeigt wurde, auch die schwäbischen. Genauso wie Angehörige beider Volksgruppen dem Alkohol verfallen und auch gleichermaßen lockeren Moralvorstellungen erlegen sind. Explizit negativ kommentiert wird die Abgrenzung allerdings nie: Müller führt stattdessen die Situationen ad absurdum, arbeitet mit dem Verfahren der Übertreibung.

Stellenweise verschwindet in den Texten sogar die fadenscheinige Begründung für die Verachtung der Rumänen und weicht dem Aberglauben, der angeblich, so Windisch, nur den primitiven Rumänen eigen sei: „An diesem ganzen Sommer ist was faul [...]. Die Akazien werden dürr. In unsrem Hof stehn keine. Bei den Walachen stehn drei im Hof. Sie sind noch lang nicht kahl. Und in unserem Hof liegen täglich gelbe Blätter für zehn Bäume."[42] So scheint sich für die schwäbischen Figuren selbst die Natur Rumäniens gegen sie zu

40 Herta Müller: Schönheit ist politisch. In: *Die Welt*, 27.09.2014. http://www.welt.de/print/die_welt/literatur/article132675958/Schoenheit-ist-politisch.html (Zugriff am 30.01.2017).

41 Müller: *Der Mensch ist ein großer Fasan*, S. 74.

42 Ebd., S. 77.

wenden. Schließlich wird deutlich, dass es gar keiner Rechtfertigung des Hasses gegen die Rumänen bedarf. Denn das mit der Ansiedlung im 18. Jahrhundert aufgebaute ethnozentrische Weltbild ahndet Andersartigkeit schon an sich: „Ein Walach ist ein Walach, mehr gibt's da nicht zu sagen."[43]

Wenn es auch keine Rechtfertigung für diese Ausschluss- und Abwertungshaltung gibt, so erschließen sich aus den Texten doch Gründe dafür. Zum einen entspringt die obsessive schwäbische Selbstbehauptung dem, „was man Geschichte nennt"[44], der nicht rückgängig zu machenden historischen Verwundung dieser Menschen durch Krieg, Deportation, Enteignung und Unterdrückung im sozialistischen Rumänien, wobei sich die Erzählinstanz der literarischen Texte kein Urteil über sie anmaßt. Dass sowohl die Beschädigung als auch die selbst auferlegte Isolation auch nach der Auswanderung nach Deutschland nicht rückgängig zu machen sind, deuten Müllers Texte aber an. Denn das ethnische Einheitlichkeit versprechende Deutschland ist für Windisch bereits vor seiner Auswanderung eine Enttäuschung: „Dort sind mehr Fremdnationen als hier [...]. Dort sind Türken und Neger. Die vermehren sich rasch"[45], „auch in Deutschland trocknen mitten im Jahr die Wälder aus"[46]. So stehen die Schwaben zukünftig auch in Deutschland unter einem Zwang, ihren Überlegenheitsdiskurs aufrechtzuerhalten. Die Deutschen gelten ihnen als zivilisatorisch bereits verkommen: „denen geht's zu gut"[47], „die schlechte Schwäbin [...] ist immer noch mehr Wert, als die beste Deutsche"[48], über die es prototypisch heißt, sie „läßt alle Männer ran"[49]. Zum anderen entstammen diese Verhaltensmuster dem kolonialen Hochmut seit der Ansiedlung und der Unbelehrbarkeit über Hitlers wie auch die eigenen Verbrechen, die zu einem Denken führen, das beherrscht wird von „nationalistisch verstiegene[r] Gruppenangst"[50] und Gruppenschuld, also zu einem Inseldenken. Durch die

43 Müller: Die große schwarze Achse, S. 12.
44 Müller: Die Insel liegt innen, S. 162.
45 Müller: *Der Mensch ist ein großer Fasan,* S. 80.
46 Ebd., S. 78.
47 Ebd.
48 Ebd., S. 22.
49 Ebd.
50 Müller: Die Insel liegt innen, S. 162.

Darstellung der sozialen Verflechtungen und Diskurse der Ethnien wird nämlich deutlich, dass es *ein* Banat gar nicht gibt, sondern mehrere: jenes der Schwaben, jenes der Rumänen, jenes der Staatsmacht und jenes der enteigneten Bauern, jenes der Ausgewanderten und jenes der im Land Eingesperrten und viele mehr.

So distanziert sich Müller von der traditionellen Dorfgeschichte und stellt in ihren Texten die entmachtende und lebensfeindliche Stimmung enger Räume,[51] d. h. einengender Mentalitäten, gerade in Kontrast zur offenen Weite der Landschaft dar. Am Ende der Lektüre stehen daher die Texte Müllers auch nicht als Sentenz über die Schuld einer Gruppe, wie es einer Gruppe oder einem Volk auch nicht möglich ist, sich als Opfer zu stilisieren. Denn Opfer wie Täter sind immer einzelne Individuen und nicht Gruppen. Deshalb lese ich Müllers Texte als radikale Ablehnung jedes Gruppen- oder Inseldenkens – denn „Das Wort ‚Insel' lässt das Wort ‚Glück' nicht zu"[52], so Herta Müller –, sondern vielmehr als Plädoyer für eine je individuelle Verantwortung.

In den Texten erscheinen auch einige Grenzgänger-Figuren außerhalb dieser Inseln. Diese werden von drei repressiven Instanzen, in den Texten metaphorisch ‚Frösche' genannt, bedrängt, die eine Gruppenzugehörigkeit einfordern. Der deutsche Frosch fordert Integration in den schwäbisch-ethnozentrischen Überlegenheitsdiskurs. Der Diktator-Frosch fordert Integration in das staatlich-sozialistische Bewusstsein – es könnte jeder Diktatur gleichgesetzt werden. Und der Frosch der Freiheit fordert am Ort des Neuanfangs Anpassung an eine Ordnung, die sich, weil sie freiwillig gewählt wurde, zu dieser Forderung berechtigt fühlt. So führen alle drei Instanzen durch ihre Gewaltstrukturen zur Unterdrückung des Einzelnen – genau auf diese „tragische Dimension des Daseins"[53] weisen die Texte Herta Müllers hin.

51 Vgl. Spiridon: Untersuchungen zur rumäniendeutschen Literatur, S. 165.

52 Müller: Die Insel liegt innen, S. 160.

53 Pătruţ: *Schwarze Schwester – Teufelsjunge*, S. 121.

Tamila Kyrylova (Kiew)

Geschlechtermarkierte Grenzräume in Herta Müllers *Heute wär ich mir lieber nicht begegnet*

Das literarische Projekt der prominenten deutsch-rumänischen Autorin Herta Müller hat im literaturwissenschaftlichen Feld ein zunehmendes Interesse an Grenzraumkonzepten hervorgerufen. Unter diesem Schwerpunk ist der Roman *Heute wär ich mir lieber nicht begegnet* (1997) von besonderer Bedeutung, obwohl er neben den anderen Prosawerken Herta Müllers weniger häufig in literaturwissenschaftlichen Arbeiten Erwähnung findet. Der Text verdeutlicht die Grenzproblematik auf allen Ebenen: auf der Ebene der Figuren, thematisch, stilistisch sowie erzähltechnisch. Es ist zu betonen, dass die Biografie und das Werk von Herta Müller stark durch den vieldeutigen Begriff der Grenze geprägt sind. Die marginale Position der Autorin als Grenzgängerin, die sie auf verschiedene Weise in ihrem Schaffen thematisiert, definieren in erster Linie ihre Herkunft und die Erfahrung der rumänischen Diktatur. Ethnisch gehört sie zur deutschsprachigen Minderheit der Banater Schwaben in Rumänien, die immer im Spannungsfeld von Geschichte, Kultur sowie Geopolitik standen und durch ihre ethnische Vielfalt, durch eine gewisse kulturhistorische wie auch geopolitische Diskontinuität als heterogene Gruppe bezeichnet werden können.[1]

1 Vgl. hierzu neben dem Beitrag von Anna-Maria Schlupp im vorliegenden Band: Norbert Otto Eke: *Die erfundene Wahrnehmung: Annäherung an Herta Müller.* Paderborn: Igel 1991; Marta Ursin: Autofiktion bei Herta Müller. In: Ulrich Breuer / Beatrice Sandberg (Hrsg.): *Grenzen der Identität und der Fiktionalität,*

In der mitteleuropäischen Grenzregion Banat bildet sich das spezifische Bewusstsein eines europäischen Randgebietes heraus, das sich auf diverse komplexe Probleme bezieht: Identität, Minderheitsstatus, Heimatverlust, sprachliche Grenzen, kulturelle Provinzialität usw. Die Grenzexistenz verursacht die Entstehung der nur schwierig zu definierenden literarischen Erscheinung einer deutsch-rumänischen Literatur als transnationales Modell mit einer stärkeren Orientierung zum Kulturraum Österreich und Deutschland. Die banat-rumänische Prosa von Herta Müller ist Bestandteil dieser Literatur, die mindestens zwei Sprachen, zwei Geschichten, zwei Kulturen in sich integriert. Infolgedessen schreibt die Autorin im Zwischenraum zweier Nationen. Ihre ethnische Zugehörigkeit zur deutschen Gruppe mit der Kollektivschuld für die Gräueltaten des Nationalsozialismus einerseits und die rumänische Diktatur andererseits intensivieren die wandelnde Stellung der Schriftstellerin. Schließlich hat sie Rumänien im Jahre 1987 in Richtung Deutschland verlassen, obwohl die Autorin immer über die rumänischen Jahre schreibt. Wie Joachim Garbe bemerkt, kann Herta Müller gleichsam nur über Rumänien schreiben.[2]

Die hervorgehobenen Faktoren des Grenzgängertums von Herta Müller bestimmen die literarischen Koordinaten ihres Schaffens. Die Texte der Schriftstellerin dienen stets zur Wiedergabe ihrer eigenen Grenzerfahrung im kulturellen Randbereich des deutschen Sprachraums, und zwar durch die Fiktionalisierung des eigenen Lebenslaufs. Das eigenartige poetologische Programm von Herta Müller, das sie unter dem Begriff der „erfundenen Wahrnehmung“[3] subsumiert, gründet sich auf ein Grenzkonzept. Ihre kunstvolle Methode bestimmt einen unabschließbaren Prozess der Bewegung, des Gleitens an der Grenze zwischen den Räumen und Zeiten, dem Objektiven und Subjektiven, Erlebten und Erinnerten, Realen und Erfundenen. Beispiele hierfür sind die sogenannten Transit-Texte wie *Der Mensch*

Bd. 1. München: Iudicium 2006, S. 314–352; Graziella Predoiu: *Faszination und Provokation bei Herta Müller: eine thematische und motivische Auseinandersetzung.* Frankfurt am Main: Lang 2001.

2 Joachim Garbe: *Deutsche Geschichte in deutschen Geschichten der neunziger Jahre.* Würzburg: Königshausen & Neumann 2002, S. 28.

3 Herta Müller: *Der Teufel sitzt im Spiegel. Die Wahrnehmung sich erfindet.* Berlin: Rotbuch 1991, S. 11.

ist ein großer Fasan auf der Welt (1986), *Barfüßiger Februar* (1987) oder *Reisende auf einem Bein* (1989).

Herta Müllers Grenzexistenz lässt die fiktionalisierten Landschaften der Heimat als ein Dazwischen erscheinen. Im Essay *Der König verneigt sich und tötet* (2003) bemerkt Müller:

> Ich mag das Wort „Heimat" nicht, es wurde in Rumänien von zweierlei Heimatbesitzern in Anspruch genommen. Die einen waren die schwäbischen Polkaherren und Tugendexperten der Dörfer, die anderen die Funktionäre und Lakaien der Diktatur. Dorfheimat als Deutschtümelei und Staatsheimat als kritikloser Gehorsam und blinde Angst von der Repression.[4]

Der Konzeptualisierung der Grenze dient eine Raumkategorie, die nicht mehr eine materielle Gegebenheit, sondern ein imaginiertes Wahrnehmungskonstrukt meint. In diesem Sinne und mit Rücksicht auf die sogenannten *narrative* und *spatial turns* kann man anhand des Romans *Heute wär ich mir lieber nicht begegnet* einen relativ neuen Untersuchungstrend der gender-orientierten Narratologie in Hinsicht auf die geschlechtsspezifische Raumdarstellung verdeutlichen. Sie soll im Folgenden eingehender untersucht werden. Dabei geht es um gendertheoretische Überlegungen zum Verhältnis von Raum und Geschlecht, die anhand des Romantextes *Heute wär ich mir lieber nicht begegnet* weitergeführt werden. Anhand dieses Textes lassen sich einige wesentliche geschlechtsbezogene Raumkonfigurationen hervorheben. Für die Raumerfahrung der Romanfiguren sind dabei zwei fundamentale Kriterien grundlegend: Realitätsbezug und soziokulturelle Vorstellungen. Demzufolge erlaubt die narrative Modellierung des Raums zahlreiche räumliche Konstrukte, die weiblich oder männlich konnotiert sind. Die narrative Strukturierung des Räumlichen weist auf die deutliche Transitivität der Frau hin, indem Geschlechterstereotypen und Machtverhältnisse dekonstruiert sind. So entspricht die Raumkategorie aus der weiblichen Perspektive einer Grenzpositionierung in der soziokulturellen Raumerfahrung.

Nach Vera und Ansgar Nünning in dem von ihnen herausgegebenen Einführungsband *Erzähltextanalyse und Gender Studies* ist die

4 Herta Müller: *Der König verneigt sich und tötet.* München: Hanser 2003, S. 29.

Kategorie Geschlecht bei der Beschäftigung mit Erzählstrukturen auf allen Ebenen von großer Bedeutung. Die Raumdarstellung bildet keine Ausnahme.[5] Auch die Raumkategorie ist geschlechtsspezifisch geprägt. Sie ermittelt die soziokulturelle Erfahrung durch geschlechtsbezogene Indikatoren der Wirklichkeitserfassung und legt Machtverhältnisse offen. Im erwähnten Band untersucht vor allem Natascha Würzbach die Zusammenhänge von Raum und Geschlecht als relevante Faktoren der Textanalyse.[6] Hieran anknüpfend soll Herta Müllers autobiografisch motivierter Roman *Heute wär ich mir lieber nicht begegnet* einer genaueren Betrachtung der räumlichen Dimension, insbesondere der Korrelationen von Raum- und Geschlechterordnung, unterzogen werden. Das Werk ist den rumänischen Jahren der Autorin gewidmet. Einerseits handelt es sich um ein protokollähnliches Dokument über die Zeit in der rumänischen Diktatur unter Nicolae Ceauşescu in den 1970er und 1980er Jahren. Andererseits präsentiert der Romantext die Inszenierung des weiblichen Alltagslebens unter den Bedingungen des psychischen und physischen Terrors aus der Perspektive der namenlosen Ich-Erzählerin in Form eines sehr fragmentarischen Lebensnarrativs. Im Verlauf dieser Selbstreflexion der weiblichen Hauptfigur leuchtet es ein, dass ihre Lebensgeschichte von der Diktatur stark geprägt wird, so stark, dass die private Erinnerung dieser einen Frau auf die Gendergruppe ebenso wie auf die ganze Nation extrapolierbar ist.

Die formale Struktur des Textes gestaltet sich durch die assoziativen Erinnerungen der Erzählerin. Die anonyme Protagonistin mit ihrer Existenz als Außenseiterin, die als Erzähl- wie auch als Fokalisierungsinstanz auftritt, (re-)konstruiert ihre eigene Vergangenheit im stillen Dialog mit sich selbst, indem sie zwischen den grausamen Momenten der Securitate-Verhöre mit der Straßenbahn durch Bukarest fährt oder zu Fuß durch die Stadt flaniert. Die räumlichen Bewegungen der Protagonistin als Flaneurin liegen so dem Romantext zugrunde. Die unbenannte Frau wandert ziellos und voyeuristisch in der Anonymität der Großstadt umher. Die sprunghafte Straßenbahnfahrt und der

5 Vera Nünning / Ansgar Nünning: Von der feministischen Narratologie zur gender-orientierten Erzähltextanalyse. In: Dies. (Hrsg.): *Erzähltextanalyse und Gender Studies*. Stuttgart / Weimar: Metzler 2004, S. 1–32.

6 Vgl. Natascha Würzbach: Raumdarstellung. In: Ebd., S. 49–71.

Takt des Spaziergangs veranschaulichen die emotionalen Folgen der weiblichen Erinnerungen und verweisen gleichzeitig auf die psychische Instabilität des weiblichen Ichs in den Zwängen der diktatorischen Unterdrückung.

Den Ausgangspunkt der Erzählsituation bilden die Worte der aufgeregten Frau über das baldige und unausweichliche Ereignis des Verhörs im Kabinett von Major Albu. Der Roman beginnt mit der rhythmisierten und grafisch durch Kursivschrift hervorgehobenen Feststellung: „*Ich bin bestellt.* Donnerstag Punkt zehn. Ich werde immer öfter bestellt: Dienstag Punkt zehn, Samstag Punkt zehn, Mittwoch oder Montag".[7] Die Stadt- und Erinnerungsreisen der Heldin sind in Form suggestiver Sequenzen als affektive Narration dargestellt. Die Stadtbilder vermischen sich mit den retrospektiven Lebensfetzen der Flaneurin. Ohne stillzustehen, macht die Frau eine doppelte Reise. Die intensive innere Dynamik bezeichnet ihre Reise zu sich selbst. Der Romantitel selbst *Heute wär ich mir lieber nicht begegnet* semantisiert den Weg zur Selbstbestimmung. Diese Kopfreise der Protagonistin wird durch ihre räumliche Bewegung begleitet. Daher spricht Ralph Köhnen von einer Kinästhesie in den Texten Herta Müllers. Bei der Konstruktion ihrer künstlerischen Welt sind ihm zufolge drei Quellen der Wirklichkeitswahrnehmung markant: die Augen (Sehkraft, visuelle Wahrnehmung), die Füße (Gang, Reise, Bewegung) und der Kopf (das Gehirn erfüllt die organisierende Funktion des Sinns). Alle drei sind auf metonymische Verschiebungen beziehbar. In dieser Reihe bezeichnen die Füße eine räumliche Beweglichkeit, eine Dynamik wie auch die Übergänge zwischen den objektiven und subjektiven Bildern.[8]

Die räumliche Bewegung der Romanfigur entspricht ihren psychosomatischen Prozessen. Die ganze Textstruktur ist auf diese Grenzverletzung zwischen dem Subjektiven und Objektiven aufgebaut, indem die fortdauernde Bewegung der Protagonistin ihre räumliche

7 Herta Müller: *Heute wär ich mir lieber nicht begegnet*. Reinbek: Rowohlt 1999, S. 7. Im Folgenden zitiert als H mit Angabe der Seitenzahl.

8 Ralph Köhnen: Über Gänge. Kinästhetische Bilder in Texten Herta Müllers. In: Ders. (Hrsg.): *Der Druck der Erfahrung treibt die Sprache in die Dichtung. Bildlichkeit in Texten Herta Müllers.* Frankfurt am Main: Lang 1997, S. 123–153, hier S. 124.

Ambivalenz bezeichnet. So lässt sich die Straßenbahn als bewegliche Linien des Räumlichen verstehen:

> Auf dem Sitz zu fahren ist, als würde man im Sitzen gehen. Der Mann mustert mich, in diesem leeren Wagen spürt man das gleich. Zum Reden habe ich den Kopf nicht frei, sonst würde ich fragen, was es an mir zu sehen gibt. Es schert ihn nicht, daß sein Geschaue mich stört. Draußen zieht die halbe Stadt vorbei, zwischen Bäumen und Häusern gibt es Abwechslung [...]. Paul hat nicht gespürt, wieviel Angst ich habe, daß Albu mich heute unter sein Büro in die Zelle führen könnte [...]. Die Straßenbahn fährt langsam[.] (H 8)

Auch spielt die Raumkategorie eine besondere Rolle in stark fragmentierten weiblichen Lebensgeschichten. Der Raum organisiert das Narrativ und bedingt die Selbstbestimmung der Protagonistin, während die Raumdarstellung zugleich eine geschlechterkritische Betrachtung des Textes ermöglicht. Wie Elisabeth Bronfen betont, ist der Raum für weibliche Figuren von besonderer Bedeutung.[9]

Nach dem assoziativen Prinzip des Erinnerns, das auf dem Grundereignis des Verhörs basiert, rufen die Szenen in der Gegenwart tieferliegende Schichten der Vergangenheit aus dem Hintergrund hervor. Obwohl die Narration kaleidoskopartig aufgebaut ist, erlaubt das Erzählen eine Sequenzordnung des Lebensnarrativs: Dramatische Kindheitspassagen werden in einem Karpatengebiet erzählt, die erste unglückliche Ehe mit einem Militär in der rumänischen Provinz, die zweite anstrengende Ehe mit dem Alkoholiker Paul schon in der rumänischen Hauptstadt, schließlich die Arbeit in der Bukarester Kleiderfabrik, wo die Frau unter die Totalkontrolle der Securitate gerät. Diese Ereigniskette wird durch Verhörszenen mit dem Inquisitor Major Albu als Machtinstanz des Regimes gerahmt. Nach der lügnerischen Denunziation durch Nelu, der für die ideologische Arbeit verantwortlich ist, wird die Frau zur Verdächtigen. Man behandelt sie als internationale Verbrecherin, als Prostituierte am Arbeitsplatz, als Liebhaberin eines Italieners. Während einer gemeinsamen Dienstreise

9 Elisabeth Bronfen: *Der literarische Raum: eine Untersuchung am Beispiel von Dorothy M. Richardons Romanzyklus Pilgrimage.* Tübingen: Niemeyer 1986, S. 79.

lehnt die Heldin Nelus Annäherungsversuche ab (H 56), deswegen begeht er seinen Racheakt. In der Verpackungshalle steckt der Kollege in die Gesäßtaschen von Männerhosen, die nach Westen exportiert werden sollen, kleine Zettel mit Liebesworten und der Adresse der Protagonistin: Der westliche Mann sollte sich melden, um sie zu heiraten.[10] Nach dieser Provokation plädiert Nelu für Landesverrat, weil die Frau vermeintlich mit einem Marcello nach Italien fliehen will, um dort zu heiraten. Von diesem Moment an werden die Protagonistin und ihr Mann zu Opfern des grausamen Regimes. Die Geheimdienstmethoden der Securitate bestehen neben den Verhören aus Überwachung, Erniedrigung auf der Arbeit, Verfolgung, brutaler Misshandlung und Drohungen. Das Ehepaar ist dem immer wieder ausgesetzt. Die Protagonistin erfährt eine entsetzliche Angst vor dem Verhör, brutales Benehmen der Fabrikmitarbeiter gegenüber den Eheleuten, schließlich Pauls Trunksucht.

In diesem Zusammenhang wird das totalitäre Rumänien zum Schauplatz der Romangeschichte. Das diktatorische Grenzland zwischen dem Westen und Osten Europas mit seiner Ideologie des extremen, verkehrten Patriarchats und demzufolge des verkehrten Glücks (darüber denkt die Protagonistin durchgehend nach[11]) verschärft die Grenzpositionierung des weiblichen Geschlechts, das sich ohnehin gemäß der soziokulturellen Territorialisierung in doppelter Weise positionieren muss.[12] Im vorliegenden Roman etabliert die Transparenz der geschlechtsspezifischen Grenzräume eine sehr unsichere Positionierung der Hauptgestalt.

Nach Natascha Würzbach bezieht sich der Raum als kulturelles Phänomen mimetisch auf die Realität und ist gleichzeitig als Kategorie vielfältig semantisiert.[13] Viel komplizierter verhält es sich mit Räumen, die zusätzliche symbolische Bedeutungen tragen. Dazu gehören die erinnerten (oder imaginierten) Räume als Manifestation einer verlorenen Verortung. Sie verbinden innere Strukturen des weiblichen Subjekts wie Gedanken, Assoziationen, Träume und Gefühle mit der

10 Ebd., S. 57.

11 Vgl. ebd., S. 21, 22, 27, 29, 54, 105, 107, 109–111.

12 Würzbach: Raumdarstellung, S. 56.

13 Ebd., S. 50.

äußeren Räumlichkeit.[14] Dabei handelt es sich um psychologisierte Raumkonstrukte, die metaphorische und metonymische Bedeutungen enthalten können. Die Raumgliederung ist ferner nach drei Aspekten zu konkretisieren: durch den Standort und die Bewegung der Figuren, durch ihre Grenzüberschreitungen und durch eine geschlechtsspezifische Raumerfahrung, die stark emotionalisierte und ideologisch konnotierte Bedeutungskomplexe durch die Einstellungen, Verhaltensweisen und Handlungen der Erzählinstanzen und der Figuren repräsentieren.[15] Die von Würzbach definierten Aspekte des Räumlichen sind somit auf eine konkrete Realität beziehbar und für die Raumerfahrung des Subjekts bestimmend.

Dementsprechend hat – als zunächst einfachster Ausdruck der Raumkategorie – die räumliche Dimension der Geschichte im analysierten Roman einen unmittelbaren Realitätsbezug. Gleichzeitig repräsentiert der Raum die Geschlechterordnung durch geschlechtsspezifische Erlebnisweisen der Protagonistin. Zum mimetisch orientierten Schauplatz wird Rumänien, das topografisch durch die Provinz und die Hauptstadt dargestellt wird. Diese Standorte gestalten die Lebensphasen der Heldin und entsprechen dem autobiographischen Selbstbild Herta Müllers: Die Kindheitsjahre spielen sich im Banat ab und das Stadtleben in Bukarest. Die Autorin selbst hebt hervor, dass für ihr Schaffen die Kindheit im Dorf und die Diktatur in Bukarest eine wesentliche Rolle spielten: „Insofern war eine Ebene meines Schreibens das banatschwäbische Dorf und meine Kindheit [...][,] später der totalitäre Staat Rumänien[.]“[16] Dieser mimetisch bedingte materielle Raum beinhaltet Lokalisierungen, die die Existenz als Sein und Bewohnen (als bewohnter Raum) gestalten.[17] Solche realitätsbezogenen Standorte sind physisch begehbar, emotional markiert und werden durch zahlreiche Kleinigkeiten dargestellt. Das provinzielle Leben wird durch umfangreiche Beschreibungen der Natur dargestellt, etwa der Wälder, winzig kleinen Dörfer, Gärten, Gletscherseen, durch zahlreiche Aufzählungen von Fruchtbäumen, Beeren, Blumen usw.

14 Doris Bachmann-Medick: *Cultural turns: Neuorientierungen in den Kulturwissenschaften*. Reinbek: Rowohlt 2009, S. 147.

15 Würzbach: Raumdarstellung, S. 57.

16 Müller: *Der Teufel sitzt im Spiegel*, S. 20.

17 Bronfen: *Der literarische Raum*, S. 25.

Die Stadtbilder sind ebenfalls sehr vielfältige. Erzählt wird von der Stadtwohnung der Protagonistin, der Straßenbahn, betoneisernen Gebäuden, Asphaltstraßen, Vitrinen, Straßenbahnlinien, Haltestellen, Büros, Autos, Mülltonnen, Fabriken u. a. m.

Die Provinz und die Großstadt repräsentieren somit geschlechtsspezifische Merkmale der Wahrnehmung und dies gilt auch für die sprachliche Darstellung des Raumes aus Sicht der Hauptfigur. Statt der konkreten Kartografie, die typisch für männlich konnotierte Ortsbeschreibungen ist, werden die ungenannte Provinz und Bukarest durch stark emotionale Erlebnisse geprägt. So zum Beispiel beschreibt die Protagonistin ihren Weg zum Verhör: „Ich verliere die Nerven ja nicht, sie werden ja nicht weniger, sondern zu viele. Und alle summen wie die fahrende Straßenbahn" (H 23). An diesem Zitat lässt sich erkennen, dass die sprachliche Vermittlung bei der Raumdarstellung aus der weiblichen Perspektive sich vor allem auf das Sensorium des Subjekts, auf die subjektive Wahrnehmung bezieht. Prägnante Beispiele wie dieses ermöglichen es, das weiblich markierte Narrativ mit seiner räumlichen Begrenztheit, seiner Geschlossenheit und seiner fast klaustrophobischen Enge, etwa im Wohnhaus oder in der Straßenbahn, von den männlich markierten Erzählungen, für welche die weitgreifenden räumlichen Panoramabilder typisch sind, deutlich zu unterscheiden. Bei der weiblich markierten Raumdarstellung hingegen erweist sich die erhöhte Wahrnehmungssinnlichkeit des planlosen Schweifens und des detaillierten Haushalts als typisch.

Die realitätsnah dargestellten Räume sind zugleich weit von der Realität entfernt und topografisch nicht klar definiert. Als mental elastische Konstrukte manifestieren sie soziokulturelle Raumvorstellungen, die es erlauben, die Raumordnung auf die Geschlechterordnung zu übertragen. In Bezug auf die sozial definierten Räume versteht Würzbach die Raumtypologie im Raster der Geschlechtermatrix: Dabei ist die grundlegende Aufteilung in eine private und eine öffentliche Sphäre in den westlichen Kulturen von besonderer Relevanz, da Frauen für öffentliche Bereiche bis zu Beginn des 20. Jahrhunderts kaum Handlungskompetenz zugesprochen wurde. Im Einzelnen sind die sozial definierten Bereiche Haus und Garten, freie Natur und Großstadt, Arbeitsplatz, fremde Länder und der Kriegsschauplatz für die Untersuchung von Prozeduren der Territorialisierung und der Grenzüberschreitung im Rahmen der Geschlechterordnung von zentraler Bedeutung.[18]

Gemäß dieser Klassifikation ermöglicht es der Romantext, eine weiblich konnotierte private und eine männlich konnotierte öffentliche Sphäre zu unterscheiden. Das Privatleben der Protagonistin situiert sich in erster Linie in der rumänischen Provinz: im Elternhaus in einer rumänischen Kleinstadt und im Haus des ersten Ehemannes irgendwo im Gebiet der Karpaten. Die im Roman geschilderten Kindheitspassagen sind mit den Straßenbahnszenen vergleichbar. Sie heben die ständige örtliche Beweglichkeit der Protagonistin hervor: „Als ich aufs Lyzeum ging und noch bei meinen Eltern in der Kleinstadt wohnte, fuhr ich abends gern mit meinem Tata im leeren Bus die letzte Runde zum Depot […].“ (H 80) Die Frau erinnert sich auch an ihre Flucht vor dem ersten Mann in die Karpaten: „Ich sagte kein Wort, nahm den Rucksack durch den Zaun und ging zum Bahnhof. Ich fuhr ins Gebirge […].“ (H 24) Während die Frau Kleinstadt und Großstadt erwähnt, erinnert sie sich jedes Mal an den Bahnhof auf dem Weg dazwischen. (H 24, 89, 92, 225)

Zum privaten Bereich gehören die Bukarester Wohnung ebenso wie die Haupt- und Lieblingsorte der Protagonistin: intimisierte Orte, wo man sich verbergen oder allein sein kann. Die private Sphäre artikuliert die Protagonistin als Enkelin, Tochter und Ehefrau. Diese Rollen entsprechen den traditionellen Geschlechterkonzeptionen und sind vor allem dem Ort der Geborgenheit eingeschrieben. So beschreibt die Protagonistin ihr Verlassen des Hauses:

> Seitdem ich bestellt werde, trenne ich das Leben vom Glück. Wenn ich zum Verhör gehe, muss ich das Glück von vornherein zu Hause lassen. Ich lass es in Pauls Gesicht, um seine Augen, um seinen Mund, an seinen Bartstoppeln. […] Immer, wenn ich gehen muss, möcht ich in der Wohnung bleiben […]. (H 22)

Die städtischen Lokalisierungen bilden eine öffentliche Sphäre, die durch männliche Dominanz stark geprägt ist. Dazu gehören die offiziellen Orte der Hauptstadt wie Straßenbahnen, Albus Kabinett in der Abteilung des Geheimdiensts und der Arbeitsplatz der

18 Würzbach: Raumdarstellung, S. 52.

Heldin in der Bukarester Kleiderfabrik. An diesen Orten fühlt sich die Frau besonders ungemütlich. In der Straßenbahn stören sie die Blicke eines Unbekannten, das Geschrei des groben Schaffners: „Der Schaffner schreit: Beeilt euch, sonst wird's Weihnachten, ehe ich vom Fleck komm [...]." (H 229) Albus Kabinett ist, wie die Frau bemerkt, allen Büros ähnlich: sehr einfach möbliert, ohne Familienbilder auf dem Tisch, ein Stück Wand, die Tür und der Fußboden. (H 45–46) In der Kleiderfabrik leidet die Frau unter der Leitung von Nelu. (H 56–57)

Die sozial definierten Räume bringen tiefere kulturelle Raumvorstellungen zum Ausdruck, die in Bezug auf Rumänien semantisiert und differenzierbar sind. Dabei spielt das Modell der räumlichen Opposition eine zentrale Rolle: das Heimatland Rumänien als weiblich markierte wilde Ostprovinz Europas und ihr zivilisierter Gegenpol – nämlich die im Roman erwähnten Westländer mit der Semantik des ‚organisierten Paradieses'. In diesem Sinne bildet Rumänien ein vieldeutiges kulturelles Konstrukt, das durch geschlechtsspezifisch konnotierte räumliche Bedeutungskomplexe gekennzeichnet ist.

Besonders bedeutsam ist die Sexualisierung Rumäniens. Das Heimatland der Protagonistin wird im Raster der Geschlechtermatrix durch weibliche Konnotationen repräsentiert. Nach Würzbach artikuliert sich die Heimat „als weibliche Verkörperung in einem Konglomerat von Mutter, Geliebter und Ehefrau".[19] Die Männer werden zu Eroberern des weiblichen Körpers, der gleichsam verstaatlicht ist. Aus einem Kriegsschauplatz verwandelt sich Rumänien in das schöne weibliche Fleisch:

> Es war lange schon kein Krieg mehr, die militärische Ausbildung verwässerte im Müßiggang. Er mußte aufgehalten werden durch Feinarbeit, die jeden einzeln draufgängerisch machte: die Eroberung schöner Frauen. Der Grad der Schönheit war abzulesen im Gesicht, an der Welle des Hinterns, der Waden zueinander, der Brüste. Die Brüste hießen Apfel, Birne und Fallobst, je nach dem Stand der Brustwarzen. Frauen erobern ersetzt das Manöver, sagte man den Soldaten. [...] Auf dem Asphalt zwischen Kaserne und Kasino, auf Stöckelschuhwaden trippelte das Leben. (H 64–65)

19 Würzbach: Raumdarstellung, S. 65.

Die Privaterfahrung der Erzählerin ist auf die Erfahrung der ganzen Gendergruppe übertragbar. Im totalitären Staat ist die Ideologie auf den weiblichen Körper ausgerichtet und durch diese intimste Sphäre realisierbar. Die Frauen sollen ihrem Staat als Liebhaberinnen, Ehefrauen, Mütter, Arbeitskräfte dienen. So bezeichnet die Heldin sich selbst ironisch als Stalins Tochter. (H 103) Sonst werden die Frauen zu Huren erklärt, die das Land verraten, wie im Fall der Protagonistin und ihrer besten Freundin. Es gibt keinen Freiraum für die Intimität, die für die Frauen so wichtig ist. Einerseits sind sie in der öffentlichen Sphäre zugelassen, aber andererseits ist es der Frau geboten, ihren Körper zum staatlichen Nutzen zu gebrauchen. In ihrem Essay *Hunger und Seide* schreibt Herta Müller über die Frauen, die nicht anders als als ‚Gebärmaschinen' der nationalen Industrie zu betrachten sind.[20]
Die narrative Modellierung des Körperraums ist für die intimisierte Geschichte der Protagonistin sehr bedeutend. Dieser Raumtyp wird zum Ort der ideologischen Zuschreibungen. Infolgedessen legt der erzählte weibliche Körper totalitäre Mechanismen offen. Die Diktatur hat sich in den Körper fest eingeschrieben. Durch ihn übt sie ihre Gewalt aus, wie die detaillierten Verhörszenen mit Albu beweisen: Ohrfeigen, das Zusammenpressen der Fingerspitzen bis zum Aufschrei der Protagonistin und grobe sexuelle Avancen mit bespuckten Handküssen sind sprechende Beispiele hierfür: „Major Albu hebt meine Hand an den Fingerspitzen und drückt mir die Nägel zusammen, daß ich schreien könnte. Mit der Unterlippe küßt er meine Finger, die obere hält er frei, damit er reden kann." (H 9)
Neben den im Romantext konstruierten Standorten sind die Bewegungen der Protagonistin im Raum wichtig, in denen weibliche Emanzipationsanstrengungen und drei Hauptfluchtrichtungen ihren Ausdruck finden. Gemäß den Lebensphasen der Protagonistin bewegt sie sich aus der rumänischen Provinz in die Hauptstadt, wo sie ihre häusliche Enge verlassen will, indem sie flaniert. Die verbotene Richtung aus dem rumänischen Heimatland nach Westen ist die zweite Fluchtrichtung. Für die Protagonistin und ihre beste Freundin Lilli wird diese Flucht als Staatsverrat streng gestraft. Die beiden arbeiten in der Verpackungshalle, wo die Frauen die beste Männerkleidung für den Export nach Schweden, Frankreich und Italien, also für die

20 Herta Müller: *Hunger und Seide: Essays.* Reinbek: Rowohlt 1995, S. 8.

westeuropäischen Länder vorbereiten. (H 49) Die junge Lilli wollte mit ihrem alten Liebhaber, einem Offizier in Rente, nach Kanada fliehen. An der ungarischen Grenze wurde der Offizier verhaftet. Die Frau wurde erschossen und von Hunden in Fetzen gerissen. (H 70)
Die dritte mögliche Fluchtrichtung für die Frau ist der Weg zurück in die freie Natur. Erwünschte Freiräume versucht die Protagonistin so in den Naturlandschaften der rumänischen Provinz zu finden. In einer Textpassage wird das Gebirge zum Fluchtort. Nachdem der Schwiegervater mit ihr schlafen wollte, als sein Sohn und ihr Mann zur Armee eingezogen worden waren, ging sie zum Bahnhof und fuhr in die Karpaten. (H 24) Oder die Protagonistin erinnert sich daran, wie sie mit Paul mit dem Motorrad aus der Stadt herausgefahren ist: „Der Weg durch die Bohnenfelder, das war Glück. Mir wurde der Kopf umso leichter, je mehr Himmel über den Weg kam." (H 54)
Die räumliche Transitivität der Hauptfigur ermöglicht zudem die Dekonstruktion von räumlichen Geschlechterstereotypen. Die angeführten Raumvorstellungen heben in Bezug auf den Standort und auf die eingeschlagene Richtung den kulturellen Wandel hervor, indem sie auf die Identitätskonstitution der Protagonistin hinweisen.[21] Ihre innere und äußere Bewegung verschärft die weibliche Grenzposition aufgrund der prekären Stellung der Frau in Kultur und Gesellschaft. Würzbach erklärt diese Stellung als „Positionierung an einem doppelten Ort zwischen männliche[r] Fremdbestimmtheit und Streben nach Selbstbestimmung"[22]. Die Protagonistin ist Grenzgängerin, Staatsverräterin, Stadtwanderin, die zum Subjekt des Sprechens und zur Handlungsträgerin wird, während sie räumlich keine feste Position erwirbt. Davon ausgehend bilden die privaten und sozialen Lokalisierungen der Hauptfigur Übergangszonen zwischen den Polen Geborgenheit und Freiheitsberaubung. Sie sind als doppelte Handlungsorte modelliert, indem die räumlichen Ambivalenzen ihre Marginalität hervorheben. Die Privatwohnung der Protagonistin ist nicht mehr nur ein Ruheort. Zu Hause ist die Protagonistin immer für die Bedürfnisse der Männer nutzbar und ihnen untergeordnet. Das Elternhaus, das Haus des ersten Ehemanns und die Bukarester Wohnung sind Orte der psychischen oder physischen Bedrohung:

21 Würzbach: Raumdarstellung, S. 50.
22 Ebd., S. 52.

durch den immer betrunkenen, schreienden und groben Vater, der Lieder aus der Hitlerjugend grölt, durch den frechen Schwiegervater sowie durch den brutalen Ehemann. (H 24–25) Das gequälte Leben setzt sich in der Bukarester Wohnung mit dem trunksüchtigen Paul fort. (H 17–17, 28) Darüber hinaus wird die Stadtwohnung zum Überwachungsort durch die Securitate. (H 42)

In der öffentlichen Sphäre fühlt sich die Protagonistin stark angreifbar, ungeachtet dessen, dass die Stadt als Freiraum dienen müsste, wie z. B. der Arbeitsplatz oder die Anonymität bei der Stadtwanderung, bei der ein Mensch seine häusliche Enge überwindet. Aber in der Fabrik ist die Protagonistin eine Staatsverräterin, die zum Arbeitsplatz nicht mehr zugelassen wird. (H 58) Fürchterlich sind die Verhöre in Albus Kabinett. Sogar die ziellosen Touren der Protagonistin durch die Stadt sind streng reguliert. Unterwegs denkt sie immer daran, rechtzeitig bei Albu zu sein, besonders wenn sie mit der Straßenbahn fährt. (H 225) Der unhöfliche, schreiende Schaffner hält manchmal die Straßenbahn zwischen den Haltestellen an und macht eine Pause, so lange er will. (H 28)

Auch die Naturlandschaften sind als doppelte Orte konstruiert. Dies wird in der Beschreibung des Fluchtorts deutlich, an den die Protagonistin aus dem Haus des ersten Mannes vor dem Schwiegervater flieht:

> Ich fuhr ins Gebirge und hielt mich an eine Absolventengruppe des Konservatoriums. Wir stolperten jeden Tag, bis es dunkel wurde, von einem Gletschersee zum nächsten. An jedem Ufer standen die Holzkreuze mit dem Todestag der Ertrunkenen zwischen den Steinbrocken. Friedhöfe unterm Wasser und Kreuze rundherum als Warnungen vor gefährlichen Tagen. (H 24–25)

Die Idylle in der freien Natur der Karpaten verwandelt sich in ein Zerrbild des diktatorischen Staats mit seinen Mahnzeichen des Terrors. Mehr und mehr demaskiert die gendermarkierte Raumdarstellung Rumäniens repressive Mechanismen der Diktatur, die sowohl öffentliche als auch die privatesten Sphären der Protagonistin tief durchdringen. Statt als weiblich markierte Heimat der Semantik der Zugehörigkeit, Identitätsversicherung und Geborgenheit zu entsprechen, wird Rumänien zum männlich kontrollierten Gefängnis mit festen staatlichen Grenzen, die von den Soldaten mit Hunden und Kugeln beschützt werden:

> Wie Lilli und ich wissen auch Kinder von Richtern, daß bei den Soldaten an der Grenze der Himmel weitergeht bis nach Italien oder Kanada, wo es besser ist als hier. Das Glück sei mit mir, verlangen sich alle, aber nie von den Grenzern. (H 105)

Am Ende des Romans fasst die Erzählerin ihre Grenzposition durch die Einschreibung der strikten Geschlechterordnung in ihren Körper so zusammen:

> Es gäbe eine Ordnung. Mitten im Kopf steht Paul, und nicht mein Ankrallen und Wegrücken von ihm in gleicher Liebe. An den Schläfen laufen die Gehsteige, so lang sie wollen, und an den Wangen stehen vielleicht die Läden mit Vitrinen, nicht meine grundlosen Ziele in der Stadt. Im Hinterkopf [...] ist Albus Laufbursche, der womöglich in dem roten Auto unten sitzt, bevor er hier läutet und mich bestellt. [...] Im Nacken stehen die Flußbrücke und mein erster Mann mit dem Koffer [...]. Flächen und Kanten, die man sich in Halt und Last einteilen und ohne Mühe voneinander unterscheiden kann. Und in den Zwischenräumen bleibt Platz für das Glück. (H 110–111)

Nicht zufälligerweise schließt die Frau ihre Geschichte mit den Worten: „Ha, ha, nicht irr werden." (H 240) So lautet der letzte Satz, der leitmotivisch einige Male im Text erscheint. In den Zwischenräumen, die mit der doppelten Positionierung der Frau aufeinander abgestimmt sind, entstehen dynamische Freiräume für die Artikulation der weiblichen Grenzerfahrung. Nur so ergibt sich die einzige Chance für eine immer noch nicht klar definierte Selbsterfindung der Frau.
Die schwierige Doppelposition der Protagonistin spiegelt die Machtkartografie der Grenze in Bezug auf das ganze rumänische Volk wider. Rumänien gerät im Laufe seiner Geschichte in ein territoriales ‚Dazwischen'. Die Revisionen der durch die Stadt reisenden Frauengestalt legen peinliche Situationen der Menschen im totalitären Staat offen, der in der Nachkriegszeit zu einem verwahrlosten

europäischen Grenzland geworden ist. Die Erinnerungen der Protagonistin enthalten nicht nur private, sondern auch kollektive Erfahrungen. In die frauenzentrierte Romangeschichte sind mehrere Geschichten eingefügt: die Lagererfahrung der Großeltern sowie der Mutter der Protagonistin, die faschistische Vergangenheit ihres Vaters, Pauls sozialistische Familie, Lillis Tragödie an der Grenze und einige andere. (H 64) Ausdrucksvoll sind die Worte eines alten Schusters:

> Krieg wird es immer geben, aber doch nicht hier bei uns. Die Russen haben uns über Verträge in der Hand, die kommen nicht. Sie lassen sich, was sie brauchen, nach Moskau liefern und fressen unser Getreide und unser Fleisch. Das Hungern und Prügeln überlassen sie uns. Wer soll uns schon erobern, das kostet nur. Jeder Staat ist froh, daß er uns nicht hat, sogar die Russen. (H 32)

Das angeführte Zitat wirft die Frage nach der Heimat als eines der Hauptkonzepte in Müllers Schaffen auf. Die Heimat liegt immer irgendwo in der ‚Grenzzone' zwischen dem Dorf und der Stadt, dem sozialistischen Rumänien und dem nationalsozialistischen Deutschland, schließlich zwischen dem Erinnerten und Erfundenen. Graziella Predoiu schreibt zum Werk Herta Müllers: „Das Polysem ‚Heimat' bedeutet gleichzeitig Herkunftsort und Entheimatung."[23] Die Heimat wird zum dritten Ort, der nur sprachlich konstruierbar ist.

Wie sich herausstellt, werden alle erwähnten Raumtypen zu Transitzonen, die durch Erinnerungsspuren im Prozess der intensiven Selbstreflexion der Protagonistin fest miteinander verbunden sind. Im Innenraum sind diese Erinnerungsräume konstruierbar, weil dort die Grenzen zwischen dem Subjektiven und Objektiven fließend sind. Diese Grenzräume postulieren eine geschlechtsspezifische Grenzerfahrung als Diskurs des weiblichen Alleinseins und Leidens, der Angst, der Selbstentfremdung sowie der Spannung an der Grenze zwischen Ichverlust und Ichfindung. Die Grenzexistenz der Protagonistin verortet sich in den sozialen Mikrostrukturen, auf denen sich die Makrostruktur der sozialistischen Diktatur aufbaut.

Die durchgeführten Systematisierungen und Semantisierungen der Raumkategorie in Herta Müllers Roman *Heute wär ich mir lieber*

23 Predoiu: *Faszination und Provokation bei Herta Müller*, S. 55.

nicht begegnet repräsentieren eine feste Verbindung von Raum und Geschlecht, die mit komplexen räumlichen Konfigurationen einhergeht. Das Erinnern der Protagonistin lässt neue Assoziationsräume entstehen. Die Autorin entwickelt dabei eine eigene, meisterhafte Poetik der systematischen Grenzverletzung. Die im Text konstruierten doppelten Orte manifestieren Grenzerfahrungen und intensivieren zugleich die Marginalität dieser Erfahrungen als ein vieldeutiges kulturelles Phänomen, indem sie sowohl konkrete als auch soziokulturelle Raumvorstellungen determinieren. Wie sich zeigen ließ, ermöglicht es die gender-orientierte Erzählanalyse, neue Facetten der literarischen (Grenz-)Raumdarstellung offenzulegen.

Abbildungsverzeichnis